AF570397

Misère de la philosophie contemporaine, au regard du matérialisme

Heidegger, Husserl, Foucault, Deleuze

Ouverture philosophique

Collection dirigée par Aline Caillet, Dominique Chateau, Jean-Marc Lachaud et Bruno Péquignot

Une collection d'ouvrages qui se propose d'accueillir des travaux originaux sans exclusive d'écoles ou de thématiques.

Il s'agit de favoriser la confrontation de recherches et des réflexions, qu'elles soient le fait de philosophes « professionnels » ou non. On n'y confondra donc pas la philosophie avec une discipline académique ; elle est réputée être le fait de tous ceux qu'habite la passion de penser, qu'ils soient professeurs de philosophie, spécialistes des sciences humaines, sociales ou naturelles, ou… polisseurs de verres de lunettes astronomiques.

Dernières parutions

Chloé DELAPORTE, Léonor GRASER, Julien PEQUIGNOT (dir.), *Penser les catégories de pensée. Arts, cultures et médiations*, 2016.

Pierre DREYFUSS, *La Photographie « de » Wittgenstein*, 2016.

Robert FOREST, *L'homme connaissant, Quatre essais de philosophie critique*, 2016.

Fatma MOUMNI, *Auguste Comte et la pensée de David Hume*, 2016.

Germain-Djéry NDONG-ESSONO, *De l'éthique environnementale à la dialectique réflexive. Confrontation entre Hans Jonas et André Stanguennec*, 2016.

Arash JOUDAKI, *La politique selon l'égalité. Essai sur Rancière, Gauchet, Clastres et Lefort*, 2016.

Gérard GOUESBET, *Violences de la nature*, 2016

Olivier VERDUN, *L'énigme de la domination*, 2016

Michel FATTAL, *Du bien et de la crise, Platon, Parménide et Paul de Tarse*, 2016.

René PASSERON, *L'amour refus*, 2016

Mouchir Basile AOUN, *La Cité humaine dans la pensée de Martin Heidegger. Lieu de réconciliation de l'être et du politique*, 2016.

Nikos FOUFAS, La critique de l'aliénation chez le jeune Marx, 2016.

Patrick MBAWA DEKUZU YA BEHAN, *Le paradoxe du pardon chez Paul Ricoeur. De la gratuité à la gratitude*, 2016.

Yvon Quiniou

Misère de la philosophie contemporaine, au regard du matérialisme

Heidegger, Husserl, Foucault, Deleuze

L'Harmattan

5-7, rue de l'École-Polytechnique, 75005 Paris

http://www.harmattan.fr
diffusion.harmattan@wanadoo.fr

ISBN : 978-2-343-09505-9
EAN : 9782343095059

« Critiquer la philosophie, c’est vraiment philosopher »

Pascal

« La philosophie est à l’étude du monde réel
ce que l’onanisme est à l’amour sexuel »

Marx

Avant-propos

Ce livre ne répond pas à ce sentiment de tristesse qui, selon Deleuze, nous pousserait tardivement à réfléchir sur ce qu'on a fait tout au long d'une vie[1], à savoir, dans mon cas comme dans le sien, de la philosophie. Non, il répond à une motivation constante chez moi, mais qui s'est aiguisée ces temps-ci : philosopher non seulement pour comprendre le monde, mais aussi pour contribuer à son amélioration, répondre donc à ce que Christian Godin a justement appelé récemment une « démoralisation » des consciences qui tend à perpétuer l'ordre social proprement inhumain que nous connaissons et qui va s'aggravant. Car cette inhumanité se nourrit aussi, même si on n'en a pas conscience, de discours philosophiques contemporains, de diverses natures et venant d'horizons différents, mais qui ont en commun à la fois de brouiller l'intelligence des choses humaines et d'étouffer notre réactivité indissolublement morale et politique face à ce qu'il y a d'indigne en elles. Ce brouillage y a sa part : comment s'indigner devant des iniquités sociales que l'intelligence n'a pas éclairées ou dont elle n'a pas révélé la nature ? Ce faisant, ces discours contredisent la double finalité *originelle* de la philosophie, à savoir très simplement mais très fortement, la recherche du Vrai et du Bien (ou d'un Bien) par-delà la foule des opinions qui les voilent. Je voudrais montrer que ce double objectif, originel j'y insiste, donc consubstantiel à sa définition, l'a accompagnée *longtemps* durant son histoire, même si son contenu a largement varié, mais qu'elle ne peut plus le poursuivre et l'atteindre sous sa forme traditionnelle. Elle doit désormais s'y consacrer en *pensant théoriquement avec la science positive* et repenser son objectif *pratique*,

[1] Voir le tout début de *Qu'est-ce que la philosophie ?* (Minuit), livre dont je reparlerai, mais sur un mode critique.

pour une part, sur la base *matérialiste* que la science impose, hors de cette démarche purement individuelle qui avait pour nom la sagesse et qui peut être revue sous la forme d'une sagesse *sociale*, que la crise écologique nous impose, et d'une *politique morale* que les meilleurs de nos philosophes (Rousseau, Kant) avaient anticipée : la barbarie du capitalisme mondialisé nous impose de la mettre en œuvre, mais à partir de prémisses complémentaires et concrètes que le marxisme nous a heureusement fournies.
A la lumière de ce double réquisit, que je préciserai largement dans une première partie, on constatera ensuite, dans une deuxième partie, à quel point la philosophie contemporaine, j'entends celle qui est incarnée par des figures connues, mais surestimées quant au fond, est défaillante sur ces deux plans ou à ces deux points de vue, à quel point donc elle est « misérable » au sens où Marx, en réponse à Proudhon, avait déjà parlé d'une *Misère de la philosophie*. J'ai jugé utile d'en réactualiser le diagnostic à notre époque et contre la mode intellectuelle, à propos d'auteurs comme Heidegger, Husserl, Foucault et même Deleuze, en ayant en vue, à l'inverse, une *Richesse de la philosophie* qui est en partie à venir, mais en partie seulement car il existe aujourd'hui des philosophes qui échappent à cette critique, comme on le verra ici même, mais qui sont souvent (pas toujours) censurés par les médias dominants, voir interdits d'Université. Et, pour reprendre le fil de ma motivation initiale à faire de la philosophie, il faut admettre que l'inhumain contre lequel nous devons lutter, n'est rien d'autre que de *l'humain-non-encore-réalisé*, aliéné donc. La philosophie, si on sait la renouveler pour lui restituer toute sa dignité intellectuelle et morale en même temps que politique, a un rôle décisif à jouer dans cette tâche d'humanisation et d'émancipation.

Comment s'orienter dans la pensée : quel statut pour la philosophie ?

Ce qui me stupéfie dans la pratique actuelle de la philosophie, en France mais aussi ailleurs, et dans les œuvres qui en sont issues, à quelques exceptions près comme celles du Cercle de Vienne, c'est la faiblesse de la réflexion *sur* la philosophie, voire l'absence d'une pareille réflexion à une époque où ce sont les sciences qui nous apportent la vérité dans tous les domaines connaissables du réel. Cette faiblesse ou cette absence obèrent la possibilité pour la philosophie d'être à la hauteur de son passé, de respecter sa vocation originelle et de produire une pensée de qualité, quitte à *dépasser* son mode ancestral de fonctionnement pour mieux en *réaliser* l'essence mais sur un autre terrain ou, en tout cas, sous une tout autre forme que celle qu'elle présente la plupart du temps. Pour le montrer, il suffit de revenir à sa définition initiale et aux œuvres qui l'ont illustrée, fût-ce dans l'illusion épistémologique sur elles-mêmes, tout au long de son histoire jusqu'au triomphe contemporain des sciences non inclus. C'est ce retour en arrière et ce retour sur soi qui lui manquent tragiquement (ou comiquement, c'est selon), qui l'enferment dans l'impasse théorique (sinon pratique, j'y reviendrai) que j'entends lever.

Ce que la philosophie a été longtemps

D'emblée, elle s'est définie, conformément à son étymologie (philein-sophia), comme un amour et donc une recherche à la fois de la *vérité* et de la *sagesse*. On laissera de côté pour un long moment sa deuxième définition qui relève de l'ordre de la pratique, pour ne retenir que la première, qui est de l'ordre de la théorie et qui nous occupe avant tout ici. Sauf qu'on ajoutera tout de suite un point essentiel, régulièrement passé sous silence et qu'une formule de Jaspers qui semble faire l'unanimité, illustre bien, à contresens de ce qu'il faudrait penser et dire. « Philosopher, c'est être en route », soutient-il[2], comme si la philosophie était une aventure intellectuelle totalement libre, sans contrainte ni point d'arrivée, questionnante mais sans solutions, ouvrant ainsi la voie à une multitude de *réflexions* entre lesquelles on ne pourrait trancher. Eh bien non, chez les grands philosophes du passé et excepté les sceptiques, c'est le contraire qui s'est passé : cette *recherche* de la vérité s'est convertie, au prix à chaque fois d'un parcours difficile, en certitude de la *posséder* et donc en arrêt de la recherche dans un ensemble de résultats qu'ils considéraient comme définitivement *vrais* et dont ils avaient pour seul objectif de le compléter (éventuellement), d'en varier la présentation et, surtout, de le communiquer. La marche s'était définitivement interrompue et toute philosophie un peu sérieuse s'érigeait alors en système *dogmatique*, au sens, premier et non péjoratif du terme, d'une prétention, justifiée théoriquement à ses yeux, d'avoir atteint *la* vérité[3].

---

[2] In *Introduction à la philosophie*, Plon.

[3] Ce qui pose la question inévitable de la possibilité de systèmes multiples prétendant tous à la vérité, puisque la vérité est *une*, par définition. Nous éclairerons ce point par la suite.

Il nous faut alors en donner des exemples forts à destination de ceux qui oublient ce point et transforment la philosophie en un exercice ou une discipline de type littéraire, fût-ce en recourant à des concepts ou à de pseudo-concepts, placée à l'enseigne de l'instance d'une *réflexivité pure*, se développant indéfiniment à partir d'elle-même et éloignée de tout savoir authentique, voire le méprisant.

Platon d'abord, bien entendu, dont toute la construction repose sur l'opposition du savoir, visé par elle, à l'*opinion*, même si dans ses dialogues on en reste la plupart du temps à une intention de savoir puisque la recherche de l'essence, dont l'existence est toujours postulée, de telle ou telle chose, menée dialogiquement par Socrate, échoue la plupart du temps sur une aporie, donc sur un échec à posséder le savoir sur elle, comme, entre autres dialogues, dans le *Ménon* s'agissant de la vertu : au final, on sait ce qu'elle n'est pas, on ne sait pas ce qu'elle est. Il n'empêche, et c'est le point important, que cette essence existe. Elle est érigée par Platon en Idée existant objectivement hors du sujet humain, dans un monde transcendant l'empirie – le monde des Idées ou des Formes, précisément, avec l'Idée du Bien à son sommet – et celle-ci fixe à la philosophie, envisagée dans sa dimension théorique, son objectif *exclusif et ultime* : en acquérir la vérité. Hors de cela, elle dégénère en *philodoxie*, en un amour de l'opinion, donc, qui anime les sophistes, lesquels sont tout sauf des philosophes. Et par ailleurs, le cadre ontologique général au sein duquel cette recherche se place – l'existence d'un monde intelligible distinct du monde sensible et dont ce dernier dépend, ce qui définit une ontologie idéaliste à l'état chimiquement pur, si j'ose dire – n'est pas présenté comme un point de vue parmi d'autres sur le réel, mais comme sa vérité même, celle d'un réalisme des Idées[4].

Aristote, aussi, dont on oublie de mentionner, sous prétexte de son opposition à Platon s'agissant de la transcendance des Idées, qu'il définissait le philosophe comme celui non qui cherche mais qui « *possède la totalité du savoir dans la mesure du possible* », se contentant, faute de mieux, de posséder l'essentiel ou le principiel dans chaque domaine de l'Être car il ne peut pas posséder la science empirique de chaque objet (d'où la nuance : « dans la mesure du possible »), mais prétendant bien, cependant, posséder un savoir vrai (l'expression est redondante) dans tous les cas, même si sa valeur pratique ou sa dignité théorique pouvait varier[5]. Et l'on se souvient qu'il a inventorié tous les secteurs de la réalité, y compris ceux qui relèvent aujourd'hui de sciences spécialisées comme la physique ou la biologie, dans le cadre de ce qui était bien l'ambition de parvenir à une encyclopédie générale, au sens contemporain du terme, celle que les scientifiques aujourd'hui, et non les philosophes, tâchent de mettre en œuvre collectivement, quand ils le veulent ou le peuvent. Et j'ajoute que la métaphysique elle-même entrait dans cette ambition totalisante de savoir puisque, discipline première, il la définissait comme « la *science* de l'Être en tant qu'Être » (c'est moi qui souligne). Donc, même ce qui pour nous désormais paraît échapper

---

[4] En ce sens Alain, dans le chapitre consacré à Platon de son ouvrage intitulé *Idées* (10/18), a tort de ne voir dans les Idées en question (avec une majuscule) que des idées (avec une minuscule), à savoir des principes intellectuels d'intelligibilité du réel. C'est nier l'idéalisme objectif qui caractérise cette philosophie pour laquelle les idées *existent en soi*, hors de l'esprit humain.

[5] *Métaphysique*, L. I. L'éthique elle-même, à la recherche du souverain bien, était censée faire l'objet d'une forme de connaissance, sous la domination de la science politique : voir le début de *L'éthique à Nicomaque*.

définitivement à la science, la métaphysique (sauf à redéfinir ce terme[6]), était censé faire l'objet d'une connaissance de type scientifique, sur un même plan de vérité assurée.

On retrouve pleinement cette (double) orientation chez Descartes. Non seulement il n'est pas le penseur sceptique que l'on veut parfois nous faire croire sous prétexte qu'il a mis sa philosophie à l'enseigne d'un doute radical initial[7], mais il est aussi un penseur typiquement encyclopédique dont le système d'ensemble inclut les sciences. Ce n'est pas un penseur sceptique, d'abord, mais au contraire absolument dogmatique (au sens positif du terme, à nouveau) parce que son doute, précisément, est initial et purement méthodologique : il se renverse aussitôt dans la certitude *absolue* du « *cogito* » et de l'existence d'un sujet pensant et, à partir de cette vérité première qui, issue du doute ne peut donc être mise en doute, il va *déduire* un ensemble de vérités successives, de nature métaphysique au surplus, sous une forme rigoureusement démonstrative à l'instar de ces « longues chaînes de raison » que nous

---

[6] Voir aujourd'hui, C. Tiercelin, *La connaissance métaphysique*, Collège de France / Fayard. J'y reviendrai car, entre temps, il y a eu Kant.

[7] S'agissant de ce contresens massif, voir H. Arendt dans son livre *La crise de la culture* (Gallimard, Folio-Essais), livre qui comporte pourtant des aperçus intéressants. Mais elle est capable de faire de Descartes, au nom de la présence de ce doute critique chez lui, l'ancêtre de la philosophie du soupçon qu'a inaugurée bien plus tard Nietzsche : voir op. cité, p. 75-76. Etonnante affirmation quand on sait que le doute cartésien préside à une réassurance totale d'un sujet pensant transparent à soi, alors que la philosophie nietzschéenne affirme l'existence d'un « sujet » pris dans la vie et largement obscur à lui-même ! J'en profite pour l'indiquer sur un mode polémique, car c'est un aspect de cet *ethos* de la philosophie actuelle que j'entends dénoncer : la surévaluation de certains penseurs mis en avant par la mode. Comment porter aux nues une philosophe comme H. Arendt dont les écrits comportent tant d'approximations ?

offrent les mathématiques. On est bien, comme chez Platon et Aristote, sur le terrain de ce qui se présente comme un authentique *savoir*, au point que, dans sa déduction, il en arrive à prétendre *démontrer* l'existence de Dieu et même à doter cette démonstration d'une certitude intellectuelle supérieure à celle d'une proposition mathématique, comme celle qui établit que la somme des angles d'un triangle est égale à deux droits ![8] Et par ailleurs, il a présenté son système philosophique sous la forme d'une image elle aussi totalisante, celle d'un arbre « dont les racines sont la métaphysique, le tronc est la physique, et les branches qui sortent de ce tronc sont toutes les autres sciences, qui se réduisent à trois principales, à savoir la médecine, la mécanique et la morale » ; et celle-ci, « présupposant une entière connaissance des autres sciences, est le dernier degré de la sagesse »[9]. Or on remarquera deux choses. Ce tableau de ce qu'est la philosophie dans son contenu complet l'inscrit toujours, dans ses différentes composantes, dans le registre théorique de la science, donc du savoir ou de la connaissance et non d'une quelconque réflexion, incluant même, d'une manière qui nous paraît incongrue, non seulement la métaphysique (on verra bientôt pourquoi Descartes se trompe), mais aussi la sagesse, donc la dimension cette fois-ci de la pratique, déduite de la connaissance des « premières causes » et située sur le même plan de savoir. Ensuite et bien évidemment, comme chez Aristote, on est en présence d'un savoir *total*, dans les limites de son époque, mais incluant des éléments de science authentique ou de science réellement

---

[8] Voir la 4ème partie du *Discours de la méthode* : « « Il est pour le moins aussi certain que Dieu (…) est ou existe, qu'aucune démonstration de géométrie le saurait être. »

[9] *Les principes de la philosophie*, Lettre de l'auteur à celui qui a traduit le livre.

commençante, comme les mathématiques évidemment et surtout la physique (malgré tous ses défauts chez lui). Et, abordant le vivant, il a même envisagé, sous une forme prudente il est vrai, l'hypothèse de l'évolution, l'arrêtant, faute d'informations suffisantes, dit-il, à l'homme et à son âme[10].

On pourrait ajouter à cette évocation le cas exemplaire de Spinoza, dont toute l'entreprise dans *L'éthique* se déploie *more géometrico*, c'est-à-dire sous la forme d'une déduction de type mathématique de part en part, avec ses axiomes, ses démonstrations, ses théorèmes successifs et ses scolies, alors même que son objet, par-delà la totalité du monde naturel identifié à Dieu, est essentiellement l'homme avec ses sentiments ou ses passions et sa libération possible vis-à-vis d'elles, ce qui supposait, selon lui, qu'on les traitât comme « comme s'il était question de lignes, de plans et de corps »[11]. Mais si l'ambition dogmatique de posséder la vérité est bien là, comme chez ses prédécesseurs, son contenu est donc surtout anthropologique et éthique, avec l'ambition, très tôt proclamée, de définir un « véritable bien », universellement « communicable »[12] : Spinoza n'assume pas vraiment le projet encyclopédique de ses prédécesseurs, incluant les sciences positives de l'époque, avec leurs limites. Enfin, l'œuvre de Hume pourrait elle aussi être signalée, confortant clairement mon propos,

---

[10] Voir la 5ème partie du *Discours de la méthode*.

[11] Op. cité, introduction de la 3ème partie.

[12] Voir le tout début du *Traité de la réforme de l'entendement*, antérieur à *L'éthique*. Concernant la dimension anthropologique de son système (car c'est bien un système de propositions articulées les unes aux autres et non une rapsodie d'énoncés), il y a effectivement dans *L'éthique* et sous bénéfice d'inventaire, d'incontestables éléments de vérité ontologique et psychologique sur l'homme, qu'une philosophie matérialiste peut légitimement reprendre à son compte, quitte à les transposer dans son propre contexte.

puisque son *Traité de la nature humaine* se veut être une *science de celle-ci*, au point qu'il entendait être le Newton des « sciences morales », c'est-à-dire humaines[13].

On s'arrêtera là. Tous ces exemples, qui sont les plus significatifs, témoignent d'une intention, d'une ambition, et même d'une prétention de connaissance (scientifique), d'accès à un savoir dans tous les domaines, y compris métaphysique, qui est inhérent à la philosophie dès l'origine. Or c'est cette intention-ambition-prétention qui va être battue en brèche par Kant à la fin du 18ème siècle, quitte à l'être d'une manière qui, subrepticement, la *renouvelle*, c'est-à-dire la *perpétue*.

[13] Voir le début de l'ouvrage, Aubier. On pourrait aussi, bien entendu, ajouter Leibniz à ces divers exemples.

Ce que la philosophie ne peut plus être à partir de Kant

Ce qui caractérise d'emblée le propos de Kant, et ce dès l'Introduction de la *Critique de la raison pure*[14], ce sont trois choses essentielles :
1 La reconnaissance de la certitude et de l'autonomie des sciences mathématique et physique, qui sont « réellement données » et qui ne font pas partie de la philosophie – Kant n'est pas un savant, en ce sens – puisque la philosophie les prend pour *objets* dans le cadre d'une *réflexion critique* qui n'entend en rien les absorber ou se substituer à elles ou, encore, les prolonger, mais entend seulement *fonder* leur possibilité. La question qui se pose n'est donc pas, dans un style qui serait, cette fois-ci, terriblement dogmatique, au sens négatif où la philosophie se donnerait une capacité de légiférer qu'elle n'a pas, en même temps que prétentieux puisque faisant en quelque sorte la leçon aux sciences: « *Est-ce* qu'elles sont possibles ? » ; la question est celle-ci, plus modeste mais plus rigoureuse : « *Comment* le sont-elles ? », étant admise la certitude *a priori* des jugements qu'elles comportent en partie et que Kant qualifie de « jugements synthétiques *a priori* » parce qu'ils enrichissent notre connaissance de la réalité sans se baser *a posteriori* sur l'expérience, dans le cadre de sa conception de l'espace et du temps qui en fait des données *a priori* de l'esprit humain dont on peut connaître les propriétés à l'avance.
2 Du coup, la philosophie semble devoir changer radicalement de nature : elle cesse de pouvoir et de vouloir constituer une science, atteindre directement la vérité dans tous les domaines comme elle le prétendait dans le passé, pour devenir *réflexive*, constituer une réflexion *sur* les conditions de possibilité du savoir scientifique, à distance

[14] PUF. Voir la fin de l'introduction.

donc de ce dernier et sans le nier, mais aussi, et c'est là une radicale nouveauté, sur la *possibilité même* de la *métaphysique*, donc de la vérité en général telle que la philosophie prétendait la prendre en charge à elle toute seule, dans tous les domaines du réel, effectif ou supposé. Car la métaphysique, cette métaphysique qui était jusque là intégrée au savoir philosophique, ne nous est pas donnée comme les sciences citées le sont, seule l'est une « disposition naturelle » à la métaphysique, sans qu'on sache au départ si ses résultats passés sont certains. On peut même légitimement en douter puisqu'il y a *des* métaphysiques qui se contredisent mutuellement au sein de ce Kant appelle un « champ de bataille » (Kamfplatz), ce qui conteste d'emblée leurs prétentions respectives à la vérité puisqu'il n'y a qu'*une* vérité, ou pas de vérité du tout, par définition. Cette dimension réflexive, à l'opposé du savoir mais ne s'opposant pas à lui, se renforce et s'élargit quand on prend en compte la suite de son œuvre : une réflexion sur la morale, même si celle-ci est présentée comme un domaine de connaissance rationnelle, suivie de la mise à jour des postulats que celle-ci entraîne – la liberté, l'immortalité de l'âme et l'existence de Dieu[15] –, à quoi on doit ajouter une philosophie de l'histoire, habitée par l'ombre discrète de Dieu et qui n'est pas une science de celle-ci, loin de là, mais aussi une réflexion sur l'esthétique puis sur le vivant : celle-ci, si elle ne se substitue pas à son étude empirique, lui assigne cependant des bornes, sans raison valable pour nous aujourd'hui[16].

---

[15] Voir *Les fondements de la métaphysique des mœurs* et la *Critique de la raison pratique* dans laquelle ces postulats sont présentés.

[16] Deuxième partie de la *Critique du jugement* : la science biologique est contrainte d'étudier mécaniquement le vivant, et ce indéfiniment… mais elle ne pourra l'épuiser car son essence ultime ne peut être pensée qu'à partir d'une finalité qui en fait une réalité qui transcende la matière. « La possibilité d'une matière vivante (…) ne peut même pas être pensée » dit-il par exemple et imprudemment. Elle échappe

Cet élargissement du champ de ce qui paraît bien être une simple mais fondamentale *réflexion,* est tel que, pour définir au final le rôle ou la nature de la philosophie, à travers le modèle de la sienne, il en arrive dans sa *Logique* à la résumer par trois questions, suivies d'une quatrième dont il affirme qu'elle les engobe ou les synthétise : 1 Que puis-je savoir ? 2 Que dois-je faire ? 3 Que puis-je espérer ? Et finalement, 4 : Qu'est-ce que l'homme ? Magnifique et complète définition, il faut l'avouer, et qui implique bien l'ouverture d'un champ propre à la philosophie, celui d'une *réflexivité* dont la science n'est pas capable, qui ne méprise pas celle-ci et qui échappe pour l'essentiel à la visée encyclopédique de cette dernière que la philosophie passée assumait pourtant[17]. Car si ce champ est large et paraît totalisant, ce n'est pas au sens où il définirait positivement des objets de savoir (on retomberait alors dans l'encyclopédie) mais bien, et de façon critique, des objets de réflexion visant à exhiber, ou non, un *sens* engageant *la condition humaine* : à quel savoir théorique puis-je, moi homme, prétendre et donc aussi à quelle ignorance suis-je condamné ? mon action doit-elle obéir à des normes indubitables bien que pratiques, en l'occurrence morales, qui devraient alors la finaliser ? et au-delà du savoir positif, donc au-delà de l'ignorance qui le borde définitivement, y a-t-il place pour un libre arbitre que la science des phénomènes exclut, une espérance d'immortalité et une croyance raisonnable en une transcendance donnant du sens à la vie humaine ?

---

donc au mécanisme. Il y a là un débordement indu de la réflexion philosophique sur la science empirique, auquel son système échappe par ailleurs.

[17] En dehors de la question du vivant, il est cependant arrivé à Kant de se mêler de science : dans sa jeunesse avec une « Théorie du ciel » ou encore dans son essai sur les races, prise dans une problématique théologique de la création de l'homme qui la fait verser dans un naturalisme erroné.

3 Enfin, il semble bien que la métaphysique telle qu'elle a été conçue et pratiquée par l'immense majorité des philosophes antérieurs, en l'occurrence comme une connaissance d'une réalité supra-sensible supposée extérieure et supérieure à la réalité physique à laquelle nos sens ont accès et dont toute connaissance semblerait pourtant dépendre vu son rôle fondateur, soit *lucidement et définitivement condamnée en tant que savoir*. Tel est l'enseignement majeur, magistral et définitif de la réflexion kantienne sur la connaissance : il ne saurait y avoir de *connaissance métaphysique*, une pareille idée est un oxymore, une contradiction dans les termes. Mais comment Kant le *démontre*-t-il – car il s'agit bien pour lui, j'y reviendrai, d'une « démonstration » – par-delà le simple fait, qui ne vaut pas droit et qu'il ne suffit pas d'enregistrer sans en rendre raison, de la pluralité des systèmes métaphysiques ?[18] Son point de départ réside dans l'existence même des jugements mathématiques, qui sont des jugements synthétiques *a priori*, et dans celle des jugements du même type que contient la physique pure. Or il s'aperçoit qu'ils ne seraient pas possibles s'il n'y avait pas des formes de la sensibilité humaine, l'espace et le temps, elles-mêmes *a priori* comme je l'ai déjà mentionné, inhérentes à l'esprit humain, précédant toute expérience et l'informant, au sein desquelles ces jugements se déploient : comment pourrais-je, par exemple, juger *a priori* et d'une manière apodictique de la forme générale de l'expérience par le principe de causalité, si cette forme n'était pas en moi et liée à moi avant toute expérience ? Kant en déduit donc l'idéalité de l'espace et du temps, thèse qui constitue la base de son système de pensée et qu'il expose dans « L'esthétique transcendantale »,

---

[18] Après tout, l'*un* au moins de ces systèmes pourrait être vrai, à l'exclusion des autres (comme le spinozisme contre les divers créationnismes), mais lequel ?

première partie de son ouvrage, qui est le lieu de sa pensée théorique où *tout se joue*. Car elle lui permet d'en conclure que les phénomènes auxquels la science a affaire ne sont pas la réalité *en soi* mais seulement la manière dont celle-ci est informée par cet espace et ce temps subjectifs, donc la manière dont ils nous *apparaissent* au sein de ceux-ci. Cela ne signifie pas du tout qu'ils n'aient pas de réalité empirique objective, ce qui assure à la science de la nature son objectivité propre, y compris dans sa dimension strictement expérimentale et *a posteriori*, mais cela veut dire que les concepts (ou catégories) à l'aide desquels nous les connaissons et qui sont *a priori* en nous, n'ont de sens qu'au sein de cette expérience phénoménale, liée consubstantiellement à l'homme : ils ne valent pas pour la réalité en soi, dite nouménale, que nous sommes bien obligés d'admettre comme étant le fondement réel des phénomènes eux-mêmes[19]. Conséquence implacable : ces mêmes concepts (ou catégories) auxquels la métaphysique recourt (car nous n'en avons pas d'autres), pour comprendre la réalité supra-sensible dont elle s'occupe, n'ont pas de *valeur cognitive* dans son domaine. Ils nous aident éventuellement à *penser* quelque chose, certainement pas à le connaître : ils fonctionnent à vide, faute d'une intuition sensible, spatio-temporelle, qui les supportent et leur offre un contenu précis. C'est ainsi que s'il y a bien de la causalité *dans* le monde que la science découvre, l'idée d'une causalité *du* monde lui-même, ou à son propos, n'a pas de sens assignable sur le plan de la connaissance. Ou encore : si nous savons ce que veut dire

---

[19] Car, dit Kant, comment des choses pourraient-elles nous apparaître comme phénomènes « sans qu'il y ait rien qui apparaisse » (op. cité, Préface de la seconde édition). On ajoutera que les phénomènes ne sont pas des « apparences » : ils existent vraiment, mais « pour nous », dans la dimension subjective, mais universelle, de l'espace et du temps.

« exister » pour une chose sensible, que signifie ce terme pour une chose existant (éventuellement) hors de l'espace et du temps dont ne pouvons avoir la moindre intuition ? On pourrait multiplier les exemples : ils nous montreraient tous que les prétendues démonstrations métaphysiques (de l'existence de Dieu, d'une origine transcendante ou pas du monde, de l'existence de la liberté, etc.) ne débouchent que sur des Idées, utiles éventuellement ou séduisantes pour l'intelligence, mais en faveur desquelles on ne peut trancher, et non sur des connaissances. En d'autres termes : on ne peut connaître que le Conditionné physique, non l'Inconditionné métaphysique. Et l'on comprend alors « l'impossibilité logique » constituée par la multiplicité des systèmes philosophiques prétendant également à la vérité, que j'ai signalée d'emblée : ils se prononçaient dans un domaine, la métaphysique spéculative, où aucune vérité n'est de toute façon possible. Leur multiplicité, contradictoire en soi, atteste bien que ce domaine est hors de toute connaissance possible.

On pourrait en rester là, à ce résultat négatif, éliminer toute ambition de savoir pour la philosophie dans la perspective de Kant et la cantonner ou la condamner désormais à la seule réflexion telle qu'il l'envisage. Or ce n'est pas ainsi que les choses se présentent paradoxalement chez lui et on va voir rapidement que l'ambition de savoir refait incontestablement surface, mais à un niveau second ou « méta ». En effet, sa « critique (réflexive) de la connaissance » se transforme d'emblée en un « système critique », on vient de le voir, affirmant l'idéalité de l'espace et du temps, avec pour conséquence inévitable la distinction entre les phénomènes et les noumènes, qui lui permet au demeurant de sauver ensuite le libre-arbitre, puis la morale et, enfin, la croyance en Dieu, mais sous la forme de postulats dans la *Critique de la raison pratique*[20]. Or qu'est-ce que cela, sinon une *ontologie*, en l'occurrence clairement *idéaliste*, et donc, comme il l'admet lui-même[21], une *métaphysique* même si celle-ci demeure immanente, ne se prononçant pas directement sur le supra-sensible, mais en en admettant non seulement la possibilité mais la réalité (les noumènes), sans compter que la notion de métaphysique se trouve aussi réhabilitée comme connaissance immanente encore, mais *a priori,* des premiers principes de la nature comme de ceux de la morale, puis de la vertu et, enfin du droit[22]. C'est dire que la critique transcendantale, selon lui, de la métaphysique dogmatique passée, se renverse en un *système* critique *lui aussi métaphysique*, en un sens nouveau mais revendiqué comme tel, à finalité morale et religieuse, dont ses disciples n'auront d'autre tâche que de le développer[23], définissant un nouveau *savoir philosophique de nature métaphysique* qui est la philosophie transcendantale elle-même : la critique de la métaphysique (dogmatique) s'inverse donc en

---

20 Mais c'est bien la première *Critique* qui les rend possibles. Voir la Préface à la seconde édition et l'idée que la Critique est un « rempart » pour la religion !

21 Voir la fin de la *Critique de la raison pure.*

22 Ce qu'il appelle *La métaphysique des mœurs*. Mais le mot « métaphysique », ici, désigne seulement une connaissance *a priori*, non une pseudo-connaissance du supra-sensible. Voir aussi, sur le plan théorique, les *Prolégomènes à toute métaphysique future qui voudra se présenter comme science*, Vrin.

23 Voir à nouveau la fin de la *Critique de la raison pure* où la Critique, comme ensemble des concepts *a priori* de la raison pure, est bien assimilée à une science et considérée comme une métaphysique, précédant et préparant, en tant que « propédeutique », un système plus développé, complet et définitif dans l'ordre théorique comme dans l'ordre pratique. La préface à la seconde édition fait appel à des lecteurs talentueux non pour enrichir cette réflexion par des nouveautés inconcevables, mais pour la développer ou l'améliorer dans le détail.

métaphysique (dogmatique), quoique immanente, inhérente à la critique réflexive elle-même. La vérité reste l'objectif de la philosophie, Kant prétend bien la posséder, réellement ou potentiellement dans sa version « critique » complète, et il entend nous la transmettre, par delà les errements des philosophes antérieurs à lui.
Comment alors échapper à cette aporie, qui réinscrit la critique kantienne de la philosophie passée dans une forme inédite de celle-ci et ne rompt pas, par conséquent, avec elle et, spécialement, avec son dogmatisme spéculatif ?[24]

---

[24] On s'étonnera que je ne parle pas, dans ce tableau des philosophies spéculatives dogmatiques, de Hegel. C'est que son système pleinement spéculatif et incarnant un idéalisme absolu pour lequel toute la réalité, y compris dans son déploiement temporel et historique, se résorbe dans un principe spirituel originaire – l'Idée ou l'Esprit, qui n'est qu'un autre nom pour Dieu – constitue à mes yeux et malgré sa prodigieuse richesse, une véritable régression par rapport à la critique kantienne et un retour au dogmatisme métaphysique a-critique le plus extrême. Marx l'a magnifiquement critiqué dans le 3ème des *Manuscrits de 1844*. Je n'ai rien à y ajouter.

Ce que la philosophie doit être, désormais, sous peine de verser dans la philodoxie

Je partirai de l'affirmation suivante, inspirée des penseurs des siècles postérieurs et prenant en compte la domination tendancielle de la science dans *tous* les domaines de la réalité connaissable par l'homme : si la philosophie veut reconquérir une ambition de vérité sous une forme qui lui soit propre et ne la résorbe pas dans le savoir positif, ce ne peut être de façon *directe* comme si la réflexion, qui la caractérise désormais, pouvait avoir par elle-même un *pouvoir cognitif*, ce que prétend à sa manière G.-G. Granger après avoir pourtant dénoncé avec beaucoup de justesse deux tentations opposées : le retour au dogmatisme pseudo-scientifique et celle d'une dérive littéraire[25]. Il lui faut admettre, au contraire, qu'elle ne peut s'affirmer qu'en se confrontant à la science, voire à travers la médiation de celle-ci, donc *indirectement*. Mais comment, plus précisément ?

L'auteur qui s'impose sans conteste ici pour étayer ma démonstration et malgré la relative brièveté de ses propos à ce sujet, est Marx – à qui l'on ajoutera des penseurs qui ont pris la mesure de son apport et se sont inscrits dans l'espace intellectuel qu'il a ouvert. Ce qui est intéressant chez lui, c'est qu'il a connu la philosophie de l'intérieur dans sa jeunesse (philosophie matérialiste de l'Antiquité, Hegel, Feuerbach) et qu'il y a excellé, seules les circonstances politiques de l'époque l'ayant empêché d'en faire son métier. Il sait donc ce dont il parle quand il va la critiquer avec une radicalité étonnante dans *L'idéologie allemande* et dans ses *Thèses sur Feuerbach*, et proposer de lui substituer le travail de la science pour atteindre la vérité, ce qu'il va faire pour son propre compte dans le domaine de l'histoire

[25] Voir *Pour la connaissance philosophique*, Odile Jacob, 1988. J'en reparlerai.

et de la société, sur une base clairement matérialiste – point important, on le verra. Dans *L'idéologie allemande*[26], présentée par lui après coup comme son adieu à sa « conscience philosophique d'autrefois », il s'en prend à la philosophie idéaliste dominante, celle de Hegel, qu'il qualifie d'« *idéologique* » : l'idéologie est une conscience fausse du réel, issue sans le savoir d'un état donné de l'histoire, qui se croit donc première et originaire alors qu'elle est historiquement produite et elle s'oppose à la connaissance de cette histoire (comme d'elle-même) que Marx va engager, voire en fait totalement abstraction. Son antonyme est donc exactement la science empirique de la nature (dans son développement temporel) et de l'histoire avec ses procédures, ses preuves propres et ses résultats avérés, qui fait apparaître la philosophie, par comparaison, comme une pure « *spéculation* » sans fondement ni justification, donc *sans vérité*. La philosophie en tant qu'idéologie a donc toujours été inconsciemment une « pensée embarquée »[27] dans l'histoire, reflétant un état limité des sciences et un certain type de rapports sociaux, ce qui d'emblée relativise son contenu et ruine sa prétention à constituer un savoir absolu. A quoi j'ajoute le fait que, s'opposant souvent à la science réelle ou, surtout, à venir, dans nombre de ses énoncés[28] (malgré sa volonté fréquente, on la vu, d'intégrer la science de son temps dans une visée encyclopédique) et la précédant vu l'immaturité de celle-ci, cette philosophie été inévitablement vouée à être réfutée

[26] Op.cité, Première partie, Feuerbach, Edition sociales.

[27] La formule est d'Isabelle Garo dans, précisément, *L'idéologie ou la pensée embarquée*, La Fabrique. Voir aussi Jean Granier, dont l'importance considérable est méconnue, dans *Penser la praxis*, PUF, 1980 : l'idéologie signale « l'ombre » qui pèse historiquement sur le « discours spéculatif » de la philosophie et obère sa prétention à la vérité (op. cité, p. 9.).

[28] C'est le cas de la philosophie d'inspiration chrétienne qui a toujours récusé le matérialisme, même après Darwin !

dans ses contenus les plus idéologiques, donc à être récusée en droit et, peu à peu, détruite en fait : combien de thèses philosophiques sur la nature physique, le vivant ou l'homme (un monde fixe, un vivant immatériel, l'existence d'une substance pensante, par exemple) sont désormais abandonnées ou devraient l'être! On devine donc la conséquence que Marx (avec Engels) tire de cette prise de conscience critique, en un sens plus puissante et perspicace que celle de Kant : la spéculation philosophique liée à la seule réflexion doit cesser et être remplacée, dans le domaine historique ici, par « la science réelle, positive, l'analyse de l'activité pratique, du développement pratique des hommes » et un « savoir réel » doit se substituer à elle. Bien sûr, cette approche a des « présuppositions », à savoir le développement historique des hommes dans ce cas, mais prévoyant l'objection, il précise qu'il s'agit là de « prémisses réelles » et non de « dogmes » ou de prémisses « arbitraires » et « on ne peut (en) faire abstraction qu'en imagination »[29]. Et ce qu'il dit là du domaine historique ou de celui de la conscience (posée comme première par les philosophes idéalistes) doit être étendu, bien entendu, à *tous* les domaines ou objets que la philosophie s'était donné pour but de connaître et que la science désormais inventorie ou peut inventorier. Ce que résume vigoureusement cette affirmation : « Avec l'étude de la réalité (sous-entendu : l'étude scientifique – Y. Q.) la philosophie cesse d'avoir un milieu où elle existe de façon autonome ». Et si elle peut subsister encore, c'est seulement sous une forme minimale prétend Marx : « A sa place, on pourra tout au plus mettre une synthèse des résultats les plus généraux qu'il est possible d'abstraire de l'étude du développement historique des hommes » ou, c'est moi qui l'ajoute, « du développement du monde naturel ». La philosophie comme

---

[29] Op. cité. Cette citation, comme les autres, viennent du même ouvrage.

synthèse des sciences, on retrouve un peu la visée totalisante et encyclopédique de la philosophie avant Kant… sauf qu'on semble bien sorti de la philosophie elle-même après toute la critique qui en a été faite, d'autant plus qu'on ne voit pas, ici en tout cas, comment une synthèse des sciences pourrait être autre chose que scientifique ou *de la science* !

On comprend, en tout cas, à quel point cette approche est liée à, sinon fondée sur une conception matérialiste du réel. Je reviendrai sur le matérialisme, car il est au centre de ma réflexion et des problèmes qu'il pose à la philosophie, mais on peut tout de suite le définir avec Engels comme une conception moniste de l'Être qui affirme que « l'unité réelle du monde consiste en sa matérialité » et que celle-ci ne se prouve pas par « quelques boniments de prestidigitateur », à savoir la spéculation, mais par « un lent et laborieux développement de la philosophie et de la science de la nature » – je précise : une philosophie liée à cette science[30]. Cette conception du monde affirme par conséquent l'extériorité de la réalité matérielle par rapport à la conscience que l'homme en prend, donc son indépendance, et elle s'applique à la pensée humaine dont l'essence est considérée comme matérielle. On conçoit alors très précisément pourquoi la spéculation est dépourvue de tout pouvoir cognitif : si l'être était de nature idéelle ou spirituelle comme chez Platon et Hegel ou lié à un principe divin, la pensée humaine en s'approfondissant en elle-même et en s'intériorisant de plus en plus (voir aussi les conceptions mystiques) pourrait atteindre, en droit, son essence ; au contraire, dans le contexte ontologique du matérialisme, il y a ce que Pierre Raymond a appelé justement une « extériorité expérimentale du réel »[31] qui

[30] *Anti-Dühring*, Editions sociales, 1ère partie, ch. IV.

[31] In *Le passage au matérialisme*, Maspero. P. Raymond est un philosophe important, à (re)découvrir.

nous contraint définitivement à passer par la connaissance scientifique et ses procédures expérimentales propres pour en saisir la vérité. Il n'y a donc de connaissance du monde matériel que scientifique et *a posteriori*, ce qui ferme l'accès au vrai à la spéculation *a priori*.
Quel terme plus précis faut-il alors utiliser pour qualifier la spéculation philosophique et ses résultats, en quelque sorte négatifs par rapport à son objectif affiché et qui semble tirer « toute sa matière d'elle-même » comme l'avait déjà indiqué remarquablement Feuerbach dans *L'essence du christianisme* ? Celui d'*interprétation* s'impose, à condition de bien le comprendre. C'est Marx lui-même qui nous y incite dans la 11ème de ses *Thèses sur Feuerbach*. Je le cite : « Les philosophes n'ont fait qu'*interpréter* le monde de différentes manières, ce qui importe, c'est de le *transformer*. » Or cette phrase toute simple n'est pas toujours bien comprise. 1 D'abord on y voit un appel exclusif à la transformation du monde (via la politique, appuyée sur les sciences et les techniques) contre son interprétation philosophique, c'est-à-dire, croit-on pouvoir en déduire, contre l'exercice de la pensée elle-même. Ce qui la réduirait à un appel pragmatique à l'action, fleurant bon son anti-intellectualisme et alimentant un révolutionnarisme volontariste, tentant psychologiquement et politiquement, mais voué à l'échec… faute de pensée, précisément. Et l'on a vu certains dire, sur la base de ce contresens, qu'il fallait à nouveau « interpréter » le monde, *revenir* donc à son interprétation ! Il manque par conséquent un terme à cette affirmation, qui y est présent implicitement mais qu'il faut expliciter de la manière suivante : « il s'agit désormais d'*expliquer* scientifiquement le monde pour le *transformer* ». Car on ne saurait le transformer, si l'on ne l'explique pas et si l'on ne connaît pas ses lois de fonctionnement et d'évolution possible. Je signale que cela

a été justement la démarche de Marx après qu'il eût pris ainsi congé de la philosophie pour se lancer dans l'étude scientifique (en même temps que critique) du capitalisme et de sa structure économique. 2 Ensuite, et pour rester clairement dans son optique hostile désormais à la philosophie, il est manifeste que la phrase vise *tous* les philosophes sans exception et non certains d'entre eux seulement, comme les philosophes idéalistes ou spiritualistes – sous-entendu : les philosophes matérialistes passés échapperaient à cette accusation, par exemple, ce qui n'est pas le cas. C'est donc bien *la philosophie en général* qui est assimilée à une *interprétation* du monde et opposée à son explication – sous-entendu à nouveau : c'est l'explication scientifique qui nous apporte le vrai et une puissance sur le réel, la philosophie étant condamnée à l'ignorance, l'erreur ou l'illusion et vouant ainsi l'homme à l'impuissance vis-à-vis de lui. Quel que soit donc l'intérêt, parfois immense, que l'on peut trouver aux systèmes spéculatifs[32], il faut oser assumer jusqu'au bout ce diagnostic théoriquement sévère et ne pas l'atténuer par crainte de déplaire à ceux qui font de la philosophie, en lisent et se passionnent pour elle. D'autant plus que ce dépassement de la philosophie, qui implique sa négation, est aussi, selon la figure dialectique de l'Aufhebung, sa *réalisation* : c'est être paradoxalement fidèle à son projet originel que de le mettre en œuvre. 3 D'où aussi l'importance de bien clarifier le terme d'*interprétation*, d'autant qu'il a eu une histoire importante après Marx, chez Nietzsche surtout, et qu'on pourrait peut-être y trouver une solution pour résoudre l'impasse dans laquelle la philosophie paraît enfermée.

---

[32] Voir G.-G. Granger affirmant que la relativité historique qu'il assigne à la philosophie, de fait, « ne disqualifie donc nullement le discours philosophique profond et vigoureux qui serait prononcé en un autre temps que le nôtre » (op. cité, p. 21).

Philosophie et interprétation : échec ou voie nouvelle ?

Chez Marx la cause est entendue : le concept d'interprétation est entièrement négatif et dépréciatif. Il s'assimile à celui d'*idéologie* comprise avant tout comme une conception pré-scientifique et anti-scientifique du réel, voire para-scientifique[33], destinée à être dépassée par la science comme nous l'avons vu plus haut. A quoi s'ajoutent, dans les déterminants de l'idéologie, en dehors de l'ignorance elle-même faute d'une science présente ou suffisamment avancée, des déterminants sociaux liés aux rapports et aux intérêts de classe qu'elle a pour fonction d'occulter ou de légitimer (ce qui revient au même) et qui l'entraînent à déformer d'une manière illusoire la vision du monde et de l'homme dans le sens des intérêts de la classe dominante : ce fut le cas de l'idéologie religieuse dans ses conflits permanents avec la science (Galilée, Darwin, etc.) et dans le cadre de sociétés de classes au service desquelles elle se mettait, comme ce fut le cas aussi avec la théorie de l'esclavage chez Aristote ou avec le racisme contemporain.

Par contre, on a pu voir certains penseurs effectivement lucides recourir à ce concept d'interprétation, en le redéfinissant, pour sauver la philosophie, mais dans une optique qui fait problème eu égard à la visée originelle de vérité sur laquelle je n'ai cessé d'insister. C'est le cas de Jean Granier qui fait de la philosophie non une connaissance, mais la mise en forme d'une interprétation « égotiste » du monde à la lumière de l'expérience que le philosophe en a, et cela à la suite clairement affichée de

[33] J'entends par là, avec G. Canguilhem et P. Tort, un discours sur le réel qui mime une science existante et qui, en extrapolant ses résultats, sort du champ de la science. C'est le cas du darwinisme social qui a pu nourrir une philosophie au service du libéralisme comme celle de Spencer et qui est, en réalité, antidarwinien.

Nietzsche dont il est par ailleurs un grand spécialiste. Et fort logiquement de son point de vue, il va penser le marxisme lui-même (qui refuse de s'appliquer à lui-même cette notion) sous ce concept, comme une interprétation du monde liée à l'univers de la praxis que Marx met au premier plan[34]. Que devient la vérité dans ce cas puisque les expériences « égotistes » du monde étant plurielles, les interprétations philosophiques qui en sont issues sont marquées par *l'ego* individuel et ne peuvent prétendre à la vérité, qui est unique et impersonnelle ? Et a-t-on le droit de parler de « connaissance interprétative » comme il le fait pour qualifier les discours philosophiques ? En réalité, Granier lui-même ne peut appliquer à sa propre philosophie cette définition censée valoir pour toute philosophie : la philosophie *de* l'interprétation, pour son auteur, n'est pas elle-même et ne se veut pas *une interprétation*, sauf à s'invalider : elle prétend à nouveau à la vérité, mais hors de la science![35]

On retrouve le même problème chez G.-G. Granger, dont j'ai déjà évoqué le travail intéressant, mais dont il faut préciser davantage la conception parce qu'elle intègre une part de mon analyse, sans en tirer la même conclusion. Granger montre bien que la philosophie telle qu'elle s'est

---

[34] Voir *Penser la praxis*, op. cité (mais aussi *Le discours du monde*, Seuil). Je signale que je suis souvent d'accord avec les thèses de ce livre important et, en particulier, avec sa critique de départ de la philosophie contemporaine et spécialement avec cette affirmation liminaire qui rejoint totalement mon propos : « Car, de n'avoir pas intégré correctement la contestation que lui opposait le marxisme, elle n'a pu, en soi et hors de soi, dissiper les leurres de l'idéologie. » (Introduction, p. 21).

[35] C'est la même chose chez Nietzsche : l'affirmation (qui n'illustre qu'un aspect de sa pensée) selon laquelle « il n'y a pas de faits, rien que des interprétations » *échappe elle-même à ce verdict* : elle ne constitue pas une interprétation ! Contradiction performative ? Voir ce que j'en dis dans mon livre *Nietzsche ou l'impossible immoralisme. Lecture matérialiste*, Kimé.

développée jusqu'ici n'est pas une connaissance, faute d'objets réels comme la science et des procédures qui la caractérisent : « elle ne *dit* ni le vrai ni le juste, même et surtout lorsqu'elle paraît s'en arroger le pouvoir »[36], et elle ne progresse pas comme la connaissance scientifique. Laissons de côté la question du juste, et contentons nous de son constat d'échec de la philosophie face au vrai, comparée à la science : son livre en fournit une démonstration fouillée et rigoureuse, nourrie d'une compétence épistémologique impressionnante. Je ne la reprendrai pas dans le détail et je me contenterai de présenter ce qui m'importe ici, à savoir le statut inédit qu'il va donner à la philosophie pour tenter de la renouveler et de la sauver de son échec apparent : il n'y a pas d'objets philosophiques mais, par contre, des « *significations* » liées, un peu comme chez Granier, à une *expérience globale du monde*, dans laquelle la culture environnante, dans une configuration historique donnée, joue bien entendu un rôle, et que le philosophe a pour charge de mettre en concepts sous la forme d'une « *interprétation* », à nouveau, laquelle consiste donc en une organisation ou un aménagement de la « signification du monde ». Celle-ci, précise-t-il, ne saurait être rabattue sur ses conditions historiques (ce serait alors de l'idéologie) ni sur l'idiosyncrasie affective du penseur car le propre de la philosophie est bien d'être *impersonnelle*, comme la science au demeurant et contrairement à l'art. C'est pourquoi il s'en prend à la dérive littéraire de la philosophie contemporaine, associée à un pathos subjectif qu'il ne supporte pas théoriquement[37], et c'est en ce sens aussi que l'« interprétation » telle qu'il la comprend peut constituer « une figure intemporelle d'une conscience

[36] Op. cité, p. 20.
[37] J'en donnerai moi-même des exemples par la suite.

formulée en concepts »[38], donc viser une certaine forme d'universalité malgré ses insuffisances : nous aurons toujours quelque chose à retenir de l'épicurisme ou du stoïcisme note-t-il avec raison, mais à condition que nous en faisions un examen critique rationnel et que l'on y voit, à chaque fois, une signification particulière du monde qui a la capacité de continuer à nous parler dans certaines conditions – ce qui n'est pas le cas du premier essai venu aujourd'hui, même s'il est couronné d'un succès médiatique.

Pouvons-nous nous satisfaire de cette première présentation, malgré tout ce qu'elle comporte d'exact ? Je laisse de côté la question pratique ou morale du « juste », pour compléter l'analyse de ce que soutient Granger et qui, on va le voir tout de suite, fait incontestablement problème. Deux thèses essentiellement, l'une sur l'origine de la production philosophique, l'autre, à nouveau, sur son objectif ou son statut : 1 Celle que l'inspiration ou en tout cas la production philosophique « vient de la liberté où nous sommes d'une perspective sur ce que signifie notre expérience », ce qui expliquerait que ses résultats soient « précaires »[39]. Ce n'est pas la notion de signification qui pose question ici, mais celle de la liberté : n'est-ce pas là une « abstraction » idéologique, comme dirait Marx, qui fait abstraction, justement, de tout le conditionnement qui influence la conscience humaine, y compris philosophante, venant de cette praxis à laquelle Granier faisait référence pour y signaler une ombre idéologique pesant sur la philosophie et sur laquelle un livre récemment paru d'Althusser met fortement l'accent, reprochant à la philosophie idéaliste dominante de l'occulter systématiquement ?[40] Certes, le philosophe est bien un

---

[38] Ib., p. 21.
[39] Ib., p. 20.
[40] *Initiation à la philosophie pour les non-philosophes*, PUF, 2014.

auteur, l'auteur actif de ses productions, mais ce n'est pas un auteur libre : c'est souvent une époque, avec toutes ses composantes (intellectuelles ou scientifiques, techniques, sociales, politiques, normatives, etc.), qui s'exprime à travers lui, même si des philosophes d'une même époque peuvent se contredire ou si certains, forts leur inventivité singulière, sont capables de rompre avec les idées dominantes et de bouleverser la donne philosophique[41]. 2 Autre problème : l'objet et le statut épistémologique de la philosophie comme interprétation de l'expérience globale de l'homme. Que la philosophie puisse avoir pour fonction de viser un sens de celle-ci et donc qu'elle soit bien « sans objets », cela peut s'admettre, mais que dans le même temps elle retrouve un statut de « connaissance » (voir le titre de l'ouvrage), voilà qui est curieux, sinon difficilement acceptable. Comment peut-on *connaître* des significations disons existentielles ? On peut les viser, certes, et les exprimer, même conceptuellement (pour qu'il y ait philosophie), mais peut-on en avoir une *connaissance*, fût-elle non scientifique puisque Granger ne cesse d'insister sur le fait que la philosophie n'est pas une science ? Deux objections viennent tout de suite à l'esprit : il n'y a de connaissance que d'une réalité objective, distincte du sujet connaissant ; or le propre d'une signification (ou d'un sens : les deux termes peuvent être assimilés ici) est qu'elle *attribuée* ou *donnée* par l'homme aux choses, au monde, à l'expérience humaine ou à la condition humaine, comme on voudra, et elle n'existe donc que *pour* lui : elle n'est pas *déjà-là*, inhérente au réel, « à ce qui *est* « pour reprendre une de ses formules, inscrite en lui et attendant que l'homme, par la connaissance précisément, la révèle ou la découvre ! Il y a

---

[41] On pense bien évidement à Marx lui-même, mais aussi à Spinoza, à Feuerbach ou à Nietzsche, ainsi qu'aux penseurs des Lumières, dont certains étaient matérialistes.

ici un mésusage du concept d'*interprétation* dans un des deux sens que Nietzsche lui a donnés : celui où il montre que la vie, spontanément, interprète, donne un sens aux choses qui est lié à ce qu'elle est *pour* chaque individu, mais qui n'est rien en dehors d'elle[42]. Comment pourrait-il faire l'objet d'une véritable connaissance ? Il (le sens) ou elle (la signification) peut donc faire l'objet d'un connaissance intuitive (si l'on veut), propre au sujet, d'une appréhension ou d'une compréhension qui reste immanente à celui-ci, certainement pas d'une connaissance au sens strict de ce terme, qui implique l'objectivité et l'universalité, c'est-à-dire la vérité. C'est d'ailleurs pourquoi Granger renonce finalement à ce dernier terme et lui substitue subtilement celui de « *validité* »[43] : une philosophie peut être plus valide qu'une autre, elle ne saurait être plus vraie qu'elle. On ne saurait mieux rompre le lien entre philosophie et vérité, rupture qu'il a d'emblée affirmée en la dissociant de la science mais en maintenant ensuite un lien entre elle et la connaissance, qui ne me paraît pas soutenable. Car, et c'est la deuxième objection, le concept de validité ne paraît pas conférer à ce qu'il qualifie une valeur théorique digne de ce nom sur le plan spécifiquement gnoséologique, celui précisément, de la connaissance dont Granger se réclame: on dira d'un projet ou d'un programme pratique qu'il est valide ou valable parce qu'il correspond assez exactement à *un objectif pratique visé* et qu'il le rend plausible, réalisable et donc *acceptable*. Mais en quoi une signification vitale d'ensemble répond-elle à ce *réquisit* ? Elle peut être intéressante, séduisante, voire

[42] L'autre sens chez Nietzsche du concept d'interprétation (proche de celui qu'il a chez Freud) désigne l'explication, de type scientifique, que l'on peut trouver à un phénomène culturel à partir de la vie qu'il exprime d'une manière déguisée : c'est le cas de la morale.
[43] Ib., p. 22.

convaincante culturellement, éventuellement, pour tout un groupe ou recevable sur le plan existentiel parce que correspondant individuellement à un ou des intérêts de vie, mais pourquoi la dire valide, ce qui peut aussi vouloir dire validée ?[44] Ce concept me paraît inapproprié intellectuellement. C'est donc sur un autre registre, inédit, qu'il faut oser se situer… contre la mode de « l'interprétation » telle que je l'ai présentée[45] et qui n'est qu'une autre manière de sauver la philosophie face au défi de la connaissance (désormais) scientifique, originale si l'on veut, mais pas vraiment convaincante.

---

[44] En logique une proposition est validée et donc valide par sa *forme*. Cette définition ne vaut pas pour un sens ou une signification où c'est le *contenu* qui l'emporte.

[45] C'est ainsi que Granger qualifie d'interprétation la réflexion kantienne sur les conditions transcendantales de la connaissance (il parle de « remontée interprétative » vers celles-ci) alors que, pour Kant, on l'a vu, il s'agit d'une démarche démonstrative visant une connaissance transcendantale apodictique : voir la note 9 du chapitre 10, p. 276.

Un nouveau statut du « sens » pour la philosophie, en lien avec la science

Jusqu'à présent nous sommes bien parvenu à une situation intellectuelle où science et sens (dans le cadre d'une interprétation) s'opposent absolument, surtout si l'on rappelle que la science positive de « ce qui est » se contente de l'expliquer, de l'analyser, d'en dégager les lois de fonctionnement et/ou d'évolution, tout cela en présence de *faits* soumis à des calculs, sur lesquels aucun jugement de valeur, prétendant être justifié scientifiquement, ne saurait être prononcé et dont on ne saurait tirer le moindre sens ou la moindre signification… au sens que ces termes ont reçu jusqu'ici. C'est ainsi que, pour reprendre une formule favorite de Granger, aucune science de « ce qui est » ne saurait nous en révéler « le sens », celui-ci ne pouvant relever que d'une interprétation, nécessairement arbitraire selon nous, sans portée cognitive, et être à la base de ces « conceptions du monde » multiples et indéfiniment renouvelables, chacun y allant de la sienne, dont Heidegger avait su (c'est l'un des ses rares mérites selon moi) annoncer le combat sans fin[46].

Or cette impasse n'est pas définitive et je voudrais montrer comment l'on peut et même l'on doit, *dans l'ordre théorique s'entend,* relier science et sens ou, si l'on préfère, élaborer une conception scientifique du sens (ou de la signification) débouchant elle-même sur un *sens scientifique* des choses que l'on précisera ensuite. Il suffit de songer que la science nous parle bien du monde et de l'homme, de plus en plus et de mieux en mieux, nous apportant des vérités multiples sur lui – matière inanimée, vivant, être humain dans ses diverses dimensions – dans des propositions s'accordant avec la réalité : c'est en quoi

---

[46] Voir « L'époque des "conceptions du monde" in *Chemins qui ne mènent nulle part*, Tel/Gallimard, p. 123-124.

elles sont vraies et ne constituent pas seulement des constructions de l'esprit. Sauf que ces vérités sont dispersées, souvent de détail, et qu'elles se focalisent, à travers une spécialisation inévitable des disciplines positives, sur des aspects particuliers et fréquemment juxtaposés de la réalité. Les sciences, à la fois parce qu'elles sont factuelles et partielles, même si c'est au sein d'un devenir expansif constant qui unifie malgré tout le réel, ne peuvent donc nous fournir *par elles-mêmes* et en restant ce qu'elles sont, à savoir des science*s*, une conception *globale* du monde et de l'homme qui fasse sens. Et pourtant elles la *contiennent implicitement* et il faut savoir la *révéler* en l'*explicitant* ou, si l'on préfère, l'expliciter et donc la révéler. Comment ? 1 D'abord et fondamentalement, non en éliminant la philosophie avec tous les problèmes qui la constituent, voire les solutions souvent imaginaires qu'elle leur a apportées, mais au contraire en interrogeant la science elle-même du point de vue extérieur, certes, mais point factice, de cette même philosophie avec tous ses problèmes ou questions : réalité et nature du monde, statut temporel du réel, immanence ou pas de l'homme à la matière, essence de la conscience et de la pensée, existence ou non de la liberté, etc., et l'on pourrait multiplier ces problèmes à l'envi, avec en toile de fond, la question ultime ou initiale (voir le début de cette brève liste) de la matérialité ou non de l'Être. A quoi s'ajoute, bien évidemment, celle de la vérité, de sa définition et de son existence, sans l'affirmation de laquelle tous les questionnements précédents seraient absurdes, dénués de la moindre valeur théorique et sans possibilité de réponse. 2 Cette interpellation externe et formulée dans son langage propre, non celui des *concepts scientifiques* mais des *catégories philosophiques*[47], nous mettra alors en présence d'un sens ou d'une signification

[47] Je précise plus loin le sens de cette distinction.

philosophique des sciences, latent ou sous-jacent à elles, mais réel, à plusieurs conditions : que l'on *réfléchisse* sur elles, à savoir sur le statut de leurs résultats (ce qu'elles ne font pas d'elles-mêmes[48]), qu'on les *totalise* (ce qu'elles ne font pas souvent non plus, ou sont peu capables de faire vu leur spécialisation) et qu'on les *analyse* pour en *traduire* la signification philosophique quant au monde et quant à l'homme dans *l'espace intellectuel* des interrogations philosophiques. Je dis bien « traduire », ce qui renvoie aux notions d'interprétation et de signification, mais comprises sous un angle nouveau : la traduction-interprétation d'un texte, par exemple, nous révèle ce qu'il signifie, sans adjonction étrangère (en principe) qui en travestirait le contenu, et c'est ce que j'entends ici pour affirmer l'objectivité de cette « interprétation » philosophique de la connaissance scientifique (laquelle est un texte, même s'il vise un objet) qui en manifeste le sens véritable, le *sens vrai*, contre toutes les manipulations idéologiques qui, sous prétexte d'interprétation, précisément, le trahiraient. Deux exemples ici suffiront pour démontrer mon propos.

La matérialité de l'Être sous toutes ses formes, d'abord, où se joue la vérité de cette « interprétation » inédite de la science qui débouche sur une conception du monde et de l'homme *scientifiquement fondée*, et donc définitive, exclusive de tout autre conception, disons idéaliste ou spiritualiste de ceux-ci. On a appris avec Darwin ce que les philosophes qui l'ont précédé ignoraient et qu'ils n'avaient pu que supposer parfois, à savoir que la nature

[48] Même si certains scientifiques le font. Mais alors ils peuvent être complètement mystifiés par l'idéologie philosophique de leur temps. C'est le cas de B. d'Espagnat, malgré la qualité incontestable de sa réflexion philosophique, dans l'opposition qu'il manifeste au réalisme matérialiste de la connaissance (comme au matérialisme tout court) dans son ouvrage *Traité de physique et de philosophie*, Fayard.

n'est pas fixe, qu'elle a évolué et qu'elle a produit, par ses transformations successives et la complexification de la matière en mouvement, les différentes espèces vivantes, homme compris. Or il suffit d'analyser réflexivement cet énoncé scientifique pour en tirer au moins trois thèses philosophiques, qui répondent à des questions que la philosophie se pose : 1 que le réel est *en mouvement*, d'essence temporelle, donc, constitué autant de processus que de choses – de choses-processus, si l'on veut – en même temps que de rapports ; 2 que la nature matérielle, inanimée à l'origine, a produit l'homme et donc qu'elle lui est *antérieure*, qu'elle possède une réalité objective, une indépendance ontologique par rapport à la conscience humaine : ainsi se trouvent récusées scientifiquement toutes les formes de l'idéalisme philosophique qui ont dominé dans le passé et se prolongent aujourd'hui avec la phénoménologie, que cet idéalisme soit subjectif comme chez Berkeley ou Kant, ou objectif comme celui de Platon ou de Hegel ; 3 que l'homme, produit de cette nature, n'en est donc qu'*une forme*, aussi complexe que l'on voudra, immanente à elle tout en ayant la capacité d'en prendre conscience, de la penser (ce que je fais en ce moment) et de la connaître. Il s'ensuit que la pensée humaine (ou la conscience) est donc d'essence matérielle, biologique en l'occurrence : elle est une fonction du cerveau, quel que soit le poids du milieu culturel ou historique dans l'actualisation de cette fonction, et elle devient alors, vue sous cet angle supplémentaire, un mixte de nature (de biologie) et de culture ou d'histoire. Ainsi se trouve réfuté ici définitivement le spiritualisme avec son affirmation d'un esprit-substance que la majorité des philosophes ont adoptée, spécialement ceux qui étaient sous l'influence de la religion et qui se fiaient aussi à l'apparence que la pensée a pour elle-même quand elle prend conscience de soi, à savoir qu'elle transcende toute matérialité[49].

Un autre exemple, plus rapidement évoqué : la question de la liberté. En immergeant l'homme dans la matérialité, *et ce sans reste*, la science, en l'occurrence les sciences soumettent l'homme au déterminisme, aussi complexe que l'on voudra, qui régit cette matérialité et dont on sera mieux convaincu de sa puissance si l'on songe qu'il n'est pas seulement biologique mais psychologique (avec la découverte de l'inconscient psychique par Freud) et historico-social (avec les profondes analyses de Marx sur ce plan, puis de sociologues contemporains comme Bourdieu). L'idée d'une liberté considérée comme une faculté infinie de choix entre des possibles, inhérente à l'être humain, s'évanouit au profit d'une nécessité immanente à laquelle celui-ci est initialement et fondamentalement soumis, mais qu'il peut connaître et maîtriser – ce qui n'élimine pas totalement la liberté mais en modifie complètement la définition[50].

Que déduire de ces deux exemples choisis parmi plein d'autres (j'aurais pu aussi parler de la nature consciente ou non du psychisme en opposant Freud au premier Sartre) ? Sinon que nous sommes bien là en présence de thèses philosophiques – temporalité essentielle du réel, matérialité du monde et de l'homme, absence de libre arbitre – *qui font sens* comme toute thèse philosophique, qui déploient des *significations* appartenant à l'espace théorique *réflexif* de la

---

[49] Ce n'est là qu'une *apparence réflexive*, une apparence *pour* la réflexion qui se trouve être ici, sans conteste, source d'erreur ou d'illusion. Voir Descartes, bien entendu, qui nous offre le modèle le plus parfait de cette conception, mais aussi Pascal affirmant imprudemment dans les *Pensées* : « De tous les corps ensemble on ne saurait tirer la moindre pensée : cela est impossible et d'un autre ordre. »

[50] Voir, pour plus de détails, mon livre *L'homme selon Marx. Pour une anthropologie matérialiste*, Kimé.

philosophie (pour reprendre le vocabulaire de Granger), qui nous interpellent existentiellement à ce titre (ce que ne fait en général aucun résultat scientifique particulier pris à part), mais qui sont extraites de la connaissance scientifique elle-même et qui, reposant sur elle, sont *fondées ou justifiées par elle*. C'est en quoi on peut à chaque fois parler de *vérités philosophiques scientifiquement établies* que l'interprétation, telle que je l'ai définie, a mises au jour en révélant l'implicite philosophique des sciences[51], et non de *postulats*, comme on le prétend souvent en visant aussi le statut intellectuel du matérialisme en général. On me dira que, ce faisant, je retrouve l'invitation marxienne, plus modeste, à opérer une *synthèse des sciences*, disons, en élargissant son propos au-delà de la seule science historique avec sa portée anthropologique propre, une synthèse de leurs « résultats les plus généraux »[52]. Sauf qu'une pareille synthèse chez Marx, je l'ai déjà suggéré, paraît bien se situer sur le même plan horizontal que la science. Dit autrement et pour renforcer l'interrogation : on ne voit pas comment une synthèse des résultats scientifiques (les plus généraux, il est vrai), si elle s'en tenait là, pourrait être autre chose que *de la science*, un peu comme le résumé d'un texte scientifique ne peut qu'être scientifique lui-même, quoique plus court et le détail des preuves en moins, mais en recourant au même vocabulaire que lui. La réponse à cette objection est toute trouvée et elle était présente en pointillé, au minimum, dans ce que j'ai déjà dit de cette synthèse et du travail spécifique qu'elle suppose : elle se situe sur un plan réflexif et « méta » vis-à-vis de la connaissance scientifique, même si elle ne fait qu'en traduire fidèlement, sur ce nouveau plan, le contenu de sens

---

[51] Voir à nouveau P. Raymond, op. cité : il ne s'agit pas, désormais, de délivrer directement « des vérités suprêmes » mais de « révéler l'implicite des sciences ».
[52] Voir plus haut.

dans le cadre de ce qu'il faut bien nommer une *réflexivité scientifique* ou *à contenu scientifique*, et elle recourt alors à des *catégories* philosophiques et non aux *concepts* de la science[53]. Qu'est-ce à dire, car je n'ai pas encore défini ces termes ? Je reprends l'exemple de la matière pour me faire comprendre. C'est bien l'objet premier de la connaissance scientifique, dans sa version physique d'abord, comme matière inanimée. Or la science physique ne cesse d'en bouleverser la définition en recourant à de nouveaux concepts pour nous en faire connaître de mieux en mieux l'essence : au-delà de la chose sensible immédiatement perceptible, il y a l'atome, l'électron et le proton dans le cadre d'un champ de forces, puis le concept d'énergie, de quanta, etc. Comme ces concepts s'éloignent de plus en plus de l'image sensible que nous avons de la réalité matérielle (au point même que l'on parle aussi d'« anti-matière »), comme ils nous en offrent une représentation de plus en plus abstraite et intellectualisée, on a pu croire que la matière avait disparu au profit d'une réalité quasiment spirituelle et bien des scientifiques, peu formés à la philosophie, ou même des philosophes peu vigilants, l'ont proclamé, nourrissant ainsi un nouveau anti-matérialisme exploitant la science à son profit[54]. Or c'était confondre le

---

[53] J'emprunte cette distinction à Lénine dans *Matérialisme et empiriocriticisme* et on la retrouve dans le travail philosophique considérable de L. Sève.

[54] Althusser a admirablement analysé cette exploitation idéologique des sciences par les scientifiques eux-mêmes, en particulier dans *Philosophie et philosophie spontanée des savants*, Maspero. C'est contre ce type d'exploitation que Lénine a écrit son ouvrage précédemment cité et dans la dernière période on a vu ce procédé resurgir : des savants, essentiellement des physiciens, ont cru pouvoir réclamer, il n'y a quelques années, dans le journal *Le Monde,* une nouvelle alliance de la métaphysique et de la science, prétendant découvrir *de l'esprit* dans la matière… et justifier ainsi scientifiquement un nouveau recours à Dieu pour en expliquer l'origine ! Je leur ai bien entendu répondu dans le même journal.

concept scientifique, inévitablement changeant, de « matière » avec la *catégorie* philosophique qui la vise et avec laquelle la réflexion philosophique travaille : celle-ci désigne la réalité elle-même, dans toute sa généralité et dans toutes ses aspects particuliers, en tant qu'elle *précède* la vie et l'homme, donc en tant qu'elle est extérieure à la pensée humaine et indépendante d'elle… et dont la pensée elle-même dépend puisque c'est cette matière initialement non pensante qui va la produire. C'est donc le *statut ontologique* de la matière vis-à-vis de la pensée humaine qui est en jeu ici quand on l'appréhende comme catégorie philosophique, statut dont la physique ne se préoccupe pas et qui ne saurait être affecté par les concepts scientifiques successifs qu'elle nous en fournit et nous en fournira. Et pourtant, ce statut ontologique ne relève pas d'une interprétation arbitraire surajoutée, il est prouvé non par la physique seule mais par sa *mise en relation* avec l'évolution des espèces qui l'établit en affirmant la *précession* de la matière physique inanimée (quelle que soit sa définition précise) par rapport au vivant et à l'homme pensant et en affirmant aussi sa fonction causale ou productrice vis-à-vis d'eux : qui dit précession et causalité dit automatiquement objectivité ou aséité de ce qui précède par rapport à ce qui suit et en dépend! Mais admettre cela suppose que l'on totalise les diverses sciences pour en réfléchir et analyser la portée philosophique, ce qu'aucune d'entre elles, prise à part, ne saurait faire *en tant que telle*, puisque ce n'est pas sa fonction.

Il en est de même pour la liberté, dont je reprends aussi l'exemple sous ce nouvel angle. C'est là incontestablement une catégorie philosophique, voire tout simplement une *idée* philosophique (non un concept scientifique), dont les sciences n'ont que faire, dont elles ne se préoccupent pas explicitement en tant que telles, mais qui traduit bien une *signification philosophique* concernant l'homme et qui prend place naturellement dans l'espace intellectuel des questions que la philosophie (se) pose depuis qu'elle existe. Et aucun homme ne saurait, raisonnablement, se désintéresser de cette question. Or la science, dans la multiplicité de ses figures et dès lors qu'on l'interroge philosophiquement, de l'extérieur donc, je le répète, apporte d'abord une réponse, négative certes, mais une réponse à ce problème : l'homme est dépourvu de libre arbitre métaphysique (= méta-physique, méta-matériel) – ce qui nous oblige, on l'a vu, à définir la liberté autrement, comme maîtrise pratique du déterminisme. Et quand un savant comme Freud, dans sa *Psychopathologie de la vie quotidienne,* se prononce sur le libre arbitre pour affirmer qu'il n'existe pas parce qu'il supposerait une solution de continuité dans le déterminisme psychique, incompatible avec la compréhension scientifique de celui-ci[55], et qu'il ajoute par ailleurs (c'est le fond de son œuvre) que la liberté psychique de l'être humain se conquiert par la domination consciente exercée sur l'inconscient pesant sur nos actes, il le fait en cessant d'être scientifique, en devenant *philosophe à partir de sa science* et en énonçant du coup, conformément à tout ce que nous avons dit à ce sujet, une thèse philosophique dotée de sens, qui nous interpelle parce qu'elle vise notre statut d'être humain et nos possibilités d'émancipation face à la souffrance psychologique. Si l'on sait l'entendre, Freud nous parle philosophiquement de l'homme tout autant que le Spinoza de *L'éthique* analysant les sentiments et leur servitude propre, génératrice de malheur, et projetant une liberté à venir. Mais il a une supériorité définitive sur ce dernier : il nous parle de tout cela sur une base anthropologique qui est scientifiquement fondée et permet d'envisager pratiquement une vraie libération et un réel dépassement du malheur, sans concession à l'utopie philosophique. Soyons clair vis-à-vis

[55] Voir op. cité, Payot, p. 272.

du philosophe hollandais, quelles que soient la justesse et l'admirable précision de nombre de ses analyses portant sur notre vie affective : qui a été véritablement guéri de ses souffrances intimes par la lecture de *L'éthique*, à l'opposé de ce que la pratique psychanalytique, parce qu'elle est liée à une science véritable de l'homme, peut effectivement faire ? On peut élargir le propos : quelles sont les sagesses philosophiques qui, à l'échelle individuelle mais surtout à celle d'un peuple tout entier, ont réussi à rendre l'homme libre (et heureux), conformément à leurs visées initiales ? Il doit bien leur manquer quelque chose, de l'ordre d'un savoir réel, j'entends : scientifique, à la théorie qui les fondait et qui aurait permis à leur projet de liberté de devenir vraiment efficace.

On voit donc que l'idée d'une synthèse *philosophique*, donc *réflexive*, des sciences, reposant sur elles en les interprétant, est parfaitement légitime et qu'elle indique la seule voie à suivre pour réconcilier science et philosophie, y compris dans un commun projet pratique : élaborer une conception du monde et de l'homme, faisant sens pour notre existence, proprement philosophique par conséquent, mais justifiée scientifiquement, *donc vraie*… et ouvrant concrètement la perspective existentielle d'une vie meilleure pour les êtres humains, ce à quoi bien des philosophes actuels semblent de plus en plus indifférents, repliés qu'ils sont souvent sur l'idée (au demeurant plurielle) de « sagesse individuelle » comme solution au malheur humain – solution dont l'efficacité me laisse rêveur quand je pense à la barbarie montante qui caractérise notre époque et dont la résolution relève de la *politique*, fût-ce au minimum sous la forme d'une sagesse *collective*.

Les contraintes paradoxales de cette position

Il doit être entendu, d'abord, qu'une conception du monde et de l'homme répondant à ce *réquisit* ne doit pas se contenter d'être proche de la science, mais se *fonder* sur elle. Je tiens à souligner ce point pour mieux faire comprendre les contraintes qui pèsent sur cette position et je songe, par contraste, à ce qui se fait de mieux en matière de conception spéculative du monde aujourd'hui, la philosophie de la nature de Marcel Conche, ce qu'il appelle son naturalisme[56]. Athée – « un philosophe ne peut être qu'athée »[57] dit-il, ajoutant même que « la religion est une aliénation de la raison » –, Conche affirme, dans le sillage des grecs anté-socratiques, l'existence d'une seule réalité, la Nature (avec un N majuscule), incréée, infinie dans l'espace et dans le temps, soumise en permanence au temps, comportant éventuellement des univers multiples, et omni-englobante, omni-génératrice et omni-déterminante. Si l'on s'en tenait là, on pourrait se croire en présence d'une philosophie liée à la science. Or ce n'est pas le cas, pour plusieurs raisons. D'abord parce qu'elle ne repose pas explicitement sur elle : quoique ne se référant à aucune croyance irrationnelle préalable, Conche entend élaborer une philosophie qu'on peut dire personnelle et originale, tout en prétendant à la vérité ; elle a du coup, pour moi et quelle que soit sa proximité avec ce que je pense sur la base de la seule science, le statut d'une « conception du monde » telle que j'en ai parlé plus haut, d'une « Weltanschauung », ou encore d'une

[56] Voir, entre autres, *Présence de la nature*, PUF. Sans compter son immense culture grecque et son travail sur la morale.

[57] Au sens où la philosophie ne peut reposer sur une croyance irrationnelle *préalable* qui lui dicterait son contenu. C'est ainsi que l'idée de philosophie chrétienne est dépourvue de signification : il ne peut y avoir qu'une philosophie *convergeant avec* le christianisme.

« interprétation » globale de l'Être, voire d'une « métaphysique » (il se réclame de ce terme), mais immanente et, je l'ai dit, athée, hostile aux divers monothéismes. Ensuite et surtout, parce que tout en la déclarant avec vigueur vraie, il estime clairement qu'elle n'est pas *prouvée*, n'ayant pour elle qu'une *argumentation* rationnelle : la preuve relève de la science, l'argument de la philosophie, fût-elle sans Dieu comme la sienne. Du coup, dernier point, on peut signaler des écarts avec les résultats de la science dans le cadre de l'interprétation qu'il en donne ou de l'oubli de certains de ses acquis : c'est ainsi que, pour lui comme pour d'autres, la matière dans le cadre de la science atomique se serait dématérialisée[58]. Dès lors, après avoir un temps « flirté » avec le matérialisme, il s'en est de plus en plus éloigné malgré son statut scientifique tel que je l'ai indiqué, au point d'admettre en l'homme, produit de la nature selon lui (ce qui exact et scientifiquement démontré), un libre arbitre qu'il faut bien dire « méta-physique » (au sens péjoratif du terme, ici), faisant échapper l'homme aux lois déterministes de la nature dont il est pourtant une partie – ce qui a tout l'air d'un miracle « surnaturel » difficilement compréhensible dans le cadre de son naturalisme intégral. A quoi s'ajoute, pour finir, non vraiment la négation de l'influence du milieu social et de l'histoire telle que Marx l'a révélée, mais la négation radicale de la psychanalyse et de sa découverte de l'inconscient psychique, dont on a vu qu'elle mettait à mal l'idée de libre arbitre[59]. Je dis tout

[58] « A un niveau d'extrême petitesse, où la notion de matière n'a plus de sens » dit-il par exemple dans sa *Métaphysique* (PUF, p. 98), reprenant un préjugé que l'on trouvait aussi, au départ, chez Bachelard et qui consiste à s'enfermer dans une vision *chosale* de la matière telle que nos sens nous l'imposent.

[59] Cette affirmation du libre arbitre est d'ailleurs appuyée chez lui sur divers arguments qui interpellent, comme celui que nous en avons besoin pour fonder notre capacité de juger selon le vrai comme pour

cela pour que l'on saisisse bien le point suivant : il ne suffit pas d'être proche de la science dans sa conception du monde pour être sur son terrain et répondre aux contraintes d'une philosophie scientifique qui ne peut viser qu'une vérité prouvée ou démontrée ! Le cas de Conche est exemplaire, car il franchit d'emblée ces contraintes que la science nous impose et qui fondent (ou restreignent, on le verra) notre capacité de nous prononcer « en vérité » sur l'ensemble du réel ; et du coup il en reste au niveau d'une « interprétation » du monde, aussi séduisante, argumentée et éloignée de l'idéalisme philosophique soit-elle.

Une autre contrainte pèse sur le projet d'une philosophie scientifique, celle de sa nécessaire *ouverture*, malgré son fond de certitudes avérées. Elle tient au fait que la science évolue, se transforme, peut modifier ou rectifier ses résultats (sur la base d'acquis irréversibles, il faut le rappeler[60]) alors qu'une conception spéculative du monde est *fixe*, soustraite par définition (puisqu'elle prétend à une totalité achevée) à de véritables transformations ou à des révolutions théoriques : elle entend déboucher sur un *système* définitif et cohérent, même s'il peut être complété

fonder la morale elle-même, dont il est un ferme partisan (comme moi) et qu'il défend par ailleurs avec beaucoup de profondeur. Mais on est ici hors science.

[60] Une mode désolante, et qui croit pouvoir s'appuyer sur la conception de la science défendue par Bachelard, tend à nous faire croire que les acquis scientifiques sont essentiellement relatifs historiquement. C'est oublier ce que Bachelard a dit, en rationaliste convaincu, du caractère irréversible de ces acquis et, du coup, du caractère cumulatif du progrès scientifique qui ne souffre pas de retours en arrière (ce qui n'exclut en rien les corrections, les relativisations partielles, etc.) parce qu'il est constitué d' « apodictiques progrès prouvés » et qu'en son sein « la raison est quotidienne » (in *Le rationalisme appliqué*).

et nuancé, mais dans le détail seulement[61]. Ce n'est pas le cas, en un sens et paradoxalement, d'un système de philosophie scientifique dont il faut dire deux choses complémentaires, mais également cruciales. A sa base il comporte bien des thèses sur lesquelles on ne saurait revenir, parce qu'elles ne sont pas arbitraires mais vraies, issues de la science – ce que j'ai appelé son fond de certitudes avérées. On verra à nouveau et plus complètement lesquelles par la suite. Par contre, ce système, dans le contenu de ses propositions ou analyses, ne peut qu'être *ouvert*, à savoir ouvert aux évolutions continues de la science et c'est là une limite épistémologique qui lui interdit de s'apparenter à un système philosophique spéculatif. Je ne prendrai que deux exemples, dans le domaine anthropologique où la connaissance scientifique est encore tâtonnante. Il est évident qu'un pareil système *non clos*, dont Engels a suggéré et légitimé l'idée par avance, ne pouvait à l'époque de Marx intégrer la psychologie freudienne de l'inconscient et du rôle de la sexualité dans la formation de la personnalité – ce qui constitue une lacune incontestable de l'anthropologie marxienne, et aucune nouvelle conception matérialiste de l'homme ne saurait faire l'impasse sur cet apport majeur, quitte à devoir bouleverser son agencement. De même, s'agissant de la part de nature (d'inné) et de culture ou d'histoire (d'acquis) en l'homme, aucune approche purement philosophique ne saurait se prononcer ici à la place des sciences humaines, biologie incluse, sauf à verser dans un dogmatisme idéologique difficilement acceptable, dont

---

[61] Voir plus haut : il y a bien un *système* kantien (malgré la réflexion critique)… mais aussi bergsonien, etc.

l'affaire Lyssenko, dans l'URSS stalinienne, a été, si j'ose dire, un parfait exemple[62].

C'est ainsi que j'ai eu l'occasion de discuter l'ouvrage, pourtant remarquable de Lucien Sève, *L'« Homme » ?*[63], dont je partage au surplus bien des vues, en lui reprochant d'*historiciser* excessivement l'homme. Or il est évident, au regard même des sciences biologiques, qu'il y a bien des *potentialités naturelles* en l'homme (capacités, besoins, sentiments) qui ne lui viennent pas directement de l'histoire mais de sa biologie spécifique et le rôle de l'histoire, avec toutes ses avancées culturelles et via l'influence du milieu, n'est pas de les *produire* mais de les *actualiser*, en leur imposant un contenu historique particulier, quitte à ce que ce soit, bien entendu, sous la forme de nouvelles capacités, de nouveaux besoins ou de nouveaux sentiments dont nos ancêtres n'auraient pas eu un instant l'idée et dont la constitution ou l'apparition a été rendue possible par l'histoire, mais sur la base toujours de ces potentialités initiales. Marx lui-même a mis l'accent sur ce rôle de la biologie, à l'instant même où il différenciait les hommes des animaux par la production historique des moyens de production, puisqu'il voyait dans ce « pas en avant » décisif, inaugurant l'hominisation de l'homme, « la conséquence de leur organisation corporelle », notation qui est régulièrement oubliée par ses adeptes[64]. Et si l'homme est bien façonné très largement (Sève a raison ici) par l'histoire, avec tous ses acquis objectifs qui résident hors de l'individu sous la forme d'une essence sociale de l'humanité qu'il est amené à intérioriser pour s'hominiser,

---

[62] An nom de la théorie, justifiée par ailleurs, de l'influence du milieu sur l'homme, on a cru pouvoir refuser les lois, scientifiquement établies, de la génétique qui réintroduisaient une part d'invariance naturelle en l'homme.

[63] La Dispute, 2008.

[64] Voir *L'idéologie allemande*.

ces acquis eux-mêmes n'ont pu être produits par l'homme que sur la base de ses capacités biologiques ! *Ultimement et ontologiquement*, c'est la nature ici qui rend possible une histoire humaine avec ses productions propres et non l'inverse, quitte à ce qu'elles rétroagissent sur cette nature (biologique) pour en faire apparaître des capacités (par exemple), mais non pour les *engendrer à partir de rien.* C'est dire que l'homme est un *mixte* de nature (biologique) et d'histoire (produite), même si la part d'histoire ou d'historicité va grandissant, mais sur la base d'une condition naturelle initiale dont il ne peut et ne pourra jamais faire abstraction.

Par ailleurs, il y a une nouvelle ouverture à laquelle une pratique scientifique de la philosophie est inévitablement contrainte. Reprenons ce même thème de l'existence d'une éventuelle nature humaine. Son élaboration rationnelle peut bénéficier des idées de la philosophie spéculative passée elle-même, malgré ses lacunes, ou de nouveaux systèmes philosophiques qui peuvent apparaître : dans les deux cas, il faut savoir se les *approprier critiquement*, car ils peuvent nous fournir des intuitions justes sur l'homme, susceptibles d'alimenter intelligemment l'idée, même restreinte, d'une « nature humaine ». C'est ainsi que Spinoza (dont j'ai déjà parlé, tout en en signalant les limites) nous dresse, dans la troisième partie de *L'éthique*, un tableau impressionnant, complet et surtout *vrai* (quoique non scientifique) de la gamme des sentiments que *tout homme* est susceptible d'éprouver : le désir, la joie, la tristesse, l'espoir, la crainte, etc. N'est-ce pas là une espèce de nature humaine affective (et effective !), dont l'affirmation est formidablement juste ? Connaît-on des êtres humains qui, dans une société quelconque ou à une période historique quelconque, *n'aient pas connu ces sentiments* ? Il y a donc bien là un fond de nature humaine *psychologique* soustraite, pour une part, à l'histoire et que seul un historicisme abusif peut nier. Par contre, et cela est tout aussi *vrai*, ce fond naturel est lui-même soumis à cette histoire : ces sentiments *universels* en tant que potentialités humaines *formelles* peuvent recevoir leur *contenu* concret de celle-ci. C'est ainsi que la joie ou l'amour (à savoir une joie liée à une cause extérieure) a eu autrefois la guerre pour objet (voir Homère et l'exaltation du héros guerrier pendant des siècles), alors qu'aujourd'hui nous n'aimons pas la guerre, nous la haïssons, nous aimons la paix et récompensons par un prix Nobel les héros de celle-ci. Ce n'est pas donc l'existence de l'amour qui a changé historiquement, mais son objet. Nous avons là, typiquement *une potentialité psychologique naturelle* et donc universelle – le sentiment d'amour – mais soumise dans son *contenu* à l'histoire. De même et sur le même terrain de la psychologie, nous avons à apprendre de Nietzsche[65] : son hypothèse anthropologique d'une *volonté de puissance* universelle en l'homme (indépendamment de la distinction sans fondement des forts et faibles qu'il lui associe) me paraît soutenable, sous bénéfice d'inventaire, et constituer un concept opératoire pour comprendre nombre de comportements individuels, voire collectifs, y compris chez ceux qui la nient ! Le monde politique, mais pas seulement, nous en offre malheureusement bien des manifestations. Plus largement encore, on a aussi à apprendre de ce qu'on peut appeler la littérature psychologique, sinon philosophique, comme celle d'un La Rochefoucauld dans ses *Maximes* (ou encore d'un Chamfort, plus tard) : ce n'est pas là de la science psychologique, évidemment, ni de la psychologie philosophique telle qu'on en trouve par exemple dans la

---

[65] Je signale à ceux qui l'auraient oublié que Nietzsche est d'abord un grand psychologue qui a voulu faire de la psychologie la *science* fondamentale pour comprendre l'être humain dans tous ses comportements et dans toutes ses productions culturelles. Voir *Par-delà le bien et le mal*, § 23.

phénoménologie de Sartre[66], mais une approche descriptive, analytique et même *réflexive* qui peut enrichir notre compréhension de l'homme, pointer des vérités factuelles que la connaissance scientifique ne saurait apporter, voire alimenter la réflexion philosophique au point d'être toute proche d'une « connaissance philosophique » de la réalité humaine, « connaissance philosophique » dont j'ai pourtant dénoncé les ambiguïtés ou les impasses. La preuve : Nietzsche, dont le projet d'explication de l'homme à partir de la psychologie se voulait bien scientifique, s'est largement inspiré de La Rochefoucauld et de sa conception de l'omniprésence de l'intérêt ou de l'amour-propre chez l'homme, pour étayer sa genèse démystificatrice des comportements dits « moraux » à partir de sentiments, de passions ou de motifs intéressés qui n'ont rien de moral[67].
On voit donc combien un système de philosophie scientifique tel que j'en défends épistémologiquement l'idée, et s'agissant de l'homme particulièrement, dont la connaissance scientifique est loin d'être achevée, ne saurait être fermé comme les systèmes spéculatifs enclos dans leur dogmatisme théorique : il doit nécessairement être souple et enregistrer tout ce qui dans l'intelligence scientifique (ou pas) du réel, en particulier de l'homme, peut à bon droit le faire bouger dans le détail de son contenu. Reste à définir une dernière fois et plus complètement les bases d'une philosophie scientifiquement fondée, sans lesquelles elle ne saurait prétendre à la vérité.

---

[66] Voir ce qu'en dit J. Piaget dans *Sagesse et illusions de la philosophie* (PUF), livre important sur lequel je reviendrai.

[67] J'ose l'affirmer : les *Maximes* de La Rochefoucault constituent un ouvrage éblouissant d'intelligence, de précision et de justesse, écrit au surplus dans une langue lumineuse. Tout matérialiste qui ne veut pas se « raconter d'histoires » (Althusser) dans le domaine anthropologique ou psychologique, devrait le lire.

Les bases théoriques incontournables d'une philosophie scientifique : le matérialisme

Les principes que je vais énoncer, j'ai déjà eu l'occasion de les formuler et de les justifier dans de multiples écrits (comme d'en parler brièvement dans ce qui précède). Je me contenterai donc de les présenter sous formes de thèses en deçà desquelles on ne saurait revenir, mais sans les justifier à nouveau, quitte à mentionner certains de ces écrits où leur justification est largement apportée. C'est seulement après cette présentation que la question de leurs limites pourra se poser et, surtout que l'on pourra se demander ce que vaut la philosophie contemporaine examinée à leur lumière. Par contre, je ne qualifierai pas ces thèses de « justes » comme le fait Althusser dans sa réflexion sur la philosophie, la science et l'idéologie, car je réserve la plupart du temps ce qualificatif à la sphère de la pratique, à une position politique ou morale ou encore à une décision de justice. A l'inverse, ce sont bien des thèses *vraies* que j'énonce (ou en tout cas qui prétendent l'être) puisqu'elles ne font que redoubler au plan philosophique des vérités scientifiques établies.

1 La matérialité du monde, à l'encontre de ce que tout ce que les idéalismes ont affirmé : monde intelligible premier dont dépendrait le monde sensible (Platon), immatérialité des choses perçues (Berkeley), idéalité de l'espace et du temps (Kant), Idée première animant le monde et l'histoire (Hegel), etc. Même la phénoménologie de Husserl ou « l'ouverture à l'Etre » de Heidegger relèvent, on le verra, de formes subtiles ou raffinées de l'idéalisme, les dernières sans doute.

2 Conséquence : la pensée humaine (ou ce qu'on appelle l'esprit) est entièrement immanente à la matière, elle n'en est qu'une forme quelle que soit l'apparence de transcendance qui l'affecte dans l'expérience subjective ou

réflexive qu'elle a d'elle-même, et dont semble témoigner en particulier cette capacité qu'elle a de viser cette même matière, d'en avoir conscience et de la connaître. Toute philosophie qui réintroduit la pensée, l'esprit, ou encore la conscience humaine comme une réalité ontologiquement première, originaire ou indépendante du monde naturel, ne saurait donc être scientifiquement acceptée[68].

3 Cela implique que l'on admette qu'il y a une essentielle productivité de la matière (je ne parle pas de créativité pour éviter toute connotation religieuse[69]), liée au temps au sein duquel elle est en mouvement : sans cette double dimension temporelle/productive (elle pourrait être temporelle sans être productive) on ne comprendrait pas qu'elle ait pu engendrer toutes les formes de réalité que le monde nous offre à partir d'un état originel d'où elles étaient absentes.

4 Nous sommes donc, avec le matérialisme en présence d'un *monisme* ontologique, donc d'une conception réductrice de l'Être dont il faut bien préciser et nuancer le statut pour éviter tout contresens et les objections que cela pourrait à tort susciter. Ce monisme réductionniste est bien *ontologique*, pointant l'essence ultime de toute réalité et refusant le pluralisme ontologique de l'Être qui le coupe en niveaux de réalité sans lien fondamental entre eux. Mais ce n'est pas pour autant un réductionnisme *empirique* : il reconnaît, par-delà l'unité matérielle de l'Être ou plutôt en son sein, une diversité *qualitative* de ses formes, tout aussi essentielle que leur unité matérielle d'essence. Chaque palier du réel, quoique lié au précédent dont il est matériellement issu, s'en distingue par des

[68] Voir, pour ces deux points et leur scientificité avérée, mon article « La fondation scientifique du matérialisme », in *La Pensée* n° 372.

[69] Ce vocabulaire est celui de Bergson dans *L'évolution créatrice* ainsi que celui de Conche pour qui la Nature est le Poète suprême, créateur de tout. Mais on vu qu'il ne raisonnait pas vraiment *avec* la science.

propriétés nouvelles, dans le cadre d'un phénomène d'*émergence* : la discontinuité qualitative de la réalité est réelle, mais elle s'enracine dans sa continuité évolutive fondamentale qui la produit[70].

5 Dans ce contexte ontologique, il n'y a pas de place pour la liberté entendue comme libre arbitre, comme capacité infinie de choix entre des possibles constamment présente en l'homme à titre de caractéristique de son être, entraînant la conséquence qu'il est dans l'essence de l'homme qu'il n'ait pas d'essence ou de nature (psychologique). Affirmer que l'homme (individuel), comme le prétendait le premier Sartre (il a changé après), « n'est rien d'autre que ce qu'il se fait » n'est absolument pas soutenable et relève de la pure spéculation arbitraire[71]. Ce qui est vrai, à l'inverse, c'est l'existence d'un déterminisme omniprésent en l'homme provenant à la fois de la nature, externe et interne (biologique), mais tout autant de l'histoire et de la biographie individuelle. La liberté de l'homme doit donc prendre un autre sens : la connaissance et la maîtrise des déterminismes qui pèsent sur lui et l'entravent dans sa vie concrète.

---

[70] Voir mon texte « Le matérialisme et la science » in *Intrusions spiritualistes et impostures intellectuelles en sciences*, sous la direction de J. Dubessy et G. Lecointre, Syllepse, spécialement p. 153.

[71] In *L'existentialisme est un humanisme*, Nagel. Sartre a ensuite bien évolué, s'est rapproché du marxisme, spécialement dans son explication de l'être humain et il a pu dire, parlant de son approche de Flaubert dans *L'idiot de la famille*, que celui-ci, dans son génie singulier, avait *été fait* par son milieu familial et social, ce qui impliquait que l'on recoure à la psychanalyse et au marxisme pour le comprendre (interview au *Monde* dans les années 1970). Sauf qu'il ajoutait, pour sauver un élément de « liberté » auquel il a toujours été attaché, que « chacun de nous fait quelque chose de ce qu'on a fait de lui ». Ce que je retiens, moi, c'est la reconnaissance théorique, enfin, du déterminisme qui pèse sur nous et qui « nous fait ». Bien des mécanismes psychologiques peuvent d'ailleurs expliquer que nous en faisions quelque chose de neuf. Mais est-ce alors de la liberté ?

6 Tout ce qui précède repose non sur un postulat, mais sur une affirmation gnoséologique fondamentale : l'intelligibilité infinie du réel, que Hegel avait formulée à sa manière, en liaison avec son idéalisme absolu, en affirmant que « tout ce qui est réel est rationnel » – ce qui ne veut pas dire, ici : raisonnable. Car la déraison existe, mais elle est rationnellement compréhensible. Cette affirmation de l'intelligibilité du réel doit être reprise au sein du matérialisme, mais fondée autrement que chez lui.
Elle se laisse comprendre de la manière suivante, qui implique qu'on la décompose. D'une part elle constitue bien un postulat *méthodologique* de la science qui présuppose qu'elle est vouée à une activité de connaissance indéfinie (sans fin), et ce postulat se vérifie tendanciellement en permanence à travers le progrès constant des sciences. Mais d'autre part, ce même postulat ou principe, purement méthodologique, a une implication portant sur le réel lui-même et non sur la seule activité de connaissance, qui le transforme en thèse *ontologique* : il présuppose que le réel en son infinité même se laisse comprendre rationnellement par cette même science. Le caractère indéfini (sans fin) du processus cognitif se convertit nécessairement en l'affirmation de l'intelligibilité infinie de la réalité à laquelle l'homme a affaire… et rien, dans le procès effectif des sciences, ne l'a jusqu'à présent infirmée ou suggéré qu'elle pourrait l'être un jour.
7 Cette même affirmation repose sur une autre qui aurait tout l'air d'une pétition de principe si un critère ne permettait de la justifier : la pensée humaine est capable de connaissance à travers la science, laquelle nous fournit un reflet adéquat du monde. Cette conception de la connaissance est inhérente au matérialisme, qu'elle rend possible : comment affirmer tout ce qui précède sur la matérialité de l'Être si l'on ne suppose pas qu'on peut le

connaître et, en particulier, dans sa précession vis-à-vis de l'homme qui prouve à la fois son indépendance ontologique et la matérialité de ce dernier puisqu'il en est le produit ?

Cette position gnoséologique sur la vérité n'est pas d'emblée facile à accepter, bien qu'elle ait fait l'unanimité chez les grands philosophes du passé qui, sur ce point au moins ne s'étaient pas trompés[72]. Comment affirmer la correspondance de la pensée avec le réel (dans la science, bien sûr) si notre seul accès au réel, dès lors que l'on dépasse le domaine des jugements de perception, est précisément cette pensée ? L'homme ne peut sortir, ici, de sa pensée pour la comparer avec son objet et en vérifier l'adéquation...sauf à se prendre pour Dieu ![73] Cette position d'un *réalisme gnoséologique* doit donc être justifiée avec rigueur et elle peut l'être, à plusieurs conditions : 1 Il faut prendre la notion de reflet non au niveau épistémologique où elle est porteuse d'une charge de passivité incompatible avec tout ce que la science comporte d'activité, au point qu'on peut dire effectivement qu'elle construit ses objets et ne les reçoit pas directement de l'expérience immédiate, comme le prétendait par exemple l'empirisme de Hume. Il faut au contraire la prendre au niveau gnoséologique qui se prononce sur la valeur ontologique de la science ; or à ce niveau, la connaissance scientifique ne *produit* rien : elle se contente de *reproduire* la réalité telle qu'elle est hors de

---

[72] La conception de la vérité comme adéquation du jugement avec le réel est présente, par exemple, chez Descartes et Spinoza, malgré l'opposition radicale de leurs philosophies, et on la trouve même chez Kant, malgré son idéalisme transcendantal : à l'intérieur de l'espace et du temps et donc par rapport aux phénomènes, la science dit le vrai sur eux, l'être phénoménal ou l'être-pour-nous, même si elle ne dit pas le vrai sur l'être-en-soi qui échappe, lui, à la connaissance.

[73] C'est le reproche que faisait Sartre au matérialisme dans un article célèbre, « Matérialisme et révolution » (in *Situations III*, Gallimard).

nous, mais dans l'élément de la pensée, bien évidemment, et ce par ses productions intellectuelles mêmes. La science ne construit donc pas le monde comme une mode constructiviste et relativiste dans la philosophie de la connaissance actuelle, trop insistante, voudrait nous le faire croire. Elle nous *révèle* ou nous *découvre* la réalité et, plus précisément, elle nous en fait connaître l'*essence*. 2
D'où la nécessité corrélative de réhabiliter cette catégorie d'« essence », comme l'a fait récemment Lucien Sève, sur une base pleinement matérialiste qui évite de l'enfermer dans un statut idéaliste ou spiritualiste qui en ferait une entité fixe et idéale ou, sur un mode sceptique, un au-delà inconnaissable de la réalité apparente. C'est à ce prix seulement que l'on peut soutenir qu'il y a une connaissance scientifique du monde *tel qu'il est* (et non tel que l'homme se le représente, ce qui ne veut rien dire), donc *objective*, à la fois possible et réelle. Quelques penseurs courageux intellectuellement, comme Jacques Bouveresse, ne cèdent pas aujourd'hui à cette mode irrationaliste autant que relativiste que j'ai évoquée et qui nie ce point, et, dans cette perspective, on peut même envisager de réhabiliter le terme de « métaphysique » comme le fait audacieusement Claudine Tiercelin, en l'entendant dans un sens purement immanent qui ne pointe aucune réalité transcendante et « méta-physique » (avec un tiret), pour désigner seulement, « aux antipodes du spiritualisme obscurantiste comme du relativisme post-moderne (…) le programme d'une métaphysique *scientifique et réaliste*, ancrée dans la tradition rationaliste »[74]. 3 Du coup, il faut aussi réélaborer avec finesse cette notion de « reflet », sans l'abandonner, la démétaphoriser et y inclure tout le poids du procès humain subjectif de sa constitution, qui nous amène à dire que le

[74] 4ème de couverture de *La connaissance métaphysique*, op. cité plus haut.

reflet scientifique du réel ne lui est pas strictement *identique* mais lui *correspond*, au sein d'une identité qui n'est donc pas de « coïncidence » mais de « correspondance », comme l'a justement observé Lénine[75]. 4 Enfin, il faut en venir au critère ultime de la *pratique* pour valider notre thèse de la connaissabilité scientifique du réel, à condition, ici aussi, de bien le penser : seule la vérité scientifique nous donne un pouvoir sur la réalité, via la technique en particulier ou, plus largement, via toute pratique savante. Car comment pourrait-on agir sur le réel si ses lois, que la science nous révèle, n'étaient pas vraies, inhérentes au réel lui-même ? Nous avons là la seule manière de *fonder* l'idée de vérité apportée par la science, en dehors de toute référence métaphysique : la puissance pratique que celle-ci nous apporte sur la réalité, contrairement à l'ignorance, l'erreur ou l'illusion, *prouve* que nous sommes dans le vrai, elle *vérifie* les résultats scientifiques dans tous les domaines qu'ils concernent et où ils se révèlent pratiquement efficaces. Inversement, mais sans cercle vicieux, seule une pareille idée de vérité nous permet de *fonder*, à savoir de comprendre, la possibilité et la réalité avérée de cette puissance pratique. Ainsi justifié, et même si ce critère n'est pas immédiatement opératoire dans le détail de la recherche scientifique quand des théories particulières sont en concurrence, il est le seul qui valide ou vérifie ses résultats sur le long terme et permette de trancher entre ces théories.

8 Il apparaît du coup que le matérialisme est aussi, sinon d'abord, un *rationalisme* : il fait confiance à la raison humaine pour connaître la réalité, contre toutes les variétés de l'irrationalisme qui le dénient, postulant dogmatiquement une dimension de mystère que la raison

---

[75] Voir *Matérialisme et empiriocriticisme*, op. cité plus haut.

ne saurait percer[76]. Et c'est comme tel que le rationalisme est apparu dans l'histoire de la pensée humaine avec Descartes, qui était capable de dire, sur la base de la méthode rationnelle inspirée des mathématiques qu'il avait mise au point, que de « toutes les choses qui peuvent tomber sous la connaissance des hommes (...) il n'y en peut avoir de si éloignées, auxquelles enfin on ne parvienne, ni de si cachées qu'on ne découvre »[77]. Simplement, si je dis que le matérialisme est d'abord un rationalisme, alors que le rationalisme n'a pas été d'emblée matérialiste, c'est du fait que c'est la raison elle-même qui, par son développement post-cartésien, nous a amenés au matérialisme – et non le matérialisme qui nous a amenés au rationalisme[78]. Par contre, ce qu'il faut admettre pour rester fidèle à l'exigence rationaliste elle-même et à son impératif d'ouverture de principe à tous les acquis scientifiques nouveaux que j'ai formulés, c'est qu'on ne saurait s'en tenir à une figure historiquement située da la raison telle que Descartes l'a incarnée et qui se prolongera en partie au 18ème siècle. Non seulement parce que l'on doit faire place, après Hegel, mais surtout avec Marx et les sciences de la nature de son temps, à la dialectique et donc affirmer qu'il y a une *dialecticité essentielle* du réel dont j'ai indiqué en particulier deux traits plus haut (temporalité, productivité), mais dont on pourrait multiplier les caractéristiques comme son unité globale, les interactions de ses parties et le rôle des

[76] Voir Pascal affirmant, avec son talent habituel, il est vrai, que « l'homme passe l'homme ». Sur le plan *empirique* où les sciences se prononcent, cette idée est injustifiée. Elle ne peut être justifiée que sur le plan métaphysique d'une réflexion sur la condition humaine, que j'aborderai plus loin.
[77] *Discours de la méthode*, 2ème partie.
[78] Voir mes *Problèmes du matérialisme*, Méridiens-Klincksieck, 1er chapitre.

contraires dans ses changements[79]. Mais, tout autant, parce qu'il faut tenir compte désormais de sa complexité (qui n'est pas sa simple complication) comme l'a fait récemment Janine Guespin-Michel en s'inspirant de ce qui a pris la forme d'une *pensée (éventuellement dialectique) de la complexité*, nouveau paradigme théorique des sciences qui bouleverse, jusqu'à un certain point en tout cas, certaines thèses du rationalisme classique (comme le déterminisme linéaire et les prévisions exactes qu'il permettait de formuler quant au futur). C'est à ce prix, selon elle, que la liberté collective, autre nom de l'émancipation, peut être envisagée raisonnablement. Il faut désormais prendre en considération cette idée, sans cependant la survaloriser[80].

---

[79] Voir à nouveau L. Sève, op. cité plus haut, dans lequel il multiplie à l'envi les figures de la dialectique pour en enrichir le contenu au contact de la science contemporaine, contre ses simplifications abusives du passé dans le « matérialisme dialectique » stalinien. Reste à savoir à nouveau, de mon point de vue en tout cas, si la dialectique, même à ce point développée et enrichie, est un instrument conscient et délibéré de recherche, productif de connaissance(s) ou une forme (un mode) de pensée qu'on constate et que l'on réfléchit *après coup*. En d'autres termes : est-ce parce qu'on est dialecticien qu'on est savant ou est-ce parce qu'on est savant qu'on est dialecticien ?

[80] *Pensée du complexe et émancipation*, Ed. du Croquant. Une question cependant, essentielle selon moi dans la perspective de penser une liberté matérialiste, la seule qui soit concevable (en dehors de la liberté politique liée à la démocratie, bien entendu) : quels que soient les bouleversements que doive subir la catégorie du *déterminisme* (complexification, affinement, rôle accru, apparemment, du hasard, causalité non-linéaire, rétroaction, etc.), faut-il pour autant l'*abandonner* ? Je n'en suis absolument pas convaincu car c'est plutôt en présence de formes *inédites de déterminisme* que la pensée complexe (ou du complexe) nous met. C'est ainsi que dans le thème scientifique des « lois du chaos » j'entends non « chaos des lois », mais « lois », précisément, « du chaos » : même le chaos obéit à des lois et donc à une forme (complexe) de déterminisme !

9 Enfin, le matérialisme n'a jamais été une position purement théorique (ou spéculative dans l'Antiquité) : il a toujours été, *de fait*, associé à une volonté de transformation pratique soit de la vie individuelle (c'était l'idéal de la sagesse d'un Epicure ou d'un Spinoza, tout près lui aussi du matérialisme), soit de la vie collective à partir du 18ème siècle, partant de l'idée que si l'on peut connaître une réalité matérielle, homme inclus, on peut aussi la transformer, c'est-à-dire l'humaniser[81]. La forme extrême de cette ambition pratique, avec tous ses attendus anthropologiques et qui implique que l'on dépasse le seul niveau de la sagesse individuelle, se trouve chez Marx dans son projet d'une transformation révolutionnaire du capitalisme et d'accès au communisme, qui signifiait pour lui rien moins que la sortie de l'humanité de sa préhistoire et son entrée dans une histoire authentiquement humaine, débarrassée des contradictions de classes et dont le contenu était bien *normatif* : une vie meilleure pour tous. Et c'est bien le matérialisme, historique ici, qui rendait concevable la *possibilité* (pas plus) de ce projet, spécialement dans le domaine humain : si l'homme est un produit des circonstances matérielles, en modifiant ces circonstances on peut le transformer, le pacifier, améliorer son existence, voire l'améliorer lui-même (au sens moral de ce terme), hors de toute utopie idéaliste.

[81] Même le stoïcisme, qui est une forme de matérialisme, mais paradoxale parce que fataliste, met en avant la *pratique* comme *priorité ultime* de sa philosophie : la mise en œuvre de ses préceptes éthiques fondés sur l'acceptation du monde extérieur tel qu'il est : faute de pouvoir changer le monde, il s'agit pour l'homme de se *transformer* en accordant ses désirs à celui-ci pour être heureux. Voir la fin du *Manuel* d'Epictète.

La dialectique ouvre incontestablement un champ théorique inédit : en tant que mode ou forme de pensée, elle attire l'attention sur certains aspects du réel – sa temporalité, ses contradictions ou, plutôt, ses contraires, leur unité, leur rôle transformateur, etc. – contre les obstacles épistémologiques qui empêchent cette ouverture et cette attention, et qui sont liés au mode de pensée non dialectique, qu'on a pu qualifier de « métaphysique » parce qu'il a été associé à la métaphysique classique et à son fixisme ontologique. Mais elle ne peut aller plus loin, sauf à s'ériger en instance législatrice des sciences, leur imposant leurs formes de pensée ou se transformant en critère de leur vérité. Elle ne peut non plus se transformer en méthode ou instrument de recherche comme si son application, à travers ses dites « lois » ou « figures », était d'emblée productrice de connaissance(s)[82]. Elle n'a de sens authentique et rigoureux que *a posteriori*, réfléchissant philosophiquement, au niveau catégoriel, la signification philosophique des sciences, laquelle est incontestablement dialectique pour une large part, comme le réel lui-même. Mais en même temps, comme je l'ai dit d'emblée, sans être une méthode de connaissance – la science se développe d'elle-même, sans se soucier de pareilles réflexions philosophiques de second degré –, elle a ou devrait avoir davantage une fonction heuristique : sa prise en considération *générale* (sans plus) peut aider la science à progresser davantage et à mieux connaître le réel en lui ouvrant des perspectives intellectuelles nouvelles, mais des perspectives seulement, sur lui.

[82] Voir plus haut, note 75, à propos de Sève.

Quelles limites ou bornes pour une philosophie scientifique ?

Nous sommes, avec le matérialisme, en présence d'une *ontologie* générale qui, sans légiférer sur les *étants* particuliers qui composent l'Être, puisque leur connaissance relève de la science, exige cependant qu'ils se conforment à son essence propre, avec les contraintes que leur connaissance exige, que j'ai indiquées, au sein d'une matérialité d'ensemble, que celle-ci soit naturelle, historique ou psychologique (s'agissant de l'homme). Mais j'ai parlé d'une ontologie *générale* et non *universelle*, ce qui signifie, on va le voir, qu'un matérialisme scientifique, aussi raffiné soit-il et peut-être justement en raison de son raffinement ou de sa rigueur scrupuleuse, ne peut légiférer sur *tout*, sauf à se transformer en métaphysique scientiste. On voit donc poindre d'emblée, dans cet écart entre le général et l'universel, l'éventualité de limites pour sa vérité ou sa validité (je reprends ici un terme que j'ai pourtant critiqué) que je vais évoquer. J'en distinguerai deux.

1 Le matérialisme suppose bien, on l'a vu, en raison du caractère indéfini du procès de connaissance, l'infinité d'un réel lui-même infiniment intelligible. Mais il ne peut *prouver* cette infinité, il ne peut que la *postuler*, la *présupposer*, dans le cadre même de cette matérialité qui, elle, est prouvée, avérée. Le philosophe et physicien grec Effitchios Bitsakis l'a judicieusement indiqué lors d'un colloque sur la dialectique et les sciences : parlant de l'astrophysique et de sa recherche d'une connaissance du monde visant à embrasser l'infini (conformément à ce que j'ai souligné), il ajoute ce point fondamental, à savoir que cette recherche ne peut être qu'asymptotique parce que

« la science ne peut se prononcer que sur le fini »[83]. Et en effet, toute avancée de la connaissance scientifique qui en recule la limite actuelle, comme le Big-Bang, ne le fait qu'en la déplaçant, ouvrant ainsi un nouvel au-delà de cette connaissance, une nouvelle zone d'ignorance, un peu comme l'horizon qui recule au fur et à mesure que l'on avance vers lui pose un au-delà de lui-même. C'est donc cet écart irréductible entre l'*immensité* de notre connaissance et la *totalité* concevable de celle-ci, et bien qu'il se réduise constamment, qui interdit au matérialisme scientifique d'être *total* ou *infini*, entièrement extensif comme entièrement compréhensif[84].

Je veux le dire autrement, qui enrichit ce diagnostic critique d'une autre idée importante : le matérialisme constitue une ontologie *immanente*, qui se prononce sur la réalité à laquelle l'homme a accès, directement ou indirectement par ses sens et son intelligence aidée de la technique, et il ne peut que s'y cantonner et s'interdire de verser dans un matérialisme *transcendant* qui en ferait alors une métaphysique, au sens négatif de ce terme, prenant position sur toute réalité *possible*. Comme le dit Engels en une formule que j'aime à citer : « L'Être est somme toute une question ouverte à partir du point où s'arrête notre horizon »[85]. Sous-entendu : au-delà de ce « point » ou de cette limite qui ne cesse de reculer, nous ne savons rien et il y aura donc toujours pour l'homme du non-savoir concernant l'Être. Le matérialisme est bien, puisque fondé sur la science, métaphysique au sens immanent, positif et réaliste d'une connaissance ou, plutôt,

---

[83] In *Dialectiques aujourd'hui*, coordonné par B. Ollman et L. Sève, Syllepse, 2006, p.156.

[84] Disons que la totalisation intellectuelle du réel à laquelle se livre la science ne coïncidera jamais avec la totalité infinie de celui-ci, *si elle existe*.

[85] *Anti-Dühring*.

d'une réflexion philosophique qui nous dit le *sens vrai* de *ce qui est* (je reprend ici à mon compte et librement le vocabulaire de C. Tiercelin), mais il ne peut se prononcer sur *tout ce qui est*, sur la *totalité* donc. Nous retrouvons alors un aspect de la philosophie d'ensemble de M. Conche, que je partage en partie, quitte à en faire un contre-emploi, lorsqu'il affirme que « toute proposition sur la totalité du réel est métaphysique », donc indécidable sur le plan du savoir et de ses preuves. Et c'est pourquoi il faut rappeler cette idée de Kant que si la science n'a pas de limites assignables sur son propre plan de connaissance – le monde des phénomènes et, désormais, le monde de la matière –, elle a des *bornes* indépassables : elle *se borne* à la connaissance de ce monde physique ou matériel[86].

Une autre conséquence s'ensuit alors, concernant notre droit à affirmer dans l'ordre de la vérité, que Conche ne respecte pas vraiment dans le cadre de son naturalisme puisqu'il le déclare intégral et que je vais appliquer, par contre, au matérialisme : celui-ci, en toute rigueur scientifique autant que philosophique, ne saurait être *identifié à l'athéisme*. Car l'athéisme consiste précisément à se prononcer sur la totalité du réel – chez Conche la Nature, chez un autre la matière – en niant que ce réel (nature ou matière) ait un créateur divin et donc à outrepasser son droit à affirmer, du moins avec une visée ou une prétention à la vérité. Conche, avec sa finesse habituelle, en a d'ailleurs conscience puisqu'il fait de son option indissolublement naturaliste *et* athée une *option*, précisément, *argumentée* mais *non prouvée* et, sinon une *croyance*, en tout cas une « *conviction raisonnée* », ce qui

[86] Voir, sur cette question, les *Prolégomènes à toute métaphysique future qui voudra se présenter comme science* de Kant (Vrin). La notion de « bornes » y apparaît comme essentiellement négative et définitive, contrairement à celle de « limites » puisque celles-ci peuvent être déplacées ou reculées.

me paraît la formulation la plus juste et la plus raisonnable. C'est pourquoi il tient tant à se dire métaphysicien et à donner à sa conception du monde le statut d'une *métaphysique*, mais d'une métaphysique (athée) qui a le mérite de s'assumer comme telle, tout en se considérant comme vraie, au moins subjectivement[87]. Et l'on aura compris que ce trait intellectuel de sa philosophie est tout entier lié au fait que, sans ignorer la science, Conche n'entend point penser sur sa base et, j'ajoute, se lier à ses contraintes théoriques face auxquelles, et contrairement à ce qu'il dit, *on n'est pas libre*.

On voit donc, pour conclure sur ce point, dans quelles limites ontologiques ou, si l'on préfère, à l'intérieur de quelles bornes (métaphysiques) le matérialisme doit se tenir. Il doit bien être athée au sens privatif et méthodologique de ce terme – a-thée, avec un tiret : sans Dieu – mais il ne peut se dire athée au sens positif et dogmatique consistant à affirmer qu'*il n'y a pas de Dieu*, tout en prétendant étayer, point décisif, cette affirmation sur la science. Il ne peut se dire tel qu'en assumant sa déclaration d'athéisme au titre d'une option métaphysique, aussi séduisante et convaincante qu'on le voudra, se

---

[87] L'un de ses récents ouvrages s'appelle précisément *Métaphysique* (PUF). Ceci dit, la position de Conche est encore plus subtile et ne présente pas d'incohérence : d'une part il lui arrive de vouloir abandonner le terme « athée » puisqu'il comporte une référence à l'idée d'un Dieu (a-*thée*) qu'il ne comprend pas – et c'était déjà le cas de Marx ; d'autre part la vérité dont il se réclame subjectivement (comment faire autrement ?), il la veut aussi objective, bien entendu, mais sans pouvoir prétendre l'imposer aux autres, faute justement de preuves. Par contre, on ne le suivra pas quand il affirme que l'homme est libre face au vrai (voir plus haut) et qu'il fait de cette situation intellectuelle le fondement de la liberté humaine: le vrai est *contraignant,* et au moins sur ce plan on ne peut dire l'homme libre, sauf à soutenir qu'il est libre d'errer. Mais l'erreur est, elle aussi, déterminée !

déployant, si l'on veut, dans l'horizon de la science et donc probablement bien plus proche de la vérité que l'hypothèse théiste, mais qui ne peut prétendre être, en toute rigueur, qu'une conviction argumentée, certaine à ses yeux, mais non prouvée.[88]. Un exemple illustrera ce que je veux dire, tiré de la théorie de l'évolution telle que Darwin l'a fondée scientifiquement et que j'ai déjà évoquée. Cette théorie affirme, pour la résumer quant à l'essentiel qui nous importe ici, que l'homme est un produit de la nature, qu'il a donc son *origine* en elle. Cette thèse est scientifiquement prouvée, donc vraie. *Mais quelle est l'origine de cette nature ?* Est-elle incréée et éternelle, quoique temporelle, indéfiniment temporelle, ou est-elle créée et est-elle amenée à disparaître ? La science darwinienne ne nous renseigne pas sur ce point, ce que Darwin lui-même avouait, avec une modestie et une honnêteté qu'il faut saluer, en déclarant à propos de la question de l'origine : « Le mystère du commencement de toutes choses est insoluble pour nous.»[89] Or, si l'on y réfléchit bien, on peut toujours croire, et non savoir, qu'un Dieu dirige cette évolution vers l'homme et a doté la matière originelle de la capacité de le produire. Il y aurait alors un sens divin de l'évolution, selon les croyants. Que leur répondre, sinon que l'on peut effectivement toujours y croire, dès lors que ce sens ou cette providence divine, pour l'appeler par son nom, est *ajouté en surimpression* au texte de la science, le seul, si j'ose dire, qui soit réellement *imprimé* et *assuré*, et qu'il fait l'objet non d'un savoir mais d'une croyance, à nouveau : il consiste donc à *interpréter* l'évolution en la dotant d'un *sens* religieux, en arrière plan de ce qu'en dit la science de celle-ci. Mais cette addition interprétative doit elle-même se soumettre à

---

[88] Cet athéisme *subjectif* est le seul qui soit intellectuellement honnête. Et, *objectivement*, il est identique à l'agnosticisme.

[89] *Autobiographie*, 1876.

deux conditions : 1 Elle doit se donner pour ce qu'elle est réellement, à savoir précisément une croyance qui excède le pouvoir d'affirmer de la science et en interprète, précisément, les résultats d'une manière partiale – j'entends : à partir d'un parti-pris premier et arbitraire[90] ; 2 Il est impératif que cette *addition* d'un sens divin ne se paie en rien d'une *soustraction* quelconque des résultats de la science elle-même[91]. La conséquence s'ensuit automatiquement, face aux deux possibilités que cette question proprement métaphysique peut recevoir comme réponses : ni la science ni la religion ne peuvent y répondre légitimement sur le plan de la vérité et le matérialisme doit se contenter de la thèse strictement *immanente*, mais du coup scientifiquement assurée, selon laquelle l'homme est un produit de la nature matérielle, donc une forme de celle-ci, *quel que soit le statut métaphysique ultime de cette nature*. J'ajoute cependant, au bénéfice potentiel, sinon infiniment probable, de l'athéisme matérialiste, que le recours à l'idée d'un Dieu créateur pose plus de problèmes qu'il n'en résout et que le concept d'un pareil Dieu est difficilement concevable. Ce qui rend convaincante l'affirmation de Wittgenstein selon laquelle « ce dont on ne peut parler (sous-entendu :

[90] Voir, par opposition, le statut épistémologique que s'accorde indûment la théorie de l'« *intelligent design* », celle du « dessein intelligent », selon laquelle il est impossible, en termes de probabilités mathématiques appliquées à la cosmologie et à l'anthropogenèse, que l'homme ait pu être le résultat aveugle de l'évolution de la nature et qui conclue donc, dogmatiquement, qu'il faut admettre que cette évolution a été programmée par un Dieu *en vue* de l'homme.

[91] On se souviendra que si l'Eglise catholique a, en 1996 (enfin !), reconnu la théorie darwinienne de l'évolution quant au corps de l'homme, elle l'a amputée de sa conséquence matérialiste quant à la nature de l'esprit humain en maintenant qu'il était directement créé par Dieu et que de la matière à l'esprit il y avait un « saut ontologique » qu'aucune science ne saurait combler.

rationnellement – Y. Q.), il faut le taire »[92]. C'est pourquoi, quelle que soit la possibilité « logique » d'un Dieu qu'aucune science ni la pensée tout simplement ne sauraient exclure[93], c'est bien du côté de l'athéisme privatif – sans Dieu, donc – que le matérialisme doit inévitablement se ranger pour penser le monde et fonder la philosophie contemporaine avec lui.

Dernier point, dans ce même registre théorique de l'ontologie matérialiste : si l'on accepte ce qui précède, il s'ensuit que l'affirmation de l'intelligibilité du réel (via la science, je le rappelle) doit être elle-même affinée. S'il faut absolument maintenir que tout *dans* le réel est intelligible ou compréhensible – les pronostics aventureux d'échec de la science dans tel ou tel domaine ont été régulièrement démentis –, on ne peut affirmer l'intelligibilité du *réel lui-même envisagé dans sa totalité absolue* (ou métaphysique), à un niveau qu'il faut bien dire *méta-scientifique*. Personne ne peut raisonnablement soutenir cela, sauf à être et à se déclarer insensible à l'interrogation métaphysique comme aux inquiétudes intellectuelles qu'elle peut susciter, qui sont sans réponses sûres ! En d'autres termes, s'il faut dire sans réserve qu'il ne saurait y avoir de mystères *dans* le monde, il faut avouer qu'il demeure bien un mystère absolument irréductible *du* monde.

2 L'autre limite (ou borne ?) concerne une question qui a toujours été problématique dans le champ du matérialisme : la morale. Et comme le champ du matérialisme est largement occupé, au moins implicitement, par des penseurs marxistes, je rencontre

---

[92] Dernière proposition du *Tractatus logico-philosophicus*.

[93] Voir Nietzsche, cet athée radical qui a annoncé « la mort de Dieu », et affirmant pourtant avec beaucoup d'honnêteté : « Il est vrai qu'il pourrait y avoir un monde métaphysique ; la possibilité absolue n'en est guère contestable. » (*Humain, trop humain*, t.1, § 9).

chez ceux-ci une forte résistance quand je parle de morale, que j'en fais une instance fondamentale et que j'ajoute qu'elle doit intervenir en politique pour lui assigner ses fins (et pas seulement légiférer sur ses moyens) – précisant même qu'elle est fortement présente chez Marx quoiqu'il le dénie la plupart du temps (pas toujours)[94]. Du coup, c'est le concept d'éthique que l'on m'oppose, celui-ci renvoyant à des valeurs concrètes, particulières (propres à un individu, un groupe ou une époque) et facultatives, susceptibles d'être érigées en sagesses, liées souvent à des intérêts et trouvant leur origine dans la vie, ici la vie socio-historique – et une science des valeurs éthiques est donc parfaitement possible. Dans cette optique, la morale est alors ramenée à un phénomène idéologique s'enracinant dans un intérêt de classe sous-jacent, sans portée objective, et l'on dira qu'elle « est, par essence, idéologie » comme l'affirme vigoureusement, mais faussement, Althusser[95]. Par ailleurs, il est clair qu'admettre l'existence de la morale dans le cadre ontologique du matérialisme, fût-il historique, rencontre deux difficultés majeures, si l'on rappelle ce qui la définit : l'admission de valeurs, comme l'éthique d'ailleurs, mais abstraites ou formelles (pensons au respect de la personne humaine qui fait « abstraction » des caractéristiques concrètes de cette personne), universelles et obligatoires, commandant à la vie et ne se contentant pas d'en enregistrer les valorisations spontanées. Deux difficultés surgissent alors clairement : 1 Le matérialisme scientifique ayant pour ambition, via la science, de tout expliquer sur sa base propre, donc d'une manière immanente et empirique, comment peut-il expliquer *à partir de la vie* envisagée dans tous ses aspects

---

[94] Voir *L'ambition morale de la politique. Changer l'homme ?* (L'Harmattan) et « La question morale chez Marx » dans mes *Etudes matérialistes sur la morale* (Kimé).
[95] In *Pour Marx*, Maspero.

(biologique, socio-historique, voire psychologique) ce qui est universel et ce qui paraît la transcender puisqu'elle lui commande ? 2 La morale commandant à la vie, elle est obligatoire ou impérative, formulant des prescriptions catégoriques et non des conseils de vie hypothétiques : comment admettre cette dimension impérative dans le contexte déterministe du matérialisme qui exclut le libre arbitre métaphysique ? Comme le dit Marcel Conche en une formule que je vais modifier cependant : « Dès lors qu'il y a obligation, quelque chose de plus s'ajoute à la nature, et qui est la liberté »[96], qu'il faut corriger ainsi : « … quelque chose de plus *paraît* s'ajouter etc. » En tout cas, on voit bien que, faute d'une liberté métaphysique de choix ici, il est difficile de concevoir *a priori* ce que pourrait être une pareille obligation ! Devrait-on alors admettre que le matérialisme échoue devant la morale et que, comme l'en accuse Conche, il ne peut la fonder : ni en expliquer l'existence ni la justifier normativement ? Il y aurait donc un *mystère* de la morale, sauf à n'y voir qu'une illusion idéologique, auquel cas le problème serait résolu par sa disparition, son évacuation. Or ce n'est pas ainsi que je comprends la chose et je vais brièvement (car j'en ai parlé ailleurs) montrer ce qu'il en est de la morale dans notre cadre matérialiste, dont je rappelle qu'il n'est pas « notre » cadre au sens d'une option personnelle arbitraire, mais qu'il est contraignant intellectuellement, qu'il s'impose ou devrait s'imposer à tous.

L'existence de la morale d'abord. Le dualisme ontologique, je dis bien ontologique, de l'être et de la valeur morale qui voudrait, soit selon l'idéalisme

---

[96] In *Analyse de l'amour et autres sujets*, PUF. Cette formule reprend l'idée kantienne du « je dois donc je peux », que l'ontologie idéaliste de Kant, avec son hypothèse d'un sujet nouménal ou intelligible rend parfaitement concevable.

traditionnel, soit selon une optique « marxiste » étroite, qu'on ne puisse expliquer la morale à partir de l'Être, n'est qu'une illusion liée à ce qu'on s'enferme dans une conception *fixiste* de celui-ci. Si au contraire et comme il se doit, on part d'une conception *évolutive* de l'Être naturel qui le dote d'une productivité essentielle, la difficulté disparaît comme la théorie darwinienne l'a démontré : la morale y apparaît comme une *compétence naturelle* de l'homme, issue de l'évolution et anticipée chez les animaux, dont le champ d'application est d'abord restreint : le clan, la tribu, etc., avec des formes minimales de sympathie et de solidarité instinctives. Puis, articulée sur les instincts sociaux, elle est soumise à *l'histoire*, sans cesser d'obéir au mécanisme de la sélection naturelle qui présidait à l'évolution animale pour assurer le triomphe des plus forts sur les faibles dans l'adaptation au milieu et la lutte pour l'existence : les valeurs qu'elle promeut vont assurer la victoire de l'espèce humaine sur les autres espèces, grâce à ce même mécanisme mais inversé sur sa propre base. P. Tort, notre meilleur spécialiste de Darwin, a nommé ce processus « l'effet réversif de l'évolution » : celle-ci, avec l'apparition naturelle de l'homme, va sélectionner la civilisation, porteuse de valeurs qui vont éliminer progressivement les pratiques éliminatoires propres massivement au monde animal[97]. Et c'est ici que l'histoire (ou la culture) intervient : le « sens moral » (l'expression est de Darwin) ainsi constitué sur une base naturelle va se développer historiquement tant en extension qu'en compréhension. Il va s'ouvrir sur toute l'humanité et viser donc l'universalité humaine, comme il

---

[97] « La sélection naturelle sélectionne la civilisation (= la morale – Y. Q.) qui s'oppose à la sélection naturelle » dit-il. Darwin a démontré tout cela dans *La filiation de l'homme*. La morale apparaît ainsi comme une anti-nature produite par la nature elle-même, à quoi s'ajoute son devenir historique.

va s'appliquer à des aspects de plus en plus nombreux de la vie des êtres humains. Il y a ainsi un progrès évolutif *vers* la morale et, ensuite, un progrès historique *dans* celle-ci qui débouchera sur la Déclaration des droits de l'homme et du citoyen qui, quelles que soient ses limites (essentiellement l'apologie de la propriété privée, due à l'époque), transcende les conditions de sa constitution historique et s'affirme comme un acquis normatif décisif et définitif de la *conscience morale* de l'humanité dans ses conséquences politiques. La morale est donc bien un produit de la nature et de l'histoire, sans discontinuité ontologique entre elles, et son explication empirique ne la détruit pas mais, au contraire, assure son existence *comme telle*… mieux que ne pourrait le faire l'idéalisme avec ses hypothèses métaphysiques illusoires !

Sa justification ou validation, ensuite. C'est ici que l'on rencontre le dualisme, clairement normatif cette fois-ci, de l'Être et de la valeur morale, qui fait que ce qui *vaut* (moralement) ne peut être déduit analytiquement de ce qui *est*. Véritable dualisme, lui, dont on pourrait multiplier les exemples. Sauf qu'il n'est pas inexplicable, lui non plus et ne relève pas d'une transcendance mystérieuse et irrationnelle. Il suffit d'admettre que l'évolution naturelle et historique a engendré une *raison*, spécifiquement *pratique* au sens kantien du terme, capable non seulement de juger moralement (c'est le « sens moral » déjà évoqué) mais de fonder, au sens de légitimer, ses jugements moraux dans l'optique de l'Universel, c'est-à-dire précisément sur la base de son critère. Kant a dit l'essentiel ici, sauf qu'il n'avait pas prévu qu'il pouvait y avoir une *genèse matérialiste de l'Universel moral*. En ce sens, la raison morale de l'homme, issue de l'évolution, n'en est pas le simple effet automatique et passif. Avec elle surgit une capacité de *décider* d'une manière autonome du bien et du mal, sur la base d'une argumentation rationnelle[98]. L'évolution, naturelle et historique, produit donc aussi l'instance qui permet de la juger dans l'ordre du bien et du mal – la raison – qui, tout en en étant l'effet factuel, la transcende dans l'ordre normatif et donc échappe à son déterminisme strict. C'est en ce sens que l'on peut dire que le déterminisme même de l'évolution matérielle, naturelle et historique, engendre une *liberté rationnelle (ou raisonnable) du jugement moral* qui est propre à l'homme, qui n'a rien d'idéaliste ou d'irrationnel, qui n'est rien d'autre que l'espace de la réflexion morale dans son autonomie et qui n'est pas incompatible avec la nécessité propre ou intrinsèque de ses jugements. Cela ne signifie en rien qu'il y ait ou qu'il puisse y avoir une *morale scientifique* déduite de la science et du réel qu'elle nous fait connaître, à savoir l'évolution – l'opposition de ce qui *est* et de ce qui *vaut moralement* demeure, irréductible, et il ne saurait donc y avoir de « morale évolutionniste ». Mais cela signifie qu'il y a une *théorie scientifique de l'origine de la (capacité) morale dans son autonomie même*. A nouveau, la raison matérialiste a triomphé de ce qui paraissait lui échapper et elle ne nie pas sa spécificité : elle en rend compte, au contraire !

La dimension de l'obligation, enfin. C'est le point le plus délicat (quoique le moins important pratiquement, on le verra) si l'on s'enferme dans un face à face du sujet et de la morale, en faisant abstraction de la société et du droit. Car dans ce face à face abstrait et spéculatif, seule l'hypothèse d'une liberté métaphysique rend concevable le sentiment ou la conscience de l'obligation morale : seul peut être obligé et se sentir obligé celui qui peut réaliser l'obligation… ou la refuser. On pourrait dire, en employant un vocabulaire emprunté à Althusser que,

---

[98] De même qu'elle fait surgir une raison théorique capable de connaissance vraie.

comme l'idéologie, « elle interpelle l'homme en sujet »[99] – sous-entendu libre. Or il faut décentrer l'approche. D'abord, conformément à la logique ontologique du matérialisme tel que je la comprends, il convient de refuser la catégorie de « Sujet » (avec une majuscule) et parler donc d'une « morale sans Sujet » (avec une majuscule toujours)[100] et ce, d'autant plus qu'on échappe alors à l'aporie de l'intention morale qui est censée n'agir que sur la base de l'injonction de l'obligation et non sur la base de motifs intéressés : or cette question est théoriquement insoluble comme l'a justement indiqué Badiou, après d'autres[101]. Ensuite, cette morale dont l'homme a *acquis*, on l'a vu, la conscience, a une existence objective hors de lui, *dans le droit positif* accompagné de son pouvoir légitime de *contrainte* : les normes morales s'inscrivent dans des règles juridiques où elles « migrent », comme l'indique justement Habermas ; la société *exige* alors qu'elles soient appliquées dans nos rapports sociaux et elle peut faire usage de la sanction et de la force dans ce but[102]. La notion

---

[99] Voir son article « Idéologie et appareils idéologiques d'Etat » in *Positions*, Editions sociales, p. 110 sq.

[100] Voir la fin de mon livre *Nietzsche ou l'impossible immoralisme. Lecture matérialiste*, Kimé.

[101] Voir *L'éthique*, Hatier, p. 49-50. La Rochefoucauld, avec sa déconstruction psychologique des comportements moraux sur la base de l'intérêt, l'avait déjà fortement suggéré (voir plus haut).

[102] La contrainte juridique est donc elle-même morale ! La conception de J.-M. Guyau d'une morale « sans obligation ni sanction » me paraît, à vue d'homme, utopique. Nombre d'actes individuels ou de conduites sociales dans de nombreux domaines doivent être interdits et leur accomplissement sanctionné, vu les conditions socio-économiques où nous vivons et quitte à tenir compte du poids de ces conditions dans la manière globale de traiter ce problème. Par contre, on peut envisager sur le long terme une société, communiste en l'occurrence, où en présence d'un homme transformé par ses

subjective d'obligation peut alors faire place à celle d'*exigence* (ici juridique et sociale) et de *contrainte* : la société exige d'agir dans le sens de la morale et elle me contraint de le faire en respectant la personne humaine (par exemple) dans tous les cas où celle-ci est en jeu. Avec cette incidente importante par rapport à notre problème : ce qui caractérise cette « obligation » juridique, c'est-à-dire cette contrainte, c'est que le droit réclame qu'elle soit respectée *quelle que soit l'intention du sujet* qui l'applique, celle-ci étant mise hors jeu. Ce qui lui importe, c'est que cette « morale sociale » (et l'essentiel de la morale vise des comportements sociaux) soit mise en œuvre dans le *contenu de l'action*, que ce soit par respect pour elle (cela peut tout de même arriver), par intérêt ou par peur de la sanction, etc. L'intention ou la disposition du sujet à agir est laissée de côté et n'est prise en compte, à juste titre, que dans les cas négatifs d'infraction à la loi, morale autant que juridique, où la question du degré de responsabilité et donc de culpabilité de l'agent doit être examinée pour décider du type de sanction pénale à adopter et l'adapter à ce degré de responsabilité et de culpabilité.

On voit par conséquent que la société dans son fonctionnement moral met bien en œuvre cette « morale sans Sujet » dont j'ai parlé, mais pas sans sujet(s) (avec une minuscule) comme il vient d'en être question. Une conception matérialiste de la morale n'élimine donc pas celle-ci, mais elle ramène l'obligation morale qu'on lui associe dans la conscience à des exigences de la société à l'égard des sujets humains pour assurer leur vivre-ensemble, dans le respect mutuel des uns vis-à-vis des autres ; et j'y insiste, cette conscience, à laquelle doit être liée l'idée d'une contrainte inévitable nous « obligeant » à

---

nouvelles conditions de vie, on pourrait se passer de la contrainte juridique. Je dis bien : « on peut envisager… » !

respecter les règles de droit, est elle-même un produit social, façonné aussi par l'éducation qui nous fait intérioriser les normes morales historiquement acquises, et elle n'a pas besoin d'un Sujet métaphysique libre pour être comprise. Conséquence fondamentale dans le débat des idées : le matérialisme ne débouche pas sur l'immoralisme ou sur un amoralisme théorique qui laisserait place à la seule dimension de l'éthique, comme on le prétend souvent soit pour l'en accuser, soit pour s'en féliciter. Et sa capacité compréhensive dans ce domaine essentiel est bien assurée contre ceux qui voudraient nous faire croire qu'il y échoue et qu'il faut revenir au spiritualisme ou à la religion pour donner une base au lien social. Définitivement limité dans le champ de la métaphysique au sens où je l'ai indiqué en m'appuyant sur Conche, le matérialisme ne l'est pas dans celui de la pratique morale. Au contraire : non seulement il lui accorde ou doit lui accorder, faute d'un échappatoire religieux, toute l'importance qu'elle réclame « ici-bas », mais il est seul, si on sait le concilier avec la conception kantienne de la morale, à faire échapper ses normes à la relativité des diverses croyances idéologiques, voire à leur disparition probable. En ce sens, il peut mieux être à même de garantir l'existence objective et pérenne de la morale que toute conception religieuse de celle-ci !
On peut alors élargir notre définition de la philosophie, en lui accordant le statut d'une réflexion critique d'ensemble telle que Jean Piaget l'a présentée.

Note sur une mise au point importante : Jean Piaget

Il n'est pas rare que les réflexions philosophiques importantes, en l'occurrence ici les réflexions *sur* la philosophie, nous viennent de ceux qui n'en ont pas fait leur métier ou n'ont pas reçu la reconnaissance académique qu'ils méritaient (Feuerbach, Marx, Nietzsche et d'autres). C'est le cas de Jean Piaget, psychologue important mais point philosophe, dans un petit livre remarquable, *Sagesse et illusions de la philosophie*[103], par l'évocation duquel je voudrais conclure la première partie de ce livre, car il y procède à un examen critique des pouvoirs et des impasses de la philosophie par rapport à la science que je partage largement et qui me conforte dans mes propres positions. Précisons d'emblée : il n'est en rien hostile à la philosophie en tant que telle, dont il reconnaît, avec Jaspers en particulier, qu'elle constitue un besoin essentiel de l'homme[104], mais il entend, tout en en reconnaissant donc la nécessité, en montrer les insuffisances jusqu'à présent et les illusions qu'elle se fait sur elle-même.

Je n'entends pas analyser l'ensemble du livre mais en marquer les lignes essentielles : 1 La philosophie, vu l'ambition de connaissance qui l'a toujours habitée, doit absolument se confronter désormais à la connaissance scientifique qui lui a enlevé définitivement la possibilité de réaliser cette ambition : sur ce terrain la science a détrôné la philosophie. 2 Il ne saurait y avoir de « connaissance suprascientifique » dont la métaphysique idéaliste a prétendu fournir un modèle parfait à chaque fois. 3 Même la psychologie philosophique, inspirée par la phénoménologie comme celle de Sartre, est touchée par cet échec, au moins relativement, et doit céder la place à une psychologie scientifique. 4 Mais cela n'enlève rien à la nécessité (déjà indiquée) de la philosophie car l'homme est confronté à une condition et à une vie sur lesquelles il s'interroge inévitablement et dans lesquelles il *prend parti*,

---

[103] PUF, 1965.

[104] Voir ce propos de la conclusion : « L'homme ne peut se passer de philosophie, dit avec raison Jaspers » (p. 280), mais aussi l'introduction.

dans l'action, au nom de *valeurs*. Il faut donc en renouveler le statut : en liaison avec le savoir scientifique, elle doit à la fois l'accepter et le valoriser, mais aussi réfléchir critiquement sur ses limites éventuelles et l'accorder avec la sphère des valeurs qui donnent sens à notre existence. On reconnaît ici des idées successives que j'ai défendues, hors de tout scientisme positiviste, et elle définissent la philosophie comme une *sagesse* en un nouveau sens du terme pleinement positif, comme une réflexion d'ensemble *accordant* ou *synthétisant* des aspects différents de la pensée humaine, dans laquelle la préoccupation du sens est présente et qui coordonne le domaine du savoir et celui de la croyance. Tout cela me paraît largement exact et plein de lucidité, c'est-à-dire d'intelligence, quitte à préciser davantage l'horizon matérialiste qui est impliqué par tout cela, que j'ai développé et qu'il n'envisage guère.

J'ajouterai un dernier propos, qui renvoie à une note « additionnelle » de son livre (p. 161-165) car elle démonte remarquablement les trois procès que la philosophie, dégénérant alors en *philosophisme*, fait habituellement à la science : elle *manquerait* (terme important) fondamentalement, l'homme, puis l'Être et, enfin, la signification des faits. J'y réponds à ma manière, sans suivre nécessairement ses réponses à lui : la philosophie, en s'appuyant sur la science, peut nous tenir un discours *vrai* sur l'homme et sur sa capacité à définir rationnellement les valeurs dont il doit, sur le plan moral, distingué du plan éthique, se réclamer ; elle a la pleine capacité, là aussi, sinon surtout, et en s'appuyant sur la science à nouveau, de nous dire le vrai sur l'Être, à condition d'ajouter que, désormais, ce ne peut être que sur une base *matérialiste* ; enfin, elle a aussi la capacité de résoudre la signification des faits, au sens purement théorique où elle peut l'extraire de la science elle-même à partir du travail spécifique d'interprétation que j'ai fondamentalement signalé ; mais aussi au sens où elle est apte à nous montrer que l'homme est un donateur de signification(s) pratique(s) pour la vie à partir de sa réflexion à la fois sur les limites du savoir humain, sur les croyances qu'elles autorisent et sur les valeurs dont ce même homme, lorsqu'il est bien compris, en l'occurrence scientifiquement, apparaît comme en étant incontestablement l'auteur.

Reste à voir, à partir de là, et sur quelques exemples célèbres ou médiatiquement connus, ce que vaut la philosophie contemporaine.

Misère de la philosophie contemporaine : quelques exemples connus

Je voudrais ici concentrer ma critique sur quelques auteurs à la mode et réputés importants : non en analysant exhaustivement leurs œuvres[105] – on n'en finirait pas – mais en dénonçant à chaque fois quelques points théoriques d'une rare faiblesse à la lumière de ce qui précède, érigé en norme intellectuelle, et que peu osent souligner. Ne sont en jeu ici, j'y insiste, ni leur érudition, ni leur capacité à conceptualiser, ni enfin leur écriture, souvent brillante et qui contribue à leur succès, ni enfin certaines dimensions de leur réflexion[106], mais le fond ou un aspect essentiel de leur pensée, définissant leur matrice théorique et qui passe souvent inaperçu. Ceux que je n'étudierai pas, soit ne le méritent pas, soient échappent à ma critique et ils se reconnaîtront indirectement. Mon abstention à leur égard vaut estime ou éloge et c'est encore plus vrai quand je m'appuie sur eux. Ils existent et sauvent l'honneur de la pensée, spécialement française[107].

---

[105] Un travail exhaustif, mais contestable, de ce genre a été fait par I. Garo à propos de Foucault et Deleuze (son analyse d'Althusser n'est bien entendu pas en cause) dans son *Foucault, Deleuze, Althusser et Marx : la politique dans la philosophie*, La ville brûle. Je n'en partage guère les analyses et les enthousiasmes concernant ces deux auteurs… que précisément je vais critiquer.

[106] Je pense ici à la manière, prenante et émouvante, dont Husserl a pensé la crise du *sens* liée aux sciences positives dans la 2ème partie de *La philosophie comme science rigoureuse*, PUF.

[107] Je pense à tout ce qui se fait aujourd'hui dans le marxisme ou dans sa mouvance, spécialement autour de la revue *Actuel Marx* ou, pour une part, dans *La Pensée*, même si je ne partage pas tout ce qui s'y dit, mais qui est systématiquement et scandaleusement occulté par la plupart des médias. C'est le cas aussi d'autre auteurs liés à d'autres revues.

Le cas Heidegger : philosophie, science, irrationalisme, idéalisme et éthique

Heidegger passe pour un grand philosophe du 20ème siècle, au sens en tout cas où beaucoup l'admettent dans une dévotion pieuse à son égard. Son œuvre est importante quantitativement, avec des études historiques fortes comme celle qu'il a consacrée à Nietzsche[108], et il a un art de la conceptualisation incontestable ; mais on peut honnêtement s'interroger sur la pertinence de ses thèses, par-delà la forme souvent inutilement amphigourique sous laquelle il les exprime, qui nous oblige à les reformuler souvent dans une langue plus simple, qui en révèle clairement ce qu'elles ont de contestable, sinon de faux. Faute de pouvoir analyser critiquement tous ses textes (ce n'est pas mon objectif, je ne vise que leur matrice profonde), j'en analyserai un, déjà mentionné, parce qu'il permet de le situer, avec toutes ses ambiguïtés, dans le champ philosophique que j'ai exploré précédemment, « L'époque des "conceptions du monde" »[109] ; à quoi j'ajouterai aussi quelques incursions dans d'autres textes comme sa *Lettre sur l'humanisme*. Je l'examinerai et je le jugerai à l'enseigne de cinq traits qui me paraissent décisifs quand il s'agit, au final, d'apprécier l'importance philosophique d'une œuvre, indépendamment des positions politiques de son auteur, dont l'actualité récente a révélé pourtant le caractère insupportable moralement et dont Bourdieu avait su montrer, admirablement, la présence sublimée et donc déniée et déguisée dans son œuvre[110].

[108] *Nietzsche*, 2 t., Gallimard.

[109] In *Chemins qui ne mènent nulle part*, op. cité. On trouve un traitement du même thème dans la 2ème partie de *La philosophie comme science rigoureuse* de Husserl, dont je reparlerai plus bas.

[110] Il s'agit de l'appartenance au nazisme de celui-ci, jamais reniée. Voir *L'ontologie politique de Martin Heidegger*, Minuit.

1 Il y a pour une part chez lui une évidente reconnaissance de l'objectivité de la connaissance scientifique qui porte sur l'ensemble des « *étants* » – entendons : les différents secteurs de réalité qui constituent le monde, homme compris (quoique avec des nuances). Sauf que, aussitôt, des problèmes apparaissent que suscite dans le détail son analyse des sciences et de leur histoire. C'est ainsi que, évoquant la succession de la physique aristotélicienne et celle de Galilée, il affirme que l'on ne peut pas dire que la seconde soit « plus vraie » que la première[111]. Pourquoi ? Parce que chacune de ces deux physiques reposerait sur un « projet » ou une « idée » de la science hétérogène à celui de l'autre, ce qui en rendrait la comparaison en termes de degrés de vérité impossible à opérer, faute d'un *continuum* à ce niveau. C'est oublier que l'épistémologie désormais, en l'occurrence l'histoire des sciences telle que Bachelard spécialement l'a conçue et mise en pratique, à la fois instaure une continuité historique du secteur de connaissance propre à chaque science (ici la physique) et des ruptures, de la discontinuité donc, comme celle en particulier qui sépare la préhistoire idéologique d'une science de cette science elle-même quand elle a conquis son statut scientifique. Or qu'est-ce que cette approche, fondamentale, sinon une *comparaison*, précisément, qui ne relie historiquement deux moments de la science que pour mieux les opposer théoriquement ? Oui, et contrairement à ce que Heidegger semble suggérer, la physique d'Aristote avec sa conception des « lieux naturels » pour les corps censée expliquer ainsi que les corps légers montent pour rejoindre leur lieu naturel, le haut, est *fausse* alors que celle de Galilée est *vraie*. Et, comme dirait en plus Bachelard, un corps qui s'élève obéit à la même loi de la

[111] Op. cité, p. 101.

pesanteur qu'un corps qui tombe, tout se jouant dans le rapport entre le poids du corps et la masse de l'air. La théorie aristotélicienne des *deux types* de corps qui, en quelque sorte, les substantialise, est donc sans fondement. Autre idée, qui témoigne de la même approximation de la réflexion épistémologique se masquant sous une volonté, constamment réitérée, de profondeur philosophique : la physique mathématique n'est pas une application ou un prolongement de la science mathématique, dit-il, parce qu'elle est déjà, « en un sens plus profond », mathématique dans son intention et, de même, la technique moderne n'est pas, comme on pourrait le croire superficiellement selon lui, une « application » à la pratique des mathématiques, mais elle résulte d'« une transformation autonome de la pratique »[112] dont on ne sait pas trop d'où elle vient puisqu'elle, est dite autonome. Ou plutôt si, on sait d'où elle vient, mais cela est formulé à mots couverts alors que c'est un élément important de la réflexion de Heidegger qui va manifester, d'une façon incontestable, son *idéalisme épistémologique* : la science comme la technique reposent sur un « *choix métaphysique* », à savoir une *interprétation* de « l'être des étants », un projet *a priori* et décisoire de les envisager sous l'angle de la connaissance objective permettant leur domination technique. Il y a donc à l'œuvre dans le projet scientifico-technique moderne une forme, paradoxale et inauthentique, de « méditation » et une véritable méditation doit en révéler le « principe » métaphysique (au sens qu'il donne à ce terme) et une nouvelle méditation à venir (celle de Heidegger, bien sûr), « plus originelle », doit dénoncer la vérité de nos postulats modernes et mettre en question nos objectifs car « c'est ce qui est le plus digne d'être mis en question »[113]. *Exit* donc,

[112] Respectivement p. 103 et p. 101.
[113] Op., cité, p. 99.

dans ce survol spéculatif et altier de l'histoire des sciences et de la technique, tout ce qu'une étude elle-même scientifique, rigoureuse et informée, de celles-ci pourrait nous apprendre sur les déterminants empiriques multiples (culturels, idéologiques, économiques ou sociaux) qui sont à l'œuvre dans leur genèse effective et qui n'ont rien d'une « option métaphysique ».

2 D'où cette autre idée, tout aussi contestable, que la science est plus *objectivante* qu'*objective*. Car si Heidegger décrit bien les différents aspects du processus de connaissance (expérimentation, recherche, outillage industriel, etc.), il affirme que le réel ne se révèle connaissable qu'à l'intérieur d'une *ouverture subjective*, au sens où, depuis Descartes, elle fait intervenir activement le Sujet humain qui *projette* de le traiter sous l'angle de l'objectivité, fondé sur l'opposition du sujet connaissant et de l'objet connu ; et c'est ce qu'il entend par le mot « *métaphysique* », qui ne désigne pas l'étude d'un monde transcendant comme on le comprend habituellement, mais essentiellement un type de démarche intellectuelle immanente, largement dominante selon lui et aliénant la pensée parce que reposant sur le choix philosophique d'appréhender la réalité sur la base de la dualité sujet/objet[114]. Cette démarche rompt avec la relation participante et intime que les Grecs avaient avec le monde et elle engage une interprétation de « l'être des étants » liée au rôle de la « représentation » scientifique des choses, au point qu'il est capable de dire qu'il y a une « constitution représentante qui réunit l'objectif et le subjectif dans la dimension de l'être représenté » et que, du coup, « tout présent reçoit à partir d'elle le sens et le genre de sa présence, à savoir le sens et le genre de la

[114] Mais cette démarche conceptuelle a été liée effectivement à la métaphysique au sens traditionnel : c'est elle qui l'a inaugurée.

présence *dans la représentation* »[115]. On voit clairement, surtout à partir de la dernière notation, que l'objectivité *intrinsèque* aussi bien de la réalité *ontologique* du monde connu par la science que celle, *gnoséologique*, de sa connaissance, en sort fortement ébranlée, quoique sous une forme plutôt tarabiscotée qui peut masquer ce point au lecteur inattentif. L'idéalisme est à nouveau là, mais sur un mode subtil ! On ne s'étonnera pas alors de le voir soutenir, sans raison aucune, que les sciences du vivant ne sauraient parvenir à l'exactitude, comme celles de l'esprit d'ailleurs – telle la science historique –, et qu'il appelle à un dépassement de l'anthropologie « scientifique » conçue elle aussi comme une simple *interprétation « métaphysique »* (toujours au sens particulier qu'il donne à ce terme) de l'homme incapable de nous renseigner sur son être véritable[116].

3 Enfin, et prenant parti alors sur le plan de la valeur, Heidegger disqualifie profondément la connaissance scientifique de l'étant, non pas pour son insuffisance foncière comme le ferait un épistémologue relativiste contemporain, mais, paradoxalement ici (ce n'est pas le cas ailleurs), *en tant qu'elle est précisément une connaissance*. Car, en se focalisant sur des aspects particuliers du monde transformés en « objets », cette connaissance se paie d'un « *oubli de l'Etre* » sur la base duquel seul, pourtant, il peut y avoir *des* étants ou *de* l'étant. Plus nous connaissons, donc, la réalité par la science, plus nous oublions l'essentiel, *l'Etre*, et c'est à la méditation spécifiquement philosophique, sinon, comme il l'affirme ailleurs, à l'art ou à la parole poétique, de le *prendre en charge* car seul il est digne de notre attention la

---

[115] Ib. p. 143-145 – souligné par moi.

[116] Ib., p. 141, note 10. Plus précisément, « elle sait déjà ce qu'est l'homme (à partir de l'*ego cogito*, du *subjectum* – Y. Q.) et par conséquent ne peut jamais se demander qui est l'homme ».

plus profonde, étant lui-même la chose la plus profonde. C'est un appel à un futur de la méditation, voire à un homme nouveau qui procèdera, comme il le dit, dans un langage particulièrement emphatique, à « la déclosion » et à la fin du « retrait de l'être » en cessant de « représenter l'étant comme objet »[117].
On aperçoit alors le sens ultime de sa critique de la connaissance scientifique, originale à sa manière mais, je le répète paradoxale et inacceptable, il faut l'avouer : il y a bien un « fond métaphysique » de « la science moderne » (p. 113), au sens toujours péjoratif chez lui du terme « métaphysique », qui la constitue curieusement en « interprétation » du monde. Alors que habituellement (voir notre première partie) on oppose radicalement l'interprétation et la science, comme chez Marx ou, au contraire, comme chez Nietzsche et Freud, on en fait une forme de science, la science interprétative des phénomènes de conscience destinée à les décrypter, ici c'est la science *qui se dégrade en interprétation* à l'intérieur d'une ontologie générale très singulière et *du point de vue de cette ontologie*.

La philosophie contre la technique

Dans la foulée, si j'ose dire, il procède à une disqualification de la Technique (avec un T majuscule pour insister sur son importance générale et ses méfaits[118]), qui est le corrélatif direct de son analyse critique de la science : la technique met en œuvre

[117] Ib., p. 146, notes 15 et 14.
[118] Comme si *la* Technique existait en tant que telle dont on pourrait définir l'essence concrète et immuable, aspects négatifs compris : il y a *des* techniques dont l'usage est fondamentalement social et dont les méfaits doivent être mis au compte non de son essence générique, mais, précisément, de cet usage, qui peut être rectifié politiquement.

pratiquement un projet non seulement de maîtrise de la nature, qui pourrait être compris, si l'on s'en tenait à ce vocabulaire, comme une forme concrète de liberté, mais une *domination* de l'homme sur elle, qui est un « arraisonnement de la Terre »[119], une espèce d'asservissement de celle-ci, voire l'expression d'une volonté de puissance débridée qui peut mener à sa destruction[120]. Il y a donc bien un continuum, ici, de la science et de la technique en tant qu'elles reposent sur le même engagement métaphysique qui entraîne à voir dans cette dernière un produit de l'approche métaphysique du monde, voire *la métaphysique en acte(s)* ! A l'arrière-plan de ce diagnostic – étonnant quand on se souvient de ce que disait Descartes de la technique, en rationaliste, dans son *Discours de la méthode*[121] ou de l'apologie qu'en firent les philosophes des Lumières à l'époque de l'*Encyclopédie* – il y a à nouveau une nostalgie existentielle et avouée de « l'entente grecque » avec le monde, en un temps où la technique était peu développée et n'avait pas « séparé » l'homme du monde.

Tout n'est pas à rejeter dans ce diagnostic : on peut ainsi en tirer une leçon de sagesse et de modération dans l'exploitation de la nature qui rejoint la préoccupation écologique actuelle, désormais incontournable. Pourtant, plus prosaïquement, il y a aussi dans cette approche un regret spécifiquement *idéologique* pour une époque révolue de l'histoire. Celui-ci peut prendre la forme

[119] In *Essais et conférences*, Tel/Gallimard.

[120] Dans son livre approfondi sur Nietzsche, Heidegger paraît reprendre à son compte ce thème nietzschéen de la volonté de puissance, mais en l'affectant d'un indice négatif qui la dénigre.

[121] La technique liée à la science nous permet de nous rendre « comme maîtres et possesseurs de la nature » dit-il dans la 6ème partie, en se réclamant d'une démarche qui se veut utile à la vie et qui est à l'opposé de la philosophie spéculative. Il y défend même la médecine contre les leçons de sagesse !

apparemment purement esthétique de l'admiration pour le « pont de bois » opposé à la centrale électrique parce que intégré à son environnement naturel, lui empruntant ses matériaux, s'harmonisant esthétiquement avec lui et ne brisant pas le cours spontané du fleuve[122] ; mais on peut aussi y voir une nostalgie profonde des racines, de l'appartenance, de la communauté, autant de thèmes dont on sait que, par des glissements successifs, ils l'amenèrent à soutenir l'idéologie nazie. Comme quoi, l'irrationalisme qui sous-tend la critique systématique de la raison scientifico-technique et qui paraît se déployer sur le terrain de la seule philosophie, peut mener politiquement très loin, jusqu'à des prises de position proprement « inhumaines »… à moins qu'elles n'en soient tout simplement le reflet direct et qu'elles leur en donnent plus d'efficacité idéologique et politique par leur élaboration soi-disant philosophique[123].

La question de l'humanisme

C'est alors l'occasion de signaler un autre aspect de cette philosophie, lié à un autre fondement de sa critique de la modernité : sa dénonciation de l'humanisme. Il faut entendre par celui-ci, conformément au titre de l'essai que nous analysons, « une conception du monde » dont non seulement l'homme est l'auteur, mais qui, par voie de conséquence et contrairement à « l'ouverture à l'Etre » dont Heidegger se réclame, est présent *en elle* et fait l'objet d'une préoccupation théorique et pratique essentielle : théorique parce que l'on peut le connaître en tant qu'*objet* et comme n'importe quel autre « étant », à

---

[122] Voir « Qu'est-ce que la technique ? » in *Essais et conférences*, Tel/Gallimard.

[123] Même s'il s'en défend dans sa « Lettre sur l'humanisme » in *Qestions* III et IV, Tel/Gallimard, p. 106-109.

travers l'anthropologie, et pratique parce qu'il y est *valorisé*, voire érigé en valeur suprême au titre de Sujet, mis au centre du monde pour le dominer. A quoi s'ajoute le fait que, à travers cette opération qui fait de l'homme l'élément essentiel, l'humanisme va penser le monde *dans la lumière* de ce Sujet fondateur et en *déformer* la signification, le prix théorique de cette déformation étant « l'oubli » ou « le retrait » de l'Etre poussé à son comble. L'anthropologie scientifique, comme on l'a déjà vu, en fait les frais, incapable qu'elle est de nous dire la vérité profonde sur l'homme ; mais pire, l'humanisme est censé nous mener à des catastrophes comme l'individualisme : « Ce n'est que là où l'homme est, par essence, sujet, qu'est donnée la possibilité de l'aberration dans l'inessentiel du subjectivisme au sens de l'individualisme »[124], accuse-t-il, à quoi s'ajoute aussi le risque, contradictoire, du conformisme ou de l'uniformité, oubliant alors d'une manière stupéfiante que l'individualisme peut être un antidote, un rempart contre le *totalitarisme*[125], ce totalitarisme dont il se fit le complice à travers même sa philosophie. L'on pourrait d'ailleurs développer cette analyse critique des prolongements spécifiquement politiques de la philosophie de Heidegger en s'appuyant sur le magnifique ouvrage de Pierre Bourdieu, *L'ontologie politique de Heidegger* que j'ai déjà mentionné, paru bien avant que le scandale de son appartenance constante au nazisme, cette horreur absolue, ait été mis courageusement en lumière par Emmanuel Faye. L'intérêt de l'ouvrage de Bourdieu est de déconstruire la philosophie

---

[124] Op. cité, p. 121. Il est vrai qu'il ajoute aussitôt que c'est en restant *sujet* que l'homme peut lutter contre cet individualisme et retrouver le sens de la communauté. Tout cela n'est pas clair !

[125] Voir ce qu'en dit celle qui fut curieusement son amie et son admiratrice, H. Arendt dans *Les origines du totalitarisme*, à savoir qu'il repose sur une massification des individus. Propos en partie exact, mais qui est loin d'épuiser la question.

heideggérienne en montrant qu'on y retrouve nombre de thèmes de la pensée politique du temps en Allemagne (la Terre, la communauté, la nation, la patrie, la critique donc de l'individualisme, le culte du chef, l'élitisme) mais *réinscrits* dans le langage abstrait de la tradition philosophique qui à la fois les euphémise et les rend difficilement reconnaissables. Ce travail de déconstruction est largement convaincant, même s'il ne recouvre pas l'ensemble des thèmes développés par Heidegger (comme ceux de la temporalité ou du *Dasein*), et il a cette conséquence importante de faire apparaître le *fond idéologique* de cette pensée, qui semble purement philosophique, et donc d'en faire pour une part une pensée (philosophique) à caractère politique, ou encore une « pensée embarquée » dans les affaires de la société. Conséquence importante pour notre réflexion sur la philosophie et surprenante quand on sait à quel point Heidegger a critiqué la notion d'idéologie, associée à celle d'interprétation, et a prétendu se situer sur ses cimes à lui, au dessus de toute interprétation particulière, idéologique ou politique, du monde !

La notion de conception du monde

Les philosophies à venir, hormis la sienne[126], semblent alors condamnées à n'être que des « conceptions du monde » variables, prises dans le flux du temps historique et soumises à lui, ce qui leur interdit sinon d'ambitionner au vrai, en tout cas de pouvoir y accéder puisqu'elles ne peuvent se fonder sur une science porteuse d'une authentique et définitive vérité. Mais qu'entendre par cette notion ? Une « conception du monde », au sens où il la

---

[126] Puisque c'est *du point de vue* de sa philosophie et par opposition à elle qu'une pareille notion prend son sens !

comprend[127], traduit une expérience culturelle de la vie, avec ses valeurs et ses finalités pratiques, élaborée par un système philosophique donné (quoique son contenu lui vienne d'ailleurs)[128] et adossée à une interprétation de « l'être des étants » : c'est ce qu'il appelle, au total, une « Weltanschauung ». Or celle-ci est liée constitutivement à l'humanisme du Sujet et à son approche objectivante de l'être, et c'est pourquoi elle ne peut s'appliquer, selon lui, aux philosophies de l'Antiquité, spécialement celles des pré-socratiques : le Sujet ne s'était pas encore constitué comme tel et la philosophie pouvait donc être en posture d'accueil et d'écoute à l'égard de l'Etre, sans que la science des étants, produit du « sujet », vienne biaiser, fausser et tout bonnement occulter le rapport intellectuel à lui[129]. « L'époque des conceptions du monde » commence donc avec l'humanisme cartésien, et comme elles consistent en des « interprétations », elles seront donc inévitablement multiples et en conflit les unes avec les autres. Mais surtout, cette approche réduit désormais la philosophie à *un exercice d'interprétation de la réalité*, là où *tous* les philosophes, nous l'avons vu, entendaient nous en fournir une connaissance vraie et totale. En quoi donc peut-on ici parler alors de *philosophie*, sauf à en bouleverser *complètement* le sens explicite, consciemment revendiqué et, au surplus, lui faire assumer une nouvelle visée qui la voue irrémédiablement à l'échec, comme on le verra bientôt ?

---

[127] Et qui n'a rien à voir avec la signification que je lui ai donnée dans le cadre des réquisits d'une philosophie scientifique.

[128] Voir ce qu'en dit Dilthey cité par Husserl dans *La philosophie comme science rigoureuse* (PUF, p. 63) et surtout Husserl lui-même parlant très bien de ce qu'est une « vision du monde » (ib., p. 68 sq.).

[129] Sur ce point son interprétation est flottante puisque, au-delà de la science moderne, il fait remonter cette perspective à Descartes, comme on va le voir.

C'est notre avant-dernier point, et il est délicat car l'idéalisme de Heidegger se joue sur des nuances de son discours à côté desquelles on peut passer, et il est donc relativement raffiné. Pour comprendre la critique qui va suivre, il faut se souvenir que, ici, je prendrai ce terme dans son opposition au réalisme ontologique qui fait de l'Etre ce qui existe en dehors de l'homme et sans lui, lequel culmine dans le matérialisme, auquel il s'oppose explicitement dans sa *Lettre sur l'humanisme*, postérieure à l'essai initial que nous commentons, en rejetant sa définition habituelle, c'est-à-dire « l'affirmation que tout n'est que matière » alors que, quoique minimale, elle est essentielle[130]. A quoi j'ajoute l'idée, désormais incontestable depuis Darwin et renforcée par l'astrophysique contemporaine, que la Nature (matérielle) existe *en soi* et que les « étants » qui la composent et sont des formes partielles de l'Etre, au dire même de Heidegger, ont effectivement existé avant l'homme et, tout autant, qu'on peut les connaître rétrospectivement dans leur *existence* et leur *essence* par la science. Or c'est cette (double) idée d'ensemble qui, pour le moins, vacille chez Heidegger. C'est ainsi que, parlant de l'investigation scientifique, il affirme qu'elle « nécessite un déjà ouvert *à l'intérieur duquel* son mouvement devient possible »[131]; et un peu plus loin, il affirme aussi, à propos de la physique mathématique, qu'elle est précédée d'un « projet », d'une « détermination anticipée » (qui) ne concerne rien de moins que le projet de ce qui, pour la re-connaissance

---

[130] *Lettre sur l'humanisme*, op. cité, p. 99. Il lui préfère la "détermination métaphysique selon laquelle tout étant apparaît comme matériel de travail ».

[131] « L'époque des "conceptions du monde" », in *Chemins qui ne mènent nulle part*, op. cité, p. 102 – souligné par moi.

visée de la nature, sera désormais la nature »[132]. Le système des sciences est donc lié « avec l'attitude à prendre quant à l'objectivation de l'étant », cette objectivation s'accomplissant dans « une représentation (terme important pour lui – Y. Q.) visant à *faire venir devant soi* tout étant, de telle sorte que l'homme calculant puisse en être sûr, c'est-à-dire certain »[133]. On voit donc certaines formulations suggérer, contre le réalisme de l'être et de sa connaissance, que le sujet humain pourrait être *constituant* à ces deux points de vue. Je cite : « Seul ce qui devient ainsi objet *est*, est reconnu comme étant » (souligné par Heidegger) et il précise alors, dans une perspective qui est celle de l'humanisme comme interprétation humaine du monde, que l'homme devient un point de référence essentiel tant sur le plan ontologique que sur le plan gnoséologique : « L'étant sur lequel désormais tout étant comme tel se fonde quant à sa manière d'être et quant à sa vérité, ce sera l'homme. L'homme devient le centre de référence de l'étant en tant que tel »[134], et j'ai envie d'ajouter : quasiment son fondement, *comme s'il n'existait que dans l'ouverture de l'homme à lui*. « Que l'étant devienne étant *dans et par la représentation*, voilà ce qui fait de l'époque qui en arrive là une époque nouvelle »[135]. On pourrait multiplier les citations allant dans ce sens, comme celle-ci : « Ce faisant,

[132] Ib., p. 103.
[133] Ib., 114 – souligné par moi.
[134] Ib., p. 115.
[135] P.118 – souligné par moi. Le philosophe vietnamien Tran-Duc-Thao a su indiquer, même brièvement, que pour Heidegger l'homme n'est pas *de* ce monde, engendré par lui, bien qu'il le définisse par son « être-dans-le monde », de même qu'il a su signaler le nihilisme normatif sur lequel il débouche, directement ou indirectement avec l'existentialisme. Voir *Phénoménologie et matérialisme dialectique* (Gordon and Breach, 1971, Préface), ouvrage important sur lequel je reviendrai à propos de Husserl.

l'homme se pose lui-même la scène sur laquelle l'étant doit désormais se présenter »[136] ou encore, critiquant la conception chrétienne d'un étant créé : « Jamais l'être de l'étant ne réside ici (dans la métaphysique chrétienne – Y. Q.) en ce que, amené à la qualité d'objet, il soit fixé et arrêté dans son domaine d'assignation et de disponibilité, devenant étant de cette manière »[137]. Et dans une note, il précise carrément, parlant de la représentation humaine du monde : « Cette dernière est la constitution représentante qui réunit l'objectif et l'homme dans la dimension de l'être-représenté que l'homme lui-même prend en garde. Tout présent reçoit à partir d'elle le sens et le genre de sa présence, à savoir le sens et le genre de sa présence dans la représentation. »[138] Dès lors, à l'époque des Temps Modernes, « l'homme lutte pour la situation lui permettant d'être l'étant qui donne la mesure à tout étant et arrête toutes les normes »[139].

Que devient alors l'objectivité de l'Etre, fût-il réduit aux étants que la science peut connaître, ce qu'il n'est pas chez Heidegger, et celle de sa connaissance, prioritairement scientifique ? On devine d'emblée que la réponse est ontologiquement problématique et que la connaissance scientifique, ou plutôt, la prétendue connaissance scientifique de l'Etre selon lui est essentiellement relative à l'homme, enfermé qu'il est dans la prise en considération exclusive de l'étant en son sein : elle est *constituée, comme son objet, par lui* à partir d'un point de vue interprétatif, celui de la métaphysique, au lieu de refléter sa vérité profonde qui impliquerait qu'on l'ouvre à la dimension de l'Etre. On n'est pas loin d'une vision

---

[136] P.. 118.
[137] Ib.
[138] Ib., p. 143-144. On remarquera sur cet exemple l'aspect fortement amphigourique du langage de Heidegger.
[139] Ib., p. 123.

relativiste, sinon constructiviste, quoique d'un genre particulier, ésotérique ou sophistiqué, de la connaissance, qu'un « matérialisme rationnel » (pour reprendre la formule de Bachelard) ne saurait admettre : comment concilier, en effet, tout ce qu'on vient d'exposer de sa pensée avec l'affirmation de l'objectivité des sciences de la nature, y compris les sciences de la vie, et avec celle de la réalité dont elles nous parlent ? Il ne cache d'ailleurs pas le mépris qu'il a pour elles sous le prétexte qu'elles nous enseignent que l'homme est un être naturel et qu'elles le ravalent ainsi au médiocre statut d'étant, niant sa transcendance, sa dignité et son rôle vis-à-vis de l'Etre. C'est ainsi qu'on le voit déclarer péremptoirement que l'homme ne saurait être réduit à sa réalité biologique d'animal supérieur telle que la science naturelle nous la révèle, alors que cette même science le dote clairement d'attributs spécifiques comme la raison ou le sens moral et que rien n'interdit de lui conférer[140], en plus, un statut de personne à partir d'une démarche qui est d'un autre ordre. Il affirme même, sans raison valable, qu'il y aurait un « abîme » entre l'homme et l'animal[141], ce qui est en contradiction totale avec ce que Darwin nous a appris, à savoir que la différence homme/animal n'est que de degré, quelle que soit l'importance de ce degré qui, au surplus, n'est pas fixe et va grandissant avec l'histoire[142]. L'idée donc, pourtant scientifiquement avérée, d'une immanence radicale de l'homme à la matière et, spécialement, à la matière vivante, quelle que soit sa spécificité radicale qui pourrait faire croire à sa transcendance ontologique, lui est

---

[140] Voir plus haut, 1ère partie.

[141] *Lettre sur l'humanisme*, op. cité, p. 82.

[142] Voir *La filiation de l'homme* et sa genèse de la morale. J'y insiste : la différence entre l'homme, être naturel mais également historique, et l'animal, être purement naturel, est donc elle-même historique, l'homme s'éloignant de plus en plus, historiquement, de son origine animale.

totalement étrangère. C'est pourtant ce que nous démontrent les sciences désormais, du moins si l'on veut *penser avec* elles et non *contre* elles, en acceptant qu'il y ait *de la pensée* en elles, alors que Heidegger affirme superbement, mais arbitrairement, que la science, issue de la philosophie traditionnelle, « est la ruine de la pensée »[143]. C'est pourquoi il en appelle à une forme de philosophie absolument nouvelle, caractérisée par la méditation, mais qui, on va le constater, nous mène à une impasse catastrophique pour la pensée elle-même.

La méditation ou l'échec de la philosophie

Il est vrai, si l'on veut être honnête et on le doit, que ce versant idéaliste de la philosophie de Heidegger est contredit par d'autres formulations, en particulier dans la *Lettre sur l'humanisme* ou ailleurs, où l'Etre apparaît comme un absolu, sinon l'Absolu, qui se *donne* à l'homme dans l'éclaircie même par laquelle celui-ci s'ouvre à lui. L'éclaircie qui révèle l'Etre à l'homme ne saurait donc en rien, de ce point de vue, ni être produite par l'homme ni produire l'Etre *puisqu'elle est issue de celui-ci* : « Mais que le *"là"*, l'éclaircie comme vérité de l'Etre lui-même advienne, c'est le décret de l'Etre lui-même » dit S*ein und Zeit*[144] et du coup, « le don de soi dans l'ouvert au moyen de cet ouvert est l'Etre même ». Et il précise clairement : « L'Etre s'éclaircit pour l'homme dans le projet extatique. Mais ce projet ne crée pas l'Etre. » On est ici apparemment à l'opposé d'une constitution subjective et donc idéaliste de l'Etre telle que je l'ai suggérée, au point que, dans *Sein und Zeit* à nouveau, l'Etre apparaît comme étant « le *transcendant* pur et simple » – ce qui le rapprocherait de la figure du Dieu chrétien avec sa

[143] *Lettre sur l'humanisme*, op. cité, p. 115.
[144] Cité p. 85.

transcendance propre, bien plus que d'une figure matérialiste de l'*en soi* du monde.

Mais comment approcher la vérité de l'Etre ainsi conçu quasiment sous la forme d'un « Etant suprême », comment se l'approprier et, tout simplement, le connaître ? C'est ici que la proximité que j'ai indiquée avec la religion va se renforcer, même si Heidegger s'en défend plus ou moins, et, surtout, que son irrationalisme va s'accuser fortement. Car ce ne saurait être par la voie de la connaissance scientifique qu'on peut y accéder puisque celle-ci, on l'a vu abondamment, ne porte que sur les étants particuliers et, ce faisant, nous fait oublier l'Etre lui-même et l'être (profond) des étants : la connaissance scientifique de l'Etre en tant que somme des étants ou comme « concept le plus général de l'étant », voire comme « Etant suprême », est alors une *méconnaissance* de l'Etre ou une *ignorance* de celui-ci. Connaissance (scientifique) = méconnaissance ou ignorance (de l'Etre), voici une équation qui, à l'évidence, nous éloigne absolument de tout rationalisme et nous enfonce dans une forme inédite d'irrationalisme ! Quelle est donc la voie que Heidegger préconise et appelle de ses vœux pour renouveler radicalement la philosophie et assurer ainsi le succès de sa mission? Manifestement, c'est celle d'un nouveau *mysticisme*. Précisons ce point décisif.

Il y a d'abord le recours à la *méditation* pour laquelle l'Etre est « ce qu'il y a de plus digne à mettre en question »[145], dont le moyen est la pensée, apanage de la philosophie puisque selon lui, on l'a vu, la science ne pense pas[146]. Mais cette pensée doit bien s'exprimer ; or elle ne le peut facilement étant donné son objet (au sens

---

[145] « L'époque des "conceptions du monde" , Compléments, in op. cité, p. 126

[146] Je précise au passage que le terme de « méditation », dont le sens n'est pas univoque, a aussi une connotation religieuse.

général de ce terme) : l'Etre. Si on peut considérer celui-ci comme un concept, c'est un concept *purement abstrait*, sinon *évanescent*, délesté de toute détermination empirique relevant de la sphère de l'étant. Car, contrairement à ce qu'on aurait pu croire un temps, ce n'est même pas l'Etant suprême comme le Dieu créateur : c'est un *non-étant absolu*. Du coup, les concepts habituels de la métaphysique ne sont pas opératoires non plus, puisque, pris dans l'optique de cette métaphysique, ils sont *objectivants* et ne sauraient rendre compte de ce qui dépasse toute « objectivité » ou, si l'on peut dire, toute « *étantité* », étant donné que la vérité profonde, non scientifique, de l'être des objets ou des étants en dépend : l'Etre transcende tout discours de ce type, c'est-à-dire lui échappe. Il constitue donc un « *mystère* » et il faut renoncer à l'illusion selon laquelle le langage pourrait nous mettre « en présence » de celui-ci, « comme s'il se pouvait que la vérité de l'Etre se laisse jamais situer sur le plan des causes et des raisons explicatives ou, ce qui revient au même, sur celui de sa propre insaisissabilité »[147]. Il y aurait alors la tentation d'un langage plus simple, plus humble que Heidegger signale, dont il ne faut pas dire qu'il vise sa vérité mais que la vérité de l'Etre advient *en* et *par* lui ! Mais comme on risque alors de verser dans l'à-peu-près, l'arbitraire ou l'anecdotique, c'est à la *parole poétique* d'assumer cette fonction (comme à l'art en général). Il reprend ainsi à Aristote l'idée selon laquelle « la création poétique est plus vraie que l'exploration méthodique de l'étant »[148] et dans son texte sur « L'origine de l'œuvre d'art » il peut affirmer que « le Poème, c'est l'instauration de la vérité » ou encore que « *la beauté est un mode d'éclosion de la*

[147] *Lettre sur l'humanisme*, p. 74.
[148] Ib., p. 125.

vérité »[149] – sachant que, là aussi, il ne faut pas affirmer que la poésie (et plus largement l'art) dit ou exprime la vérité de l'Etre (comme si c'était son *objet*), mais que celle-ci *se dit*, *s'exprime* ou encore *advient* à l'homme à travers la poésie (ou l'art).

On pourrait s'arrêter là où la modestie du résultat, en son moyen même, n'efface pas la présence revendiquée de la vérité. En réalité, le diagnostic est encore plus sévère et nous mène à l'échec total. Car le langage bien compris nous fait comprendre sa propre incapacité à dire le vrai de l'Etre et, au final, celui-ci exige « beaucoup moins l'expression précipitée qu'un juste silence » ; et il nous faut admettre que « pour penser » nous devons nous engager « sur le sentier du silence"[150]. Soyons clair face à ce type d'affirmation, quelle que soit la séduction poétique que son expression peut exercer sur le lecteur, et même si cela doit déplaire aux dévots de Heidegger : c'est à une nouvelle forme de *mysticisme* que nous avons affaire et les nombreuses réflexions par lesquelles il met en relation sa réflexion avec le « *sacré* », quitte à se démarquer de sa forme littéralement religieuse, ne sont pas anodines car elles signifient bien qu'il y a de la religiosité sous-jacente ou déniée dans tout cela. Allons encore plus loin : avec sa figure symbolique du philosophe « berger de l'Etre » mais finalement voué au silence, la transformation à laquelle il entend procéder et qu'il présente comme une révolution *dans* ou *de* la philosophie, signifie en réalité sa *mort*. Point qu'il a le mérite d'assumer explicitement quand il dit, à la fin de sa *Lettre sur l'humanisme* et sur la base de sa conception critique d'une philosophie minée et pervertie par la Métaphysique, que « la pensée à venir ne sera plus

---

[149] In Ch*emins qui ne mènent nulle part*, p. 84 et p. 62 – souligné par lui.

[150] *Lettre sur l'humanisme*, p. 103.

philosophie »[151]. Au nom de la pensée on aura donc répudié non seulement la science (avec la technique), mais la philosophie elle-même. Décidément et sur le seul plan théorique, ladite philosophie de Heidegger est bien « le chemin des chemins qui ne mènent nulle part » et je me refuse à l'emprunter et de conseiller aux autres de le faire, car elle ne mène effectivement nulle part.

La sagesse ou l'éthique

C'est le tout dernier point qu'il nous faut aborder : d'abord parce qu'il en parle lui-même, d'une façon curieuse, on le verra, et ensuite parce que cette dimension pratique de la philosophie lui a été consubstantielle dès l'origine comme nous l'avons marqué dans notre première partie, même si nous aurions pu y insister davantage, alors qu'il la récuse. La pensée des valeurs est par lui dévalorisée *fondamentalement* : « C'est justement le fait de caractériser quelque chose comme "valeur" qui dépouille de sa dignité ce qui est ainsi valorisé. »[152] J'avoue ne pas comprendre ce qui est dit ici, malgré ce qui suit, et je défie quiconque de lui attribuer un quelconque sens vraisemblable *en lui-même*. Il est vrai, mais cela n'explique rien, qu'il ajoute ensuite que « toute évaluation, là même où elle évalue positivement, est une subjectivation ». Et il précise même, d'une manière scandaleuse si l'on songe aux réalités sociales dont je parlerai après, que « la pensée sur le mode des valeurs est, ici comme ailleurs, le plus grand blasphème qui se puisse penser contre l'Etre »[153]. On voit clairement ici combien,

---

[151] Ib. p. 127.

[152] Ib. , p. 109.

[153] Ib. La formule est d'ailleurs en elle-même contradictoire, au sens d'une contradiction performative, puisqu'elle consiste en un *jugement de valeur*, négatif en l'occurrence et particulièrement virulent !

d'abord, ce nihilisme axiologique est en contradiction totale avec la dimension *pratique* de toute philosophie jusqu'à présent (même celle de Nietzsche auquel il se réfère pourtant souvent) et à quel point, surtout, elle rejette la dimension de la *morale* qui est, contrairement à l'éthique, hors de toute « subjectivation ». Cette morale, telle que Kant l'a non pas inventée mais portée au concept, avec son universalité propre, qui devrait l'obliger à condamner non l'exploitation de la nature, à laquelle il est hypersensible alors qu'elle est neutre moralement, mais celle des hommes vis-à-vis d'eux-mêmes dans les sociétés de classes dont il ne dit mot et dont il ne s'indigne jamais. Et s'il prête attention à Marx dans des termes au demeurant élogieux[154], ce qui est étonnant de sa part, c'est pour dissoudre sa problématique de l'aliénation, empirique et socio-historique, dans une problématique vague, abstraite et confuse, de « l'absence de patrie », laquelle est elle-même rapportée au « destin de l'Etre, sous les espèces de la métaphysique qui la renforce en même temps qu'elle la dissimule comme absence de patrie » (sic)[155]. Les prolétaires aliénés par le capitalisme seront ravis d'apprendre que leur situation concrète et dramatique est à mettre au compte d'un méfait du « destin de l'Etre » dont aucune classe en particulier n'est responsable ! Franchement, un pareil propos est à la fois indigne moralement et ridicule intellectuellement, et il témoigne spectaculairement de cette misère de la philosophie contemporaine que je dénonce, mais dont personne ne s'offusque ! Cependant, il peut s'expliquer par sa conception de l'homme conçu dans sa vérité profonde comme un non-Sujet, comme une pure « ouverture à l'Etre », dépourvu d'essence ou de nature (au sens anthropologique de ces termes) : comment pourrait-il être

154 Ib., p. 99.
155 Ib.

dit rigoureusement (et non d'une manière fantaisiste) « aliéné », c'est-à-dire transformé et abîmé dans son essence ou sa nature par la société, ce qui est le vrai sens (critique) de l'aliénation, puisqu'il n'a pas d'essence ou de nature ? On ne peut aliéner, faire devenir « autre », en l'occurrence moins et pire, un « rien », un « néant d'être » ![156] C'est ainsi que l'abstraction spéculative, franchement délirante dans ce cas, en arrive à occulter un processus socio-historique dramatique touchant l'homme, sans que son auteur en ait la moindre conscience.

Mais au-delà de ce seul exemple, caricatural, mais réel, on est bien à l'opposé de ce que la philosophie a pu proposer depuis les Lumières comme idéal moral concret pour la politique[157]. Ce qui le prouve, c'est la manière dont il consent à formuler le contenu de l'éthique qu'il revendique ouvertement et qu'il appelle « l'éthique originelle » : elle consiste à penser « la vérité de l'Etre comme l'élément originel de l'homme en tant qu'ek-sistant »[158], et à assigner comme objectif ultime à l'homme le « séjour » de sa pensée dans cette vérité, donc un repli spéculatif de l'homme sur soi pour qu'il s'ouvre à l'Etre, hors de toute considération des rapports sociaux (avec la charge de malheur et d'injustice qu'ils comportent) et des devoirs, indissociablement moraux et politiques, qui nous

---

[156] Voir mes analyses de l'aliénation, en particulier dans mes *Etudes matérialistes sur la morale*, Kimé.

[157] Voir le mot de Rousseau selon lequel « ceux qui voudront traiter séparément la politique et la morale n'entendront jamais rien à chacune des deux » (*L'Emile*) et, j'ajoute, ne comprendront rien à la philosophie elle-même, cette philosophie que Diderot voulait rendre « populaire » en raison de ses effets politiques émancipateurs. Voir aussi Kant dont toute la philosophie est ordonnée, *in fine*, à un projet moral et politique à travers une « architectonique des fins » qui lui assigne comme but ultime, la pratique, c'est-à-dire la morale et donc une politique ordonnée à celle-ci.

[158] *Lettre sur l'humanisme*, p. 118.

incombent à leur égard. Où est alors la dimension de la pratique, ici ? Mais Heidegger, en remarquable sophiste, a sa réponse : sa conception de la sagesse est antérieure à toute distinction de la théorie et de la pratique parce que c'est elle qui va la rendre possible et, au surplus, elle s'identifie exclusivement à l'élément de la pensée au sein duquel elle séjourne. La distinction de l'ontologie (= théorie) et de l'éthique (= pratique), est alors annulée, elle n'a pas de sens et l'idée de soumettre sa « sagesse » à une exigence de traduction pratique est par conséquent d'emblée évacuée. D'autant plus que – oh ! nouveau paradoxe – cette sagessse-pensée est *en elle-même* un « *faire* » qui « surpasse d'emblée toute praxis » affirme-t-il et qui, « par l'insignifiance de son accomplir » est « sans résultat », éloignée de tout effet sur l'étant[159]. Triste constat, même pas auto-critique, concernant une démarche méditative qui prétendait demeurer éthique.
Y gagne-t-on au moins théoriquement l'accès à une vérité que le langage pourrait transmettre ? Non, car cette pensée de l'Etre, par la « simplicité de son message » qui se résume par « l'Etre est » – formule stupéfiante de vacuité –, aboutit à ce constat (pessimiste ?) que l'Etre « se fait pour nous inconnaissable »[160]. Nous sommes typiquement dans le mysticisme, avec son narcissisme intellectuel, sa relation à une espèce d'absolu et de sacré, le silence méditatif qui l'accompagne et le refus définitif de l'action. L'antihumanisme théorique débouche ainsi très logiquement sur un antihumanisme pratique, qui laisse l'inhumanité du monde social en l'état, voire l'alimente et l'aura même, on le sait, réellement alimenté.

159 Ib., p. 124.
160 Ib.

Bilan critique

Refus de la matérialité du monde, réduction de la pensée à une évanescente « ouverture » à l'Etre dont la source est mystérieuse et au sein d'un dualisme qui reste ambigu, refus de la biologie pour autant qu'elle mettrait en avant l'animalité de l'homme, pourtant incontestable puisqu'elle en constitue la base, occultation totale de la dimension évolutive et productive de l'Etre en sa matérialité ou sa naturalité, une intelligibilité scientifique du monde qui n'est pas niée mais ramenée, sur fond d'une option métaphysique, à celle des étants et qui nous fait oublier la vérité originelle de l'Etre, érection finale de celui-ci en un « transcendant » qui échappe au langage rationnel et en fait un mystère que la méditation doit prendre en charge dans un silence de type mystique, critique globale de la technique et refus d'y voir une forme de liberté concrète, récusation enfin de toute exigence pratique visant à transformer le monde pour l'humaniser et repli sur une éthique de la seule pensée spéculative – voilà autant de thèmes qui opposent la philosophie de Heidegger, si cela en est encore une, aux réquisits d'une philosophie à l'écoute des sciences et qui n'oublie surtout pas les exigences d'une morale devant s'incarner en politique au nom de l'humain. On est bien sur le « chemin des chemins qui ne mènent nulle part », qu'il revendique comme tel à titre de seule philosophie encore possible, mais que je déconseille à nouveau d'emprunter car il ne mène effectivement à rien, je veux dire : au Rien. Nihilisme théorique et pratique, donc, quoiqu'il le dénie.

La phénoménologie : idéalisme et fausse science de l'essence des « phénomènes »

La phénoménologie, fondée par Husserl au 20ème siècle et pratiquée, dans son sillage, par bien des penseurs dont Sartre (dans la première partie de son œuvre) ou Merleau-Ponty (avec *La phénoménologie de la perception*) sont les plus connus en France, a donné lieu à des écrits (je n'ose pas dire des recherches, on verra pourquoi) d'une qualité littéraire incontestable, dans un champ très vaste (on peu procéder à des études phénoménologiques de beaucoup de choses, y compris de… la fatigue !), suscitant souvent l'intérêt du lecteur à condition de bien voir à quel niveau cet intérêt se situe et, du même coup, quelles sont les limites de cet intérêt qui renvoient aux limites *proprement théoriques* de la phénoménologie elle-même que l'idéalisme dominant empêche souvent d'apercevoir. Car cet idéalisme dominant entre en consonance directe avec celui de la phénoménologie et il suscite une empathie intellectuelle à son égard qui rend aveugle à ses faiblesses. C'est donc par-là qu'il faut commencer son analyse critique

Le dispositif dual conscience/monde

La phénoménologie qui prétend se borner à l'étude de la conscience et des « phénomènes » qui s'offrent à elle, paraît relever de la psychologie, d'une psychologie que Piaget qualifie de philosophique[161]. En réalité, elle repose sur une ontologie qu'elle fait passer en sous-main, si j'ose dire, et que Sartre a eu l'honnêteté d'avouer en sous-titrant *L'être et le néant*, « Essai d'ontologie phénoménologique », et c'est à partir d'elle que l'on pourra comprendre ses insuffisances criantes au regard de

[161] Op. cité plus haut, ch. IV.

la psychologue scientifique contemporaine. Cette ontologie repose sur le face-à-face abstrait de la conscience et du monde, dont il faut bien comprendre la subtilité et que Sartre, avec son talent habituel, a bien résumé[162] en affirmant que, pour Husserl, « la conscience et le monde sont donnés du même coup : extérieur par essence à la conscience, le monde est, par essence, relatif à lui ». Tout est dit, mais mérite d'être développé et c'est donc à travers le commentaire de ce bref texte que nous révélerons l'*ontologie implicite* de la phénoménologie *en général*.

Si « la conscience et le monde sont donnés du même coup » – la conscience par son intentionnalité ayant pour essence de *viser* ce monde sous de multiples formes et ne pouvant être sans cette visée[163] –, cela veut dire d'abord que la conscience *ne provient pas* de ce monde. Exit donc la matérialité de la conscience (ou de la pensée) liée au cerveau telle que la biologie nous la démontre de plus en plus et de mieux en mieux, et telle qu'on pouvait déjà l'affirmer à partir de la théorie de l'évolution de Darwin[164] – sans compter les facteurs culturels de sa constitution. Elle a le statut d'une réalité à la fois originelle – elle est là dès le départ, sans qu'elle ait besoin d'une quelconque genèse empirique – et originaire – elle va être à l'origine de ses actes (de conscience) et de nos actes dans la sphère de l'action. On peut tout de suite en tirer deux conséquences de poids qui touchent à la phénoménologie elle-même :

1 Bien que Sartre récuse pour son compte cette interprétation, nous sommes en présence d'une forme raffinée de spiritualisme : car même si cette conscience

---

[162] Voir *Situations* I, Gallimard.

[163] « Toute conscience est conscience *de* quelque chose » dit Husserl, inspiré par le philosophe allemand Brentano.

[164] Voir plus haut, 1ère partie.

n'est pas une substance close en quelque sorte sur elle-même, comme la pensée l'est chez Descartes, puisqu'elle est caractérisée par son *ouverture* sur le monde et son *rapport* à lui[165] (un peu comme chez Heidegger… qui a influencé Sartre), donc par son « hors-de-soi » et son absence d' « être » (elle est « néant », dit-il), elle a bien une *autonomie ontologique* analogue à celle de la substance pensante cartésienne qui « pour être, n'a besoin d'aucun lieu ni ne dépend d'aucune chose matérielle ». On est donc à l'opposé du matérialisme (qu'il soit biologique, historique ou psychologique) avec lequel il a violemment polémiqué dans un texte brillant, mais superficiel et sophistique, qui prouve surtout son absence d'information scientifique sérieuse[166] et le caractère foncièrement spéculatif de sa démarche à cette étape-là de son itinéraire philosophique..

Or on retrouve cet anti-matérialisme spéculatif chez le fondateur de la phénoménologie. Celui-ci récuse d'une manière vigoureuse les sciences de la nature pour appréhender et comprendre la conscience sous le prétexte qu'elles sont amenées à l'*objectiver* en la *naturalisant* : « Suivre le *modèle* des sciences de la nature signifie presque inévitablement réifier la conscience » est-il capable de dire dans *La philosophie comme science rigoureuse*[167] et, du même coup, il soutient que c'est tout à la fois manquer sa transcendance par rapport au monde naturel, sa dimension proprement subjective et la spécificité du psychisme humain. A l'inverse, une approche psychologique *transcendantale*, délestée de toute empiricité et se déployant à partir d'un *ego pur*, à un niveau « *méta* » (qui n'est pas loin d'être *métaphysique*),

---

[165] Elle n'est pas quelque chose mais *rapport* à quelque chose.

[166] Voir « Matérialisme et révolution » in *Situations* III, Gallimard.

[167] PUF, p. 41. La polémique avec le *naturalisme* marque fortement la 1ère partie de ce texte.

est seule capable de saisir la *nature non naturelle* de la conscience, contrairement à la psychologie prise dans son sens traditionnel de science positive et expérimentale. Il revendique donc cette antinomie des deux approches, la déclare insurmontable, tout en se réclamant d'une « science de la conscience » qu'il définit de la manière suivante : « Il s'agit d'une *phénoménologie de la conscience* qui s'oppose à une *science naturelle de la conscience.* »[168] On ne saurait être plus clairement dans une opposition à la science positive au nom d'une prétendue science transcendantale dont il faudra analyser la valeur et même critiquer la prétention insoutenable. Et l'orientation spiritualiste de celle-ci est non seulement évidente, mais revendiquée fortement par Husserl dans un autre de ses ouvrages : « L'esprit, et même seul l'esprit existe en soi et pour soi » et il ajoute, renouvelant son idée (risquée selon moi) d'une science spécifique, transcendantale donc, de celui-ci, que « seul il repose sur soi et peut, dans le cadre de cette *autonomie* et seulement dans ce cadre, être traité d'une manière véritablement rationnelle, véritablement et radicalement scientifique »[169].
2 Penser la conscience ainsi en lui conférant une telle absoluité, c'est être entraîné nécessairement à soutenir une autre position ontologique, quoique concernant l'homme : l'affirmation de la liberté métaphysique de l'être humain dont j'ai déjà dit qu'elle entrait en contradiction avec tout ce que nous savons sur le déterminisme multiple qui pèse sur l'homme *à travers sa conscience même* et l'empêche d'être libre en ce sens métaphysique absolu. Cette conception de l'homme est d'ailleurs au cœur de la philosophie initiale, d'inspiration phénoménologique, de

---

[168] Op. cité, p. 30. Voir aussi p. 40, p. 41 et p. 44.
[169] *La crise de l'humanité européenne et la philosophie*, Aubier, p. 93 – souligné par moi. Je reviendrai sur ce télescopage entre le « transcendantal » et le « scientifique ».

Sartre[170] affirmant que l'homme individuel « n'est rien d'autre que ce qu'il se fait » – sous-entendu : librement et consciemment –, qu'il est créateur de soi, donc, à la manière d'un mini-Dieu, quelles que soient les situations qui limitent sa capacité d'initiative, et y compris dans des cas qui paraîtraient exclure l'intervention d'une quelconque liberté, comme l'émotion[171]. Dans ce cas, comme celui d'un évanouissement dû à un choc affectif qu'il nous présente dans son *Esquisse d'une théorie des émotions*[172], d'orientation clairement phénoménologique, c'est à la conscience (libre, donc) qu'est échue la causalité et donc la responsabilité du comportement émotif (l'évanouissement) et non à la situation : car, étant constituante du sens des choses, la conscience émue réagit non à la situation objective elle-même mais à la *signification subjective* qu'elle lui attribue en liaison avec sa vie antérieure. Elle *se fait* donc émue et on ne peut pas dire qu'elle *est*, au sens fort, émue. Et l'évanouissement manifestera un degré supplémentaire de liberté : le sujet *choisit* celui-ci, qui est une perte de conscience, *pour* fuir une situation vécue comme insupportable. C'est la finalité de la conscience, son intention, qui explique le phénomène de part en part et non le déterminisme inhérent à la situation, celui d'un éventuel inconscient psychique ou la fragilité non choisie du sujet. Au point que l'inconscience, résultat de l'émotion, est alors comprise comme un choix de la conscience elle-même ! Cette manière de voir l'homme se retrouve chez Merleau-Ponty lorsque, par exemple, dans *La phénoménologie de la perception*, il est

---

[170] Pour son évolution ultérieure, qui le fait échapper à ma critique, voir plus haut, note 69.

[171] Pour parer à une objection facile, Sartre distingue la problématique de la liberté de celle de la puissance ou de ses moyens : la conscience est libre *à intérieur des limites* que lui imposent une situation donnée, qui réduisent son pouvoir d'*action* mais pas de *choix*.

[172] Hermann.

capable de soutenir, dans son chapitre sur la liberté, qu'un acte de conscience ne saurait avoir de cause et que rien ne « détermine » le sujet humain « du dehors », sans qu'à l'époque personne n'ait réagi devant une pareille naïveté[173] ! Décidément, la causalité pesant sur les êtres humains n'a pas bonne presse chez tous ces auteurs : c'est la spontanéité absolue de la liberté, visant des fins conscientes, qui est première, même si c'est à des degrés divers selon l'un ou l'autre. A quoi j'ajouterai, pour illustrer ce point, cette étonnante affirmation liminaire de Merleau-Ponty, dans l'avant propos du même livre : « Je suis la source absolue, mon existence ne vient pas de mes antécédents, de mon entourage physique et social, elle va vers eux et les soutient. »[174] Ici aussi, et malgré l'évidente séduction de l'écriture sur un plan strictement littéraire, il faut dire que cette proposition, examinée théoriquement à la lumière de la biologie et des sciences humaines contemporaines, est *philosophiquement fausse* et, il faut oser le dire, proprement ahurissante.

Mais la phrase de Sartre dont je suis parti comporte un autre aspect, qui peut fragiliser le procès en idéalisme que je lui fais et que je fais en général, à travers elle, à la phénoménologie. Car elle dit aussi que « le monde est extérieur à la conscience » et que précisément la conscience nous jette, littéralement, par le phénomène de l'intentionnalité qui la caractérise, *dans* ce monde qui nous est extérieur. N'est-ce pas là se situer sur le terrain d'un *réalisme* du monde, caractéristique du matérialisme ? Or ce n'est pas le cas. Outre que le matérialisme, on l'a noté, affirme que la conscience est issue de ce monde (matériel), ce monde est déclaré « *relatif* » à la conscience humaine, comme si son *existence* objective en dehors de celle-ci était niée et que penser un monde existant hors de la

[173] Op. cité, p. 496, p. 506 et p. 520.
[174] Ib., p. III.

conscience n'avait pas de sens – ce qui, à nouveau, est *faux*. A défaut de cette thèse extrême vis-à-vis de laquelle la phénoménologie, au-delà du seul Sartre, n'est pas claire, il y a l'autre thèse selon laquelle le *sens* du monde, lui, serait relatif à cette même conscience. Cette autre thèse n'est pas fausse, bien évidemment, et elle renvoie au pouvoir *constituant,* à ce niveau, de la conscience ou du sujet humain : le sens des choses, effectivement, n'existe que *pour* une conscience humaine et la phénoménologie a l'immense intérêt d'insister sur ce point. Mais, outre que l'on n'avait pas exclusivement besoin d'elle pour le penser (Nietzsche l'avait déjà dit), elle ajoute d'autres considérations bien plus contestables que l'on examinera bientôt et, surtout, comme on l'a vu avec Sartre, elle fait jouer à ce sens subjectif, attribué par l'homme au monde *par sa conscience libre ou souveraine* dans les diverses situations auxquelles il est confronté, un rôle *déterminant* dans ses actions, sans que cette donation de sens soit elle-même conçue comme *déterminée* par de multiples facteurs échappant à la conscience. Par où la relativité du monde à la conscience, dans ses multiples significations existentielles, se révèle porteuse à nouveau, du côté de l'homme, d'une liberté métaphysique radicale qui est absolument indéfendable.

Une fausse science de l'essence des « phénomènes »

Revenons à Husserl lui-même, directement. La phénoménologie se définit, avec une radicalité rare, comme une science (ou projet de science) « *rigoureuse* » et même comme la science suprême, supérieure aux sciences positives, vides de signification existentielle pour l'homme, et elle entend du coup résoudre la « crise de la

vie » que connaîtrait l'humanité au 20ème siècle[175], ce qui donne une idée de son ambition, quasi démesurée au regard des crises concrètes dont les hommes sont les victimes, qui se situent sur un plan pratique et dont bien des aspects relèvent d'une solution politique ou de moyens s'appuyant sur les sciences empiriques[176]. Elle se définit, quoiqu'elle soit une philosophie, comme la « *science des phénomènes* ». Mais de quels « phénomènes » s'agit-il – car les sciences positives, elles aussi, sont censées les connaître –, comment procède-t-elle et sur quel type de résultats cognitifs débouche-t-elle ?
Est phénomène, ici, tout « objet » qui se présente à la conscience et que celle-ci vise, dont elle a conscience donc, qu'il s'agisse d'une réalité extérieure comme « la nuit » ou intérieure comme un sentiment ou une émotion, etc. Mais son étude suppose que l'on mette entre parenthèses son existence concrète et donc sa réalité telle que les sciences positives peuvent l'étudier : la nuit pour la cosmologie, le sentiment pour la psychologie concrète, etc., c'est-à-dire de pratiquer ce que Husserl appelle l'*épochè* ou la *réduction eidétique.* Il suffira de porter son attention sur le phénomène en tant qu'il apparaît *immédiatement* à la conscience et tel qu'il apparaît à celle-ci et de le *décrire*, quitte à procéder à des variations « imaginaires » pour éliminer ce qui ne lui appartient pas. Paradoxalement, cette description intellectuelle mettra en évidence, sur la base d'une intuition intellectuelle, l'idée ou l'*essence* du phénomène en question, qui est de l'ordre de la signification (puisqu'elle existe *pour* une conscience) et qui sera alors à l'abri de tout doute, et cela donc,

---

175 Voir *La crise des sciences européennes et la phénoménologie transcendantale*, Gallimard, ch. I. J'en parle plus bas.
176 Je pense bien évidemment aux crises économiques et sociales du capitalisme ou aux crises psychologiques individuelles dont la psychanalyse s'occupe.

toujours, dans le cadre interne d'une réflexion pure ou transcendantale aux prises avec nos seuls actes de conscience et leurs objets. Un exemple parfait me semble fourni par l'ouvrage de Sartre, *L'imaginaire*, qui décrit bien l'acte pur d'imaginer et le monde intérieur qu'il fait surgir, sans faire appel un seul instant à l'anthropologie de l'imaginaire, qui existe pourtant. Si on y faisait appel, on sortirait alors de la réflexion pure, seule capable de nous fournir les caractéristiques essentielles de celui-ci[177].
Reste une question fondamentale : cette approche, aussi pure soit-elle, est bien *descriptive*. Or, en quoi la description d'un phénomène, même réflexive et accompagnée des précautions indiquées, relève-t-elle de la science dont le but est, non de décrire, mais d'*expliquer* le phénomène en sortant de son approche interne ou immédiate, pour l'appréhender de l'extérieur par toute une série de médiations, en l'incluant dans le déterminisme objectif quel qu'il soit (naturel, historique, psychologique) de façon à nous en révéler l'*essence objective effective* ? Car le risque d'une pareille approche, c'est qu'elle s'enferme dans la manière dont le phénomène, précisément, *nous apparaît* (c'est sa définition ici) et que, du coup, elle ne nous en livre, en guise de résultat théorique, que l'*apparence…* aussi fidèle ou rigoureuse qu'en soit sa description qui recourt, Husserl y insiste constamment, à « l'*intuition directe* »[178]. Et je pourrais le montrer sur de nombreux exemples qui nous indiqueraient tous que l'approche descriptive ou encore *compréhensive* d'une expérience de la conscience ne nous en découvre pas l'essence mais reste prisonnière des illusions conscientes qu'elle se fait sur elle-même. Ainsi de la religion, par exemple, dont on peut déconstruire à l'aide

---

[177] Sauf que Sartre a l'honnêteté de distinguer dans ses résultats le « certain » et le « probable ».
[178] *La philosophie comme science rigoureuse*, op. cité plus haut, p.85.

des sciences humaines la conscience qu'elle a d'elle-même en tant que « phénomène »[179], ou encore de l'art[180], mais je me contenterai de revenir sur le cas de Sartre dans son *Esquisse d'une théorie des émotions* car elle montre bien l'aporie à laquelle cette démarche aboutit : non seulement il s'en tient à l'apparence consciente (de la joie, de la peur, de la colère, de l'émotion qui mène à l'évanouissement, etc.), mais sa description, conforme aux canons de l'approche phénoménologique, fait passer implicitement une explication ontologique qui est double et doublement fausse. D'une part elle exclut *l'inconscient psychique*, découvert par Freud, comme *cause possible* de l'émotion et, plus largement, de nos manifestations affectives – et l'on sait que Sartre, dans *L'être et le néant*, a récusé foncièrement cette idée, affirmant que « tout fait psychique est co-extensif à la conscience », à savoir qu'il se situe à l'intérieur d'elle et qu'on en a donc toujours conscience, fût-ce à des degrés divers comme celui d'une « conscience non réflexive de soi ». Ici, il formule déjà à sa manière cette thèse en disant que « pour autant que la conscience *se fait*, elle n'est jamais rien que ce qu'elle s'apparaît »[181]. Or cette exclusion de l'inconscient ne

---

[179] Voir mon livre *Critique de la religion. Une imposture morale, intellectuelle et politique* (La ville brûle, 2014) dont toute la 2ème partie est consacrée à cette déconstruction. A l'opposé, le livre pourtant plein de finesse, de H. Duméry, *Critique et religion* (Sedes, 1957), qui pratique la méthode compréhensive et rejette toute autre approche positive, ne nous explique en rien la religion comme phénomène humain, au sens positif ou factuel du mot « phénomène ».

[180] Voir mon livre *L'art et la vie. L'illusion esthétique,* Le Temps des Cerises, 2015.

[181] Op. cité, p. 36. Il y polémique déjà explicitement avec la psychanalyse. Il est vrai, comme je l'ai évoqué, que sa conception engage aussi l'idée de niveaux ou de degrés de conscience de soi. Si l'émotion n'est pas inconsciente ou n'a pas de face inconsciente sous-jacente, elle ne fait pas pour autant l'objet d'une conscience de soi

saurait avoir aucun argument pour elle dont elle résulterait puisqu'elle est *incluse dans le point de départ de la méthode phénoménologique* : décider de s'en tenir au phénomène, ici psychique, tel qu'il apparaît à la conscience pour le décrire, c'est justement exclure *a priori* la possibilité d'une face inconsciente de celui-ci qui pourrait l'expliquer et nous en révéler l'essence cachée et néanmoins réelle. Pour reprendre l'exemple de l'évanouissement de la femme devant un massif de lauriers, on peut faire l'hypothèse (parmi d'autres) non pas qu'elle confère consciemment, fût-ce d'une manière irréfléchie, un sens traumatisant à la situation sur la base d'une mémoire elle-même consciente, mais que, prisonnière de *souvenirs inconscients* liés à sa vie personnelle, refoulés par elle, elle lui donne inconsciemment ce sens traumatisant dont la nature lui échappe complètement, voire qui inverse son sens apparent. Dans ce cas, la description phénoménologique ne révèle aucune essence vraie de l'émotion mais elle la masque au contraire et ne saurait donc être considérée comme relevant de la science : c'est au contraire l'*interprétation* scientifique (au sens freudien, donc) des apparences phénoménales du psychisme et non leur *description consciente* qui constitue la véritable science du phénomène en question.
Mais d'autre part, une autre erreur se glisse dans la description, conséquence de l'exclusion de l'inconscient : Sartre refuse, non certains aspects compréhensifs de la psychanalyse qu'il intègre à ses descriptions, mais son idée centrale d'une causalité psychique de l'inconscient, dans la droite ligne du refus par Husserl du langage causaliste des sciences positives : « Nous nous bornons à nier toute valeur et toute intelligibilité à sa théorie sous-

---

réflexive : elle est *irréfléchie*, ce qui ne veut pas du tout dire inconsciente, y compris dans ses motifs !

jacente de la causalité psychique » affirme-t-il avec un dogmatisme spéculatif étonnant[182]. Or ce qui est en réalité sous-jacent à son refus, c'est une option ontologique sur l'homme, que j'ai déjà soulignée : sa liberté absolue, même si elle peut être limitée par les situations où elle se trouve. Car si la conscience n'est pas immergée dans une vie affective plus large et inconsciente qui pourrait l'affecter, si elle n'a pas d'extérieur qui serait à même de la déterminer *comme une cause détermine son effet*, elle est bien souveraine, originaire et donc libre, à l'origine de ses actes psychiques et des conduites qu'elles entraînent : on doit chercher la signification des faits émotifs « dans la conscience elle-même » et du coup, « c'est la conscience qui se fait elle-même conscience, *émue* pour les besoins d'une signification interne »[183]. Elle *choisit* donc l'émotion, telle la peur ou, à l'extrême, l'évanouissement, comme une conduite libre d'évasion ou de fuite vis-à-vis du réel : libre quoique irréfléchie, mais consciente. On voit donc, pour finir, sinon le sophisme, en tout cas le paralogisme qui dirige ici toute l'argumentation de Sartre et qui l'induit en erreur : ce n'est pas parce qu'il n'y a pas d'inconscient qu'il faut dire l'homme libre, mais c'est parce qu'on l'affirme arbitrairement libre, sur un plan spéculatif, que l'on doit affirmer (au-delà de la seule approche phénoménologique) qu'il n'a pas d'inconscient[184].

Cet exemple montre bien à quel point l'étude, dans la lignée de Husserl, des phénomènes de conscience ou « donnés » à la conscience peut mener à des erreurs quand

[182] Ib., p 37.

[183] Ib.

[184] Cela n'enlève rien à la qualité et à la justesse de ses descriptions et de ses analyses telles qu'on les trouve dans *L'être et le néant*, pour autant qu'elles portent sur des phénomènes se situant *exclusivement* sur le plan de la conscience, comme son analyse du regard, celle de l'expérience consciente du désir sexuel, etc.

on compare les résultats de l'analyse sartrienne de l'émotion à ceux que les sciences positives, en l'occurrence, la psychanalyse, peuvent nous apporter[185]. L'explication de cette impasse ou de ces dérives mérite qu'on revienne plus profondément sur le projet phénoménologique lui-même, que j'ai déjà brièvement présenté, tel que Husserl l'a exposé dans *L'idée de la phénoménologie*[186]. C'est bien ce projet, si on le comprend bien, qui porte en lui la promesse de son échec inévitable, et sa présentation révèle à quel point il tourne le dos à une grande partie de la philosophie passée, à son rationalisme assumé, même quand il paraît s'en réclamer (Descartes, Kant, par exemple). Il s'agit pour lui, dans un premier temps, d'élaborer une théorie de la connaissance, une gnoséologie, qui consiste en une réflexion critique sur elle destinée à nous délivrer des préjugés que nous avons dans ce domaine. Or le paradoxe, c'est que celle-ci suppose que l'on se mette à distance critique des sciences naturelles comme la biologie ou encore de la psychologie, avec les attitudes naturelles qu'elles impliquent vis-à-vis de la connaissance, qui sont précisément selon lui des préjugés, et en particulier avec la conviction centrale (que le matérialisme en tant que rationalisme assume pleinement, on l'a vu) selon laquelle la connaissance scientifique est bien *la connaissance de son objet*, à savoir d'une réalité qui existe en soi hors de la connaissance que l'on en prend. Or, dès lors qu'on réfléchit un peu, nous dit Husserl, cette évidence s'écroule et l'idée d'une connaissance objective coïncidant avec son objet *devient problématique* comme si le critère général de la *pratique*,

[185] Plus largement, voire la critique pertinente de la « psychologie philosophique » dans l'ouvrage de Piaget, *Sagesse et illusions de la philosophie*, op. cité plus haut, ch. IV.

[186] PUF. Mais c'est un texte précoce et la remise en question des sciences qu'on y trouve va s'atténuer par la suite et changer de nature.

tel que je l'ai déjà évoqué, n'existait pas ![187] Ainsi la réflexion sur la connaissance a pour caractéristique originelle de *mettre en question son objet*, sur un mode qui paraît la livrer au scepticisme, avec cette affirmation radicale et étonnante : « La connaissance en général est un problème, une chose incompréhensible, qui a besoin d'être clarifiée, qui est, quant à sa prétention, douteuse. »[188] ! Avec cette question première, fondamentale pour lui : *comment* est-il possible que la pensée puisse atteindre, à travers la connaissance, ce qui la transcende, *l'être même* ? Tout le problème (si j'ose dire), c'est-à-dire l'impasse dans laquelle cette réflexion s'engage d'emblée, tient à ce « comment est-il possible que ? » qui définit la question *de droit* que la philosophie se croit légitimée à poser au *fait* de la science, de la connaissance qu'elle réalise, comme s'il y avait là un point problématique. D'autant plus que, se souvenant de Kant (l'idée d'une philosophie *transcendantale* vient de lui), Husserl opère ou plutôt reprend à Kant une distinction subtile et importante, sauf qu'il en fait un usage qui va contre la pensée de ce dernier, celle du « comment » et du « que » ou du « si » : d'une part il y a la question de savoir *si* la connaissance scientifique *existe* avec sa certitude propre qui la soustrait au doute, et d'autre part il y a la question toute différente, celle de savoir *comment* il se fait qu'elle existe, comment comprendre la possibilité de son existence. Or je rappelle, pour bien me faire entendre et faire apparaître le caractère paradoxal, sinon spécieux, de la position de Husserl, la position de Kant au début de la *Critique de la raison pure* : la question n'est pas de savoir *si* la science mathématique et la science physique existent puisqu'il est évident selon Kant *qu*'elles existent – c'est là un fait théorique incontestable –, mais *comment* elles sont

[187] Op. cité, p. 42-43.
[188] Ib., p. 52.

possibles (c'est le problème de leur fondation) et, à aucun moment, la question du « comment » ne remet en cause le fait « que » elles existent – ce qui éloigne Kant de tout scepticisme gnoséologique à l'égard des sciences vis-à-vis des phénomènes qu'elles étudient. Pour Husserl, au contraire et dans ce texte, il n'y a pas une évidence avérée de la science, donnée hors de la philosophie qui réfléchit sur elle, et dès lors que le « comment » fondateur (comment la science est-elle possible ?) n'est pas résolu positivement, le « que », le « fait que » la science existe comme connaissance devient douteux ! [189] Par conséquent, « la validité de la connaissance en général est devenue, quant à son sens et à sa possibilité, énigmatique et douteuse : la connaissance exacte est par là devenue énigmatique, tout autant que la connaissance non exacte, la connaissance scientifique autant que la connaissance préscientifique ». On n'est pas loin d'une position carrément *anti-science*, au sens d'une opposition de fond à la science telle qu'elle existe et telle qu'on la comprend normalement[190].

On voit donc combien, à l'inverse de ce que le matérialisme soutient, la philosophie ainsi conçue ne saurait *se fonder* sur les sciences, ni sur les sciences naturelles ni sur la psychologie ou l'anthropologie puisque les connaissances qu'elles nous apportent ne sont pas validées par elle[191]. Pour connaître l'être, la phénoménologie propose alors une radicale nouveauté, une philosophie distinguée de ces mêmes sciences et

---

[189] Voir cette affirmation révélatrice : « Si je ne comprends pas *comment* il est possible que la connaissance atteigne quelque chose qui lui est transcendant, alors je ne sais pas *si* c'est possible. » (p. 61).

[190] Ib., p. 47.Voir ce que disent S. Auroux et Y Weil dans leur *Dictionnaire des auteurs et des thèmes de la philosophie,* Hachette, p. 207, à propos de l'héritage irrationaliste de la phénoménologie. Mais il semble bien que cette « déviation » trouve, ici en tout cas, sa source.

[191] Ib., p. 47.

s'érigeant, ridiculement il faut le dire, en nouvelle *science de l'être* « au sens absolu et ultime », c'est-à-dire en *métaphysique* : là où Kant, sur la base de sa critique de la connaissance, entendait *abolir* la métaphysique (sauf à la maintenir explicitement en un sens exclusivement immanent et restreint ou à titre de domaine de croyance et non de savoir), Husserl se propose de la restaurer dans un sens complet, quoique immanent lui aussi, et d'attribuer cette tâche à la philosophie elle-même entendue comme phénoménologie transcendantale reléguant les sciences positives à une place subordonnée et superficielle ! Le philosophe-roi et donc la philosophie-reine sont de retour ! Comment, plus précisément ? La philosophie, dont il maintient la visée scientifique en un nouveau sens de ce terme, mais difficilement acceptable, se dégage, par la réduction, de toute appartenance empirique, tant du côté de l'objet, dont l'existence concrète est suspendue, que du sujet, dont la psychologie effective est mise de côté. Un repli décisif s'opère alors : le repli réflexif sur un *ego* transcendantal pur, de second degré et qui va procéder à l'examen des phénomènes de conscience qui sont tous des actes intentionnels visant un objet quelconque et qui se donnent à la réflexion à chaque fois dans une « *absolue évidence* » nous révélant « *son essence immanente comme donnée absolue* »[192]. Cette saisie de l'essence est, d'un même mouvement, saisie d'un sens puisqu'elle s'effectue *par* et surtout *pour* une conscience, ici la conscience réflexive ; elle porte d'abord sur des objets de conscience *individuels* comme « le rouge » ou « la maison » (ce sont les exemples qu'il donne), puis sur des « *objets généraux* » comme les processus de conscience eux-mêmes, les vécus intentionnels, les raisonnements, les lois logiques, etc. De proche en proche, c'est bien à une connaissance *intuitive* de *tous* les « phénomènes » que la

---

[192] Ib., p. 75 et p. 69 – souligné à chaque fois par Husserl.

philosophie transcendantale va pouvoir procéder, y compris les phénomènes axiologiques, réalisant son ambition d'être une métaphysique globale et accédant à des « essences génériques »[193]. Or, ce qui est remarquable dans cette démarche, c'est qu'elle se déploie intégralement dans le champ immanent de la conscience réflexive transcendantale, sans aucune perturbation externe, et c'est ce qui assure, pour Husserl, le caractère *apodictique* de ses résultats car, dit-il, il y a une « absolue évidence » de l'immanent… alors que le « transcendant », la réalité en soi à laquelle s'intéressent les sciences, ne peut être que problématique et sa connaissance sujette à caution. On peut le dire autrement, et c'est cela aussi qui va faire problème : nous sommes en présence d'une recherche *a priori* visant donc une « connaissance apriorique », non faussée par « l'empirisme »[194].

Analyse critique

C'est là que le bât blesse, et ce à un double point de vue. 1 D'abord sous la forme d'une question, qui est un doute intellectuel ou gnoséologique : en quoi la saisie intentionnelle et intuitive par la conscience réflexive d'un phénomène dont l'appartenance concrète au monde naturel a été suspendue, peut-elle nous livrer son essence, fût-ce sous la forme d'un sens ? Pour prendre son exemple du rouge, en quoi la saisie de son « apparaître » qui le définit comme « phénomène » pour la conscience, peut-elle nous renseigner soit sur les propriétés chimiques de cette couleur en tant que phénomène du monde, soit sur l'acte physiologique de sa vision ? Il faudrait pour le savoir réellement, c'est-à-dire scientifiquement, se situer sur le terrain *empirique* de l'être *transcendant* la conscience,

---

[193] Ib,, p. 78.
[194] Ib.

extérieur à elle… ce qui est refusé d'emblée par la réduction phénoménologique. N'est-ce pas alors à une *fausse science* que nous avons affaire et à la simple conscience descriptive, sans portée explicative, d'idéalités réflexives… ce qui nous situe dans une optique idéaliste même si Husserl refuse de faire de ces « essences » des Idées de type platonicien ? 2 Ensuite, il y a le caractère résolument *a priori* de cette recherche, autre manière de désigner sa *réflexivité* en la dotant indûment d'un pouvoir *cognitif*. Or nous l'avons souvent noté : l'en soi du réel est matériel (Husserl ne nie d'ailleurs pas l'évolution naturelle, mais il n'en tire pas de conséquence ontologique) et extérieur à la conscience. C'est cette extériorité (si l'on excepte les mathématiques) qui définit « l'extériorité expérimentale de l'être » selon P. Raymond (déjà cité) et qui *contraint*, je dis bien *contraint*, toute science à être *a posteriori*, et à passer inévitablement par l'expérience, directe ou indirecte, aidée de plus en plus par la technique[195], pour connaître son essence – et ce quelle que soit la part grandissante du théorique aussi dans cette dite « expérience ». Disons le autrement et plus facilement : on ne saurait connaître la réalité *à distance*, il faut passer toujours par un contact expérimental quelconque avec elle, qui seul nous la donne « en personne » comme dirait Husserl, et il faut donc se situer gnoséologiquement sur le terrain de l'*empirisme* (entendu cette fois au sens large, non strictement humien), cet empirisme qu'il ne cesse de dénigrer et de rejeter au profit de la réflexion. Or la réflexion, il faut aussi le répéter, quitte à frustrer le philosophe prétendant accéder tout seul à l'essence ultime des choses dans une espèce de volonté de puissance intellectuelle, la réflexion à elle seule *n'a pas*

---

[195] C'est pourquoi Bachelard parle justement de « phénoménotechnique » à propos du champ des phénomènes scientifiques, désormais.

de pouvoir de connaissance. C'est donc, de ce point de vue, une science non pas fausse mais *non effective* (ce que recouvre l'expression de « fausse science ») et *imaginaire* que Husserl entend constituer, sans le savoir. En flirtant là aussi avec l'idéalisme puisqu'il en arrive à affirmer, à la fin de l'ouvrage que nous commentons, qu'il y a une « donation de sens par la connaissance » et donc quasiment une constitution « de l'objet en général qui n'est ce qu'il est que dans sa corrélation avec la connaissance possible », sachant que tout cela ne peut avoir lieu que dans le champ de la conscience transcendantale et de la réflexion qu'elle déploie[196]. On est à l'opposé de tout ce que nous avons dit du matérialisme et de ses exigences absolues.

Mais que devient cependant la question du *sens* dans cette perspective critique, me demandera-t-on, car c'est bien une originalité incontestable de la phénoménologie que d'avoir mis cette catégorie en évidence ? Ce point est vrai et la spécificité de Husserl ou de ses continuateurs[197] est d'avoir éclairé le rôle *constituant* de la conscience quant au *sens* des choses – il n'y a pas de sens hors de la conscience humaine – mais en le fusionnant aussi avec leur *essence*, au risque de verser dans un idéalisme de l'objet connu, comme on vient de le voir. Mais le paradoxe ou la difficulté n'est pas là. Il réside dans la manière dont il s'est emparé de ce thème bien plus tard, dans *La crise des sciences européennes et la phénoménologie transcendantale*[198]. Dans le premier chapitre de ce livre, il se livre à une belle mais à nouveau spécieuse méditation sur cette dite « crise ». Il ne nie pas ici l'incontestable validité des sciences exactes de la

---

[196] Ib., p. 102.

[197] Avec lesquels il eut, il faut le rappeler, des divergences quant à la fidélité à son œuvre.

[198] Op. cité plus haut.

nature et il n'exclut pas que les autres sciences, ce qu'il appelle les sciences de l'esprit, progressent vers une exactitude croissante – ce qui nous éloigne des diagnostics précédents, d'allure irrationaliste malgré l'appel constant de la phénoménologie à la raison[199]. Mais dans un deuxième temps, il va se livrer à une étonnante dénonciation de ces mêmes sciences, dans tous les domaines, au nom de la problématique du sens appréhendée sous l'angle du vécu : leur déploiement *dénierait tout sens* à l'*expérience vitale* de l'humanité européenne et la plongerait dans une crise douloureuse. Elles ne s'intéresseraient qu'aux faits, avec succès d'ailleurs, mais sans pouvoir leur attribuer ou leur découvrir la moindre signification existentielle, métaphysique ou axiologique, susceptible d'orienter notre vie : « De simples sciences de faits forment une simple humanité de fait » dit-il – sous entendu : une humanité vouée à l'absurde. Et on le voit alors regretter un âge d'or que la philosophie, dans son alliance avec les sciences, aurait connu jusqu'à la Renaissance[200] : non seulement sous la forme d'un savoir total (largement imaginaire, on l'a vu), mais d'un savoir incluant les valeurs, l'art de bien vivre et, surtout ou du coup, la dimension de la signification ou de la *téléologie* qui serait inscrite dans l'ordre des choses, quitte à ce que cela ait été en rapport avec l'idée métaphysique d'un Dieu créateur. Or il y a là, dans cette réflexion émouvante parce que désespérée politiquement (le nazisme monte en Allemagne ainsi que les fascismes en Europe, et il en conscience)[201], à nouveau

---

[199] C'est aussi clairement le cas dans *La phénoménologie comme science rigoureuse*.

[200] Voir notre 1ère partie.

[201] Cet arrière-fond historique, même s'il est masqué, est incontestable. Voir l'excellente préface de G. Granel sur ce point.

des difficultés, voire des apories, qu'il convient de signaler pour finir[202].

Première difficulté : pourquoi la science en général devrait-elle répondre à la question du sens de l'existence ? Car l'aveu terrible d'échec qu'il adresse à la science – elle désenchanterait désormais le monde en lui enlevant toute signification ou en étant étrangère à cette dimension, contrairement à ce que faisait la philosophie autrefois – n'a lui-même de sens qu'à partir d'une demande formulée à la science *qui, elle, n'a pas de sens* et qui du coup ôte toute crédibilité au diagnostic : Husserl pose un faux problème et il ne peut lui trouver qu'une solution, négative et tragique, sans la moindre justification de fond. Et cette situation est d'autant plus curieuse, sinon incompréhensible, qu'il était le mieux placé pour le savoir : c'est lui qui a affirmé que tout sens est donné *par* l'homme, constitué donc (voir plus haut) et qu'il ne saurait par conséquent ni être *inhérent* aux choses ni *découvert* ou *connu* par la science (ou même la philosophie). Reprocher donc aux sciences d'être *in-signifiantes*, non intéressées par le sens ou vouées à l'abandonner, c'est leur faire un faux reproche, un reproche injustifié sur la base d'une attente intellectuelle à leur égard elle-même injustifiée.

D'où une deuxième difficulté, qui prend la forme ici d'une nouvelle impasse : sur la base de son diagnostic, on le voit à nouveau remettre en cause l'ensemble des sciences (un peu comme dans *L'idée de la phénoménologie*) au point de paraître assumer, à travers l'analyse historique du devenir désenchanté de la philosophie après Kant, la critique de « la problématique rationnelle dans son ensemble », dans son « sens implicite » et sa « possibilité », qui s'en est suivie[203]. Et, poursuivant son

[202] Voir aussi la 2ème partie de *La phénoménologie comme science rigoureuse*, qui présente les mêmes qualités et les mêmes défauts.

[203] Op. cité, p. 16.

analyse du devenir de la raison à partir du 19ème siècle, il en arrive, sans mettre en cause du tout la certitude des sciences sur leur plan propre qu'il qualifie d'« artisanal », à diagnostiquer à nouveau une crise « qui pourtant ébranle de fond en comble le sens de vérité de la science dans son ensemble » : « sens de vérité » et non « vérité » elle-même, la nuance est importante et rejoint l'idée antérieure d'une crise du sens produite par le succès même et la domination des sciences positives. Cette crise n'est pas anodine pour lui, c'est le sens même de la vie de l'homme et l'essence de son humanité qui sont en cause, et elle exprime « une crise radicale de la vie dans l'humanité européenne » érigée en modèle dans son développement humain jusqu'à présent.

Derrière tout cela, on retrouve l'appel à un ressourcement complet auprès d'une nouvelle philosophie qu'il appelle de ses vœux, la sienne en l'occurrence, qui doit être tout à la fois une science rigoureuse, mais radicalement inédite, et une métaphysique d'ensemble retrouvant du sens pour la condition humaine. D'où à nouveau mon désaccord : pourquoi regretter que la science ne donne pas de sens à l'aventure humaine ? Il faut admettre que celle-ci *est* absurde en elle-même, intrinsèquement, et que c'est l'homme qui par ses choix de vie, ses besoins, ses désirs et les actes qu'ils lui inspirent, *donne du sens*, un sens strictement immanent et relatif, individuel, à cette aventure. A quoi on ajoutera cette remarque toute simple, mais qui a échappé à Husserl : dire que la vie n'a pas de sens et qu'aucun savoir, de quelque type qu'il soit, ne peut lui en trouver (ce qui est ma conviction), ce n'est pas du tout la dévaloriser : une conception rationnelle de la vie nous enseigne bien que celle-ci n'a pas de sens, qu'elle est donc absurde ; mais il faut aussitôt ajouter, hors de tout point de vue scientifique, qu'elle en a pas moins du *prix* ou de la *valeur* – il s'agit là de deux choses totalement différentes – et ce d'autant plus qu'elle est fugace, vouée à la mort. Le nihilisme théorique du sens quant à celle-ci n'entraîne aucunement un nihilisme de la valeur la concernant.

La solution qu'envisage Husserl à cette situation de crise manifeste ultimement, sous une forme pratique, son idéalisme théorique. C'est l'appel, réitéré, à une philosophie inédite, transcendantale et métaphysique, porteuse d'un sens véritable et universel pour l'humanité, capable de la régénérer face au risque mortel de la déraison et de l'absence de finalité. Avec une difficulté et une contradiction supplémentaires, selon moi. D'abord, sur le plan théorique, cette philosophie « transcendantale » qui est censée se constituer en réponse aux déficiences des sciences, se voit dotée d'un statut et d'une fonction extraordinaires (au sens strict) chez lui : elle a le statut d'une *nouvelle science*, plus scientifique dans ses résultats promis que les sciences positives avérées[204] et, tout autant, elle a une fonction *fondatrice* qui la rend omniprésente *dans les sciences ou auprès de celles-ci*, un peu comme la Métaphysique chez Heidegger, sauf qu'ici son rôle est positif. C'est ainsi que c'est elle qui va *assigner* à la psychologie empirique, aveugle sur elle-même, *ses objets*, à partir de la connaissance qu'elle va fournir à la fois de leur essence et de leur sens. Car comment vouloir et pouvoir étudier positivement tel phénomène psychique, le souvenir, par exemple, si je ne sais pas d'abord et *a priori* ce qu'il est et que seule la philosophie phénoménologique peut m'*enseigner* ?[205] Ensuite sur le plan spécifiquement pratique de la finalité et du sens axiologique de la vie, sa

---

[204] « Ainsi, quelle que soit l'orientation que prenne la philosophie après son nouveau tournant, il est hors de question qu'elle renonce à l'ambition d'élaborer une science rigoureuse » in *La philosophie comme science rigoureuse*, op. cité, p. 81.

[205] Ib, p. 55-56.

philosophie entend reprendre aux « visions du monde », à savoir les philosophies habituelles (qu'il analyse d'ailleurs fort bien), leur capacité à donner du sens, mais à un niveau véritablement scientifique cette fois-ci[206]. Au point qu'il a même cette formule, curieuse et ambitieuse tout à la fois, à propos de la « détresse » provoquée par la domination des sciences positives : « Cette détresse provient en l'occurrence de la science ; or seule celle-ci est en mesure de surmonter définitivement la détresse dont elle est la source. »[207] La difficulté ou la contradiction saute aux yeux : comment une instance théorique – la philosophie scientifique réalisée par la phénoménologie – peut-elle assumer une pareille fonction pratique ? Et la bonne réponse est-elle là ?

On a effet le sentiment que cette crise, avec donc aussi la menace de la *déraison*, était pour Husserl une crise du *discours philosophique* et qu'un nouveau *discours* pouvait la résoudre, en lieu et place soit de choix personnels (ce qu'il appelle une sagesse), soit d'un affrontement politique avec le capitalisme si cette crise avait une base ou un arrière-plan social. Gérard Granel, dans sa préface, a l'immense lucidité et aussi l'immense courage de dire que, dans ce dernier cas, c'est à Marx et non au transcendantal philosophique qu'il faudrait alors recourir, en toute modestie. A sa place, nous n'avons hélas qu'une forme de *philosophisme* : un « egologisme » de la spéculation transformée en prétendue science, une forme raffinée de l'idéalisme, celle du « sens », la dernière sans doute, et finalement ce que Granel appelle justement, quoique impitoyablement, une « paranoïa "théorique" »[208].

---

[206] Ib., p. 80.

[207] Ib.

[208] Op. cité, p. VII. J'ajoute seulement que, après Husserl, la phénoménologie a pu s'éloigner de plus en plus de la rationalité et de « l'être-au-monde » à laquelle Husserl entendait rester fidèle, avec en

Piaget, à nouveau, contre la phénoménologie

J. Piaget, vu son statut de psychologue auteur d'une œuvre scientifique imposante par ses résultats, était sans doute le mieux placé pour procéder à une défense de la psychologie scientifique contre ce qu'il appelle la « psychologie philosophique » qu'il fait remonter à Maine de Biran et qui est ici incarnée selon lui par la phénoménologie et ses représentants français Sartre et Merleau-Ponty[209]. C'est ce qu'il fait dans son ouvrage sur la philosophie (cité plus haut) en mettant prioritairement en avant l'opposition *méthodologique* des deux approches[210]. D'une part une discipline modeste mais réellement rigoureuse, étudiant des *faits* (ce qui ne veut pas dire qu'ils ne soient pas liés à des questions et des présupposés théoriques et « construits » à partir d'eux) et le faisant dans le cadre d'une démarche expérimentale, avec ses protocoles particuliers, ses vérifications et dont les résultats sont soumis au contrôle des autres chercheurs. Et il montre bien que des notions comme celle d'*intentionnalité* et de *sens*, dont la phénoménologie s'arroge clairement le monopole, sont, à l'inverse de ce que prétend Husserl dénonçant à tort les manques supposés de la psychologie positive, engagées par ses propres travaux, mais au sein de processus psychologiques

---

particulier un « tournant théologique » incarné peu ou prou par les œuvres de M. Henry, de Lévinas ou celle de J.-L. Marion tournée vers une transcendance « non présente ». Cela peut suggérer l'idée que, dans son fond, elle le rendait possible. Voir le livre lucide de D. Janicaud, *Le tournant théologique de la phénoménologie française*, L'éclat, 1991. Un tournant se prend toujours *à partir* d'une route préalable !

209 Piaget est le fondateur tout particulièrement de la « psychologie génétique » qui entend éclairer la genèse des fonctions psychiques à partir du développement de l'enfant dès la naissance.

210 Op., cité, 4ème partie.

empiriques que l'on doit étudier *a posteriori*, comme celui de l'adaptation au réel de l'enfant. Dans ce cadre, il avoue son scepticisme vis-à-vis de la double idée d'essence et de phénomène telle que la phénoménologie en fait usage. Non seulement à cause du fond d'irrationalisme que ces idées engagent hors de tout contrôle rationnel expérimental, mais surtout en raison du *subjectivisme* sur lequel la phénoménologie, dans ses recherches concrètes, risque de verser – et il a en vue ici, malgré le talent de leur auteur qu'il reconnaît sans peine, les écrits de Sartre sur l'imaginaire et, tout particulièrement, sur l'émotion. Récusant l'idée que la psychologie scientifique ne s'intéresserait pas au sujet humain[211], il rappelle son intention d'en faire au contraire un objet de connaissance et il met en avant les dérives subjectivistes qui menacent les recherches phénoménologiques. Je le cite : « Il restera donc à examiner la validité d'une connaissance psychologique directe des "essences" et surtout à nous demander si une connaissance "subjective" est possible, autrement dit si, parce que la psychologie est la connaissance du sujet et de sa subjectivité, on peut, de ce fait même, se donner le droit de parler de connaissance en traitant subjectivement, et non pas objectivement, de cette subjectivité inhérente au sujet. »[212] Je n'ai rien à ajouter à ces lignes lucides et dépourvues de toute suffisance, sauf à transformer cette interrogation prudente en critique effective, ce qu'elle est aussi chez lui.

---

[211] Ib., p. 182. Piaget rappelle qu'il n'a cessé d'insister, tout au long de son œuvre, sur les « activités du sujet » !

[212] Op. cité, p. 174.

La critique matérialiste de Tran-Duc-Thao

Dans son livre rigoureux, intransigeant et unique en son genre, *Phénoménologie et matérialisme dialectique* (op. cité plus, note 123)[213], Tran-Duc-Thao a su montrer, sans dogmatisme, les impasses de la démarche de Husserl. Tout en reconnaissant la justesse de nombre de ses analyses phénoménologiques concrètes sur les actes intentionnels constitutifs du psychisme humain (que j'ai peu présentées eu égard à mon projet ici), il montre bien que lorsqu'il s'agit de passer à la genèse des significations et des valeurs, l'*ego transcendantal* est défaillant dans sa fonction fondatrice : non seulement Husserl, dans son évolution théorique, le rabat sur le « monde vécu » ou « monde de la vie » (Lebenswelt), en tant que présupposé de la conscience, réduit finalement à une réalité sensorielle ou sensorimotrice naturelle qui ne distingue pas l'homme de l'animal, mais surtout cette genèse passe à côté de la genèse des « significations et des valeurs » dont l'ego transcendantal ne saurait être le fondement et dont il ne saurait rendre compte jusqu'au bout car « la matérialité est l'origine de toute signification et de toute valeur » affirme-t-il avec raison dans la préface du livre (p. 18) – étant entendu que cette matérialité est, au-delà de la seule biologie, celle des conditions sociales de la production. Il a d'ailleurs précisé auparavant comment se constitue l'illusion d'une transcendance de ces objets intentionnels que sont les significations et les valeurs, qui offre à la phénoménologie un champ objectif parfaitement *imaginaire* : sa source se trouve, en réalité, dans l'origine de classe des penseurs au sein de la division du travail. « *La forme de l'oppression est la clé du mystère de la transcendance*, et la haine du *naturalisme* ne fait que

[213] Phénoménologie et matérialisme ont peu dialogué entre eux. C'est pour quoi il faut saluer cet ouvrage.

traduire la répugnance *naturelle* des classes dirigeantes à reconnaître dans le travail qu'elles exploitent, la source véritable des significations auxquelles elles prétendent » dit-il dans un propos qui pourrait paraître sommaire et provocateur, alors qu'il n'en est rien : c'est l'éloignement des phénoménologues, en tant qu'intellectuels, de la sphère de la production qui les entraîne à croire au primat de la conscience. Par la suite, après avoir exposé le travail de Husserl dans ses *Recherches logiques* (en particulier), il montre bien que sa tentative de retrouver le monde réel à partir de la conscience transcendantale échoue : elle ne fait apparaître que des « *apparences* » au point d'affirmer que « la Terre elle-même, et nous les hommes (…) appartient inséparablement à l'Ego » (p. 224), oubliant que, à l'inverse, « l'absorption du point de vue de la conscience dans la réalité naturelle est la seule voie concevable pour sortir de l'impasse phénoménologique » et comprendre ses objets (p. 218). De même, il souligne l'absurdité qu'il y a à refuser à la fois l'idée d'un *être en soi*, seul objet possible de connaissance, comme celle que *le sens de vérité* de cet être ne pourrait lui appartenir (p. 226). Tran-Duc-Thao confirme ainsi, sur une base matérialiste incluant le développement de la nature et l'histoire et qui considère l'esprit comme la production suprême de la matière en mouvement, ce que je ne cesse de dénoncer dans la philosophie contemporaine d'inspiration idéaliste, dont la phénoménologie est le dernier avatar, à savoir que la *mystification* intellectuelle est inhérente à la philosophie spéculative opposée à la science effective du réel et qu'elle affecte ses affirmations les plus essentielles : « La mystification est un procédé commun aux philosophes » affirme-t-il, pour autant que ceux-ci ignorent ou occultent les conditions historiques de production de leur discours, ignorance ou occultation qui les font verser dans l'idéalisme philosophique quand ils pensent la réalité sur laquelle ils réfléchissent et dont ils prétendent faussement apporter la vérité définitive, en tout cas s'agissant de son statut ontologique. C'est donc bien du côté du matérialisme, et du côté d'un matérialisme qu'on peut dire dialectique (au sens large) que se trouve la solution *rationnelle* à ces *apories*. La dernière partie de l'ouvrage confirme ce choix indissolublement méthodologique et ontologique : Tran-Duc-Thao y esquisse, d'une manière convaincante, une genèse empirique de la conscience de l'objet et de la conscience de soi à partir de l'inhibition des comportements potentiels de notre corps en action, que la suite de ses travaux approfondira. Mais d'ores et déjà, la biologie et l'histoire sont convoquées pour étendre l'explication à la dimension sociale de la conscience et l'auteur démontre que l'on peut, à partir de la science positive, expliquer ce que la phénoménologie déclarait incompréhensible à partir d'elle, à savoir ce qu'il appelle excellemment « le devenir-sujet de la réalité objective » : la conscience humaine, en tant que telle et dans ses contenus, n'est pas un point de départ absolu, mais un résultat relatif, relatif au procès productif de la réalité matérielle, naturelle et historique.

Foucault : la question de la vérité, l'éthique contre la morale et l'anti-marxisme

Il y a un véritable *mythe* Foucault dont la commémoration de sa mort en 2104 nous a fourni un stupéfiant florilège dans la presse, sans que le moindre recul critique se manifeste quelque part, y compris dans la presse communiste ou la production marxiste, pourtant porteuses de lucidité et d'intelligence critique des choses, d'habitude[214]. D'où l'urgence de relativiser son apport théorique dans plusieurs domaines, en faisant abstraction dans un premier temps de son positionnement politique, qui n'est pas sans rapport cependant avec le fond de sa pensée. Et cela sans nier le moins du monde plusieurs choses que je tiens à souligner en préambule : 1 La richesse de son œuvre qui, nourrie d'une grande culture, aborde des domaines très variés, touchant aux sciences humaines, à la folie, à l'histoire, à la politique, à la psychanalyse, à la sexualité, au corps, aux mœurs, et j'en oublie sans doute. 2 L'extrême qualité de son écriture souvent limpide (malgré des passages inutilement précieux), parfois étincelante, qui est telle que, chaque fois que j'ai eu l'occasion de lire un nouveau livre de lui, j'en jubilais à l'avance, vu le plaisir de lecture que j'en attendais et qui ne s'est jamais démenti – même si je n'étais pas d'accord avec lui. 3 L'originalité de nombre de ses objets d'analyse (comme les prisons) et de ses points de vue, quitte à ce qu'ils frisent souvent le *sophisme* (j'y reviendrai), ou de sa démarche même : philosophie ?

---

[214] Même la revue *Actuel Marx*, dont j'ai signalé l'importance du travail qu'elle fait, s'est laissée embarquer depuis quelque temps dans cette mode foucaldienne. C'est aussi le cas d'un de ses membres, F. Fischbach, dans son *Manifeste pour une philosophie sociale*, La Découverte, 2009. A l'inverse, voir ma réaction au numéro 36 consacré à *Marx et Foucault*, sur le site de la revue.

histoire ? épistémologie ? Ces catégories paraissent bousculées par lui, ce qui peut expliquer les confusions *théoriques* de certaines de ses analyses. 4 Enfin, l'incontestable écho de son œuvre, mondialement connue, souvent appréciée (en particulier aux Etats-Unis) : un livre à l'écriture difficile, lui, comme *Les mots et les choses* (Gallimard) a été dès sa sortie un succès de librairie et dans les milieux littéraires (pas seulement philosophiques) il aurait été *inconvenant*, à l'époque, de ne pas le connaître, à défaut de l'avoir lu et véritablement compris ! Mais, et c'est pourquoi j'ai écrit ce qui suit, à mes risques et périls, l'écho médiatique n'est en rien, pour moi, un critère sûr, à tout coup, de la valeur d'une œuvre et il a pour effet d'occulter malheureusement l'existence de pensées plus exigeantes et, surtout, plus pertinentes. J'ai donc choisi trois angles de critique, essentiels à mon avis, destinés à relativiser l'importance qu'on lui attribue[215].

La question de la vérité

Cette question est finalement, je m'en aperçois maintenant, non la seule question, mais la question essentielle du présent livre, et c'est normal puisque c'est de la possibilité de la vérité en philosophie que je traite et que c'est son objectif originel (à côté de sa finalité pratique). Or cette question rebondit d'une manière cruciale à propos de Foucault, pour plusieurs raisons que je veux préciser. Il a bien le titre de philosophe, même s'il entend s'en éloigner en bousculant sa définition et sa pratique traditionnelles, au point de brouiller les cartes à ce sujet et de nous plonger parfois dans l'embarras : il est capable de dire successivement qu'il est bien philosophe puisqu'il se soucie constamment de la vérité, puis qu'il ne

---

[215] Je m'inspire dans ce travail d'analyse de textes parus ici ou là, mais qui sont restés relativement confidentiels, tout en les approfondissant.

l'est pas et qu'il est historien et, enfin, qu'il l'est quand même, mais sous la forme d'un mauvais philosophe[216]. Par ailleurs, il a une œuvre nourrie de références philosophiques implicites, Heidegger et surtout Nietzsche, mais qui a évolué, voire même carrément changé, et qui présente à ce niveau des contradictions : c'est ainsi qu'il a analysé remarquablement la psychanalyse dans son premier livre, *Maladie mentale et psychologie*, qu'il a renié ensuite sans qu'on sache pourquoi et auquel on peut opposer ses critiques plus ou moins nettes de la psychanalyse dans *La volonté de savoir*[217], comme s'il refusait de construire une œuvre cohérente, avec une intention constante – cohérence qui est un critère non suffisant, certes, mais nécessaire de vérité. Très curieusement, il revendique ce droit au changement de ses orientations et même de ses convictions. Dans un ouvrage passé un peu inaperçu, *Roger-Pol Droit, Michel Foucault, entretiens*[218], il en arrive à se définir comme un « artificier » qui lance des « bombes » dans tous les sens, l'important étant l'intensité de l'effet produit et sa joliesse[219], refusant aussi d'être défini comme « un auteur » ayant un parcours unifié – ce qui, je l'avoue, me paraît incompréhensible : c'est confondre philosophie et philodoxie et faire de la première un domaine d'opinions volatiles et incontrôlables. Enfin, last but not least, il a explicitement traité de cette question de la vérité à

---

[216] Voir *Dits et écrits II, 1976-1988*, Gallimard, p. 30-31, p. 573 (ainsi que *Dits et écrits, IV*, p. 750-751). L'intérêt de cet ouvrage, auquel je me réfèrerai souvent, c'est qu'on y voit Foucault analyser réflexivement ce qu'il a *voulu faire* et donc dire la vérité *sur* le statut de son œuvre, ce qui m'importe au plus haut point. En quelque sorte, il y jette le masque, quitte à changer parfois de masque.

[217] Les deux livres aux PUF.

[218] Odile Jacob, p. 95.

[219] Ib., p. 100.

plusieurs reprises, dans des termes que je récuse totalement. C'est ce point qu'il faut mettre en lumière. Foucault s'est voulu, un long temps en tout cas, un praticien et un théoricien des sciences humaines, dans *Les mots et les choses* en particulier, mais aussi dans son travail historique *Surveiller et punir*, dans *L'archéologie du savoir*, ses cours sur le « biopouvoir » ou la « gouvernementalité », etc. ; et il a été de toute façon perçu comme tel, avec ce que cela implique par définition, sauf à congédier le terme de « science », de *souci fondamental de la vérité objective* et non, si j'ose dire, « *de soi* »[220]. Or, il faut l'affirmer d'emblée à la suite de P. Veyne, son ami et son collègue au Collège de France, qui le connaissait bien[221] : Foucault était un *sceptique* et même un sceptique *absolu*, s'assumant comme tel auprès de son ami[222], chose que peu de gens savent, aperçoivent ou osent reconnaître parce que cela contredit manifestement son ambition théorique dans le champ de ses études. « Sur le fond des choses et sur le grand Tout, la connaissance est toujours une illusion » lui fait-il dire dans un long article du journal *Le Monde*, affirmation qui est un aveu sans restriction de ce qu'on peut appeler ici son « nihilisme

---

[220] *Le souci de soi* est le titre d'un de ses livres et il définirait bien la nature de son engagement intellectuel : celui d'un esprit impliqué non dans une *théorie* à visée universelle, avec ses contraintes propres, mais dans un champ d'*opinions* ou *d'options* personnelles, fussent-elles élaborées rationnellement ou, en tout cas, à la recherche d'une vision du réel visant essentiellement à transformer *sa* vie ! J'y reviens peu après.

[221] Voir son livre lucide et honnête, *Foucault, sa pensée, sa personne*, Albin Michel.

[222] Voir aussi J. Rajchman, *Michel Foucault : la liberté de savoir* (PUF, 1987), cité par Veyne : « Foucault est le grand sceptique de notre époque. Il doute de nos dogmatismes et de nos anthropologies philosophiques, il est le penseur de la dispersion et de la singularité. » (p. 1)

gnoséologique »[223]. Plusieurs notations concernant son rapport à la vérité et sa conception de celle-ci l'indiquent clairement, même si d'autres vont en sens inverse, il faut aussi l'admettre. C'est ainsi que, s'il peut affirmer qu'il est habité par un « souci constant de la vérité » dans son travail d'intellectuel, il peut tout aussi bien déclarer que sa vie intellectuelle a pour but une auto-transformation (éthique) de soi et qu'elle s'inscrit donc dans une « esthétique de l'existence » plus que dans un projet purement théorique visant à « déchiffrer le monde » ; et il ajoute, surtout, ce propos clairement sceptique qu'aucun scientifique ou philosophe se réclamant de la science ne saurait accepter, malgré sa forme hypothétique : « peut-être même que ce que nous appelons vérité *ne déchiffre rien* » (souligné par moi)[224]. Plus précisément, tout objet de connaissance est pour lui constitué par un ensemble d'idées, de schèmes, de pratiques aussi, qu'il appelle un « dispositif » ou un « discours », qui ne nous en fournit qu'une perspective historiquement conditionnée et dont la fonction est moins de nous en révéler l'essence que de l'*interpréter* pour en dégager le sens. Il envisage donc l'idée que la vérité, dans certains cas tout au moins (restriction qu'il faut noter malgré tout), ne soit qu'une « construction » humaine et non le reflet d'une réalité distincte du sujet connaissant. C'est ainsi que la maladie mentale n'est pas une réalité objective mais une construction de la psychiatrie moderne qui remplace la représentation antérieure de la folie, sans qu'on puisse trancher entre elles sur le plan de la vérité. Ou encore que la sexualité a fait l'objet d'appréhensions successives – le plaisir dans l'Antiquité, la chair pour le Moyen-Age chrétien, la libido pour la psychanalyse moderne – sans

---

[223] Il y a d'autres formes de nihilisme chez lui, que je signalerai par la suite.

[224] *Dits et écrits II*, op. cité, successivement p. 1494 et 1354.

qu'aucune d'elles nous en révèle la vérité « en soi » mais seulement la signification pour une époque donnée. On n'est alors pas très loin non de Nietzsche à proprement parler, dont il se réclame souvent sans avoir beaucoup écrit sur lui ni l'avoir lu de près, mais d'*un certain* Nietzsche, celui qui a pu dire qu'« il n'y a pas de faits, rien que des interprétations » – sauf qu'il oublie, conformément à une tradition bien française, l'*autre* Nietzsche, celui qui entendait élaborer une « science de la morale » la plus positive qui soit, à partir de l'instance de la vie, en particulier dans *Par-delà le bien et le mal* et *La généalogie de la morale*[225].

Pour mieux comprendre cette attitude sceptique, tantôt franchement avouée, tantôt plus ou moins déniée, en tout cas sous-jacente selon moi à l'ensemble de son œuvre et qui peut expliquer ses brusques changements, il faut examiner plus en détail la nature de son projet d'ensemble dans son rapport à la vérité, sur lequel il s'est clairement exprimé. Comme il l'a indiqué à plusieurs reprises, et d'abord dans *L'ordre du discours*[226], ce n'est point tant la vérité et sa recherche concrète dans différents domaines qui l'ont occupé que la *volonté* de vérité ou *la vérité sur la volonté de vérité*, ce qui n'est pas pareil, voire change tout. C'est ainsi que, quand il s'intéresse à l'histoire des sciences et donc à celle de la vérité scientifique, ce n'est pas pour en faire une lecture *interne* (à la manière d'un Canguilhem, dont il a été l'élève) mettant en évidence leur développement rationnel complexe, ce qui impliquerait que l'on valide d'emblée leur contenu, mais pour étudier

[225] Autre affirmation : A la question « Dans la mesure où vous n'affirmez aucune vérité universelle (…) êtes-vous un sceptique ? », il répond : « Absolument » (in *Dits et écrits II*, p. 1525).
[226] NRF/Gallimard. C'est sa leçon inaugurale au Collège de France.

les conditions *externes* de leur constitution[227] – ce qu'il nomme leur « *généalogie* » ou leur « *archéologie* » – qui sont multiples : économiques, sociales, intellectuelles et surtout, politiques au sens large de ce terme, qui renvoie à une problématique du pouvoir sur les hommes, omniprésente chez lui. C'est dire que ce qui l'intéresse ce n'est pas la vérité considérée en elle-même, mais les *relations de pouvoir* dans laquelle elle est insérée du fait des *effets de pouvoir* dont elle est porteuse. Il ne veut pas faire l'analyse « de ce qu'il y aurait de vrai dans les connaissances » mais celle des « jeux de vérité » sociaux auxquels elles donnent lieu[228]. Bref, alors qu'on pouvait s'attendre à une *épistémologie* rigoureuse des sciences humaines *en leur vérité même*, Foucault nous offre une *politique de la vérité* (ou des sciences) inscrite dans le champ historique et social, qui risque d'ébranler son (leur) statut.

A partir de là, la donne théorique va en effet considérablement changer en ce qui concerne la vérité scientifique, jusqu'à nous mener dans les parages du scepticisme et du constructivisme épistémologique : l'analyse *extrinsèque* des conditions de production de la vérité par les hommes va se transformer, par cela même, d'une manière discrète ou ouverte, en critique *intrinsèque* de cette notion, en sa disqualification normative, quoique, à plusieurs reprises, il s'en défende[229]. La vérité va devenir un « effet de vérité » s'inscrivant dans des formes de discours ou des « jeux de langage » produisant des « effets de pouvoir » au sein de la société, soit directement à

---

[227] Voir *Dits et écrits II*, op. cité, p. 583, où il avoue avoir oscillé un temps entre ces deux orientations de travail.

[228] Ib., p. 1361.

[229] C'est là l'art de Foucault de se reprendre, de rectifier ou nuancer une thèse qu'il a avancée et, donc, d'esquiver la polémique ou la discussion !

travers le pouvoir central qu'est l'Etat[230], soit indirectement au sein des rapports interhumains par les multiples dispositifs de « savoir-pouvoir » que la science permet de mettre en place dans de nombreux secteurs de la vie. C'est ainsi que la psychiatrie scientifique ou dite scientifique (cette qualification peut n'être qu'un simple « effet de discours » selon lui) va enfermer la folie dans une définition qui rompt le lien compréhensif, sinon empathique, que le Moyen-Age avait avec elle en tant que forme de vie, ce qui va justifier et produire, au nom de la science selon lui, des pratiques de stigmatisation, d'isolement et d'enfermement qui culmineront avec l'univers carcéral emprisonnant des délinquants déclarés arbitrairement « anormaux » ou « malades »[231]. La question de la *vérité propre* de cette discipline et de son concept central de « maladie mentale » (avec les souffrances terribles qu'elle peut comporter et que le terme signale) n'est ainsi ni abordée, ni résolue. C'est ainsi, également, que la médecine va être analysée, d'une manière totalement fausse à mon sens, sinon réactionnaire, comme une forme de *maîtrise* sociale des corps alors qu'on doit y voir une compréhension banalement positive, mais exacte, de leur fonctionnement ou dysfonctionnement (c'est le cas aussi de la psychiatrie, à l'origine, vis-à-vis du psychisme) ayant pour objectif l'accès à la santé et l'évitement *des maladies*, et un accès à cette santé pour tous dans les sociétés dirigées par un pouvoir progressiste. C'est sur la base de cette intuition « théorique », un peu délirante, que Foucault va élaborer

---

[230] Ici Foucault a raison de dénoncer les usages abusifs, en réalité idéologiques, de la référence à la vérité par les pouvoirs totalitaires, y compris le pouvoir soviétique de l'époque.

[231] Foucault critique d'ailleurs le télescopage de ces deux termes : « malades » donc « anormaux ». Voir *L'histoire de la folie* et *Surveiller et punir*, qui ne sont pas théoriquement indépendants l'un de l'autre.

une théorie du « biopouvoir » selon laquelle, à travers de multiples micro-pouvoirs, fondés une nouvelle fois sur la science médicale et ses pratiques, un contrôle généralisé des corps se serait mis en place. C'est oublier ou occulter tout ce qu'il y a de *vérité* dans la science médicale et, tout autant, ce qu'il y a d'essentiellement positif, humainement, dans le pouvoir *libérateur* que le savoir, pour autant qu'il est vrai, nous donne sur nos vies, dans ce domaine comme dans tous les domaines, dès lors qu'il est maîtrisé démocratiquement et étendu à tous !

Son concept de « savoir-pouvoir » illustre bien ce qu'il y a de *sophistique* dans cette réflexion qui se veut originale et hétérodoxe. Que tout savoir soit à l'origine d'un pouvoir sur le réel, cela est vrai et même fondamental, je viens de le rappeler ; mais Foucault renverse la *valeur* pratique de ce dispositif dual : au lieu de le concevoir comme positif et souhaitable, comme nous offrant une forme de liberté concrète, y compris de soi sur soi telle que la psychanalyse en témoigne, il y voit le règne de la domination socio-politique sur les sujets dont la vérité elle-même est, sinon la responsable, en tout cas l'occasion et le vecteur. Je le cite : « L'important, je crois, c'est que la vérité n'est pas hors pouvoir ni sans pouvoir », comme si elle provenait d'esprits libres et désintéressés. « La vérité est de ce monde ; elle y est produite par de multiples contraintes. Et elle y détient des effets réglés de pouvoir »[232] – sous-entendu : sur les hommes. On voit ici comment (et il développe ce point largement ailleurs) une instance d'*émancipation* – le dispositif savoir-pouvoir – devient sans raison une instance d'*asservissement*.

On comprend mieux, alors, plusieurs aspects de sa pensée dans son rapport, à nouveau mais directement cette fois-ci, à la science. Dans le domaine de l'épistémologie, en premier lieu. Alors que celle-ci se définit, définitivement,

---

[232] *Dits et écrits II*, op. cité, p. 158

comme une *étude de la science*, dans sa source, ses méthodes et ses résultats, *elle-même scientifique*, Foucault refuse d'emblée cette caractérisation et n'entend point la mettre en pratique. Il l'a dit très tôt : il refuse d'être « un philosophe qui tient ou veut tenir un discours de vérité sur n'importe quelle science » comme s'il s'agissait là d'un discours à la fois positiviste et impérialiste, mais aussi dénué d'intérêt parce que déconnecté des combats politiques réels que tout discipline porte en elle ou dont elle est l'enjeu ![233] D'où aussi son refus de la notion d'*idéologie* dans son opposition à la science telle que le marxisme, et spécialement Althusser, y a fait appel car, chose vraiment curieuse de la part d'un philosophe face à la connaissance scientifique, « le problème de l'opposition scientificité/non-scientificité n'est pas l'important », l'important étant celui de l'efficacité d'un discours scientifique prétendant à la vérité ![234] On retrouve alors l'idée d'une vérité diluée dans les discours qu'une société « fait fonctionner comme vrais »[235], à la lumière de laquelle la dimension irréductible *de droit* de la vérité se trouve rabattue sur le *fait* de ses effets pratiques, réduite à lui et, en quelque sorte, niée dans sa spécificité. D'où la thèse selon laquelle il y aurait moins des vérités que des « régimes de vérité » : « Chaque société a son régime de vérité, sa politique générale (sic) de la vérité : c'est-à-dire les types de discours qu'elle accueille et fait fonctionner comme vrais, etc. ». Suit une liste des processus par lesquels cette politique se déploie et devient efficace[236]. Or, cette notion fait incontestablement problème du fait de son flou théorique : la vérité est *une*, je n'ai cessé d'y insister, et son seul lieu d'existence certaine est désormais

[233] *Dits et écrits II*, op. cité, p. 29.
[234] Ib., p. 29 et p. 78.
[235] Ib., p. 158.
[236] Ib.

la science, dans toute sa variété et ses degrés d'exactitude ; je vois mal comment on pourrait par conséquent parler d'une pluralité de régimes de *vérité* alors qu'on peut parler sans problème de la multitude des régimes de *croyance* et, en l'occurrence, de croyance illusoire en la vérité : dans le domaine perceptif, dans celui des superstitions irrationnelles qui s'ignorent comme telles, dans le domaine des croyances religieuses, des croyances métaphysiques, des fausses sciences, des idéologies. Ce n'est que dans l'ordre de la science proprement dite que la vérité advient et qu'un véritable régime de vérité s'instaure, avec ses contraintes internes et ses dispositifs institutionnels. Mais pour penser et admettre cela, il faut avoir une confiance préalable en la rationalité et considérer qu'elle ne *fait pas* la vérité au même titre que n'importe quelle autre forme culturelle, mais *incite* à sa recherche laborieuse, *supporte* celle-ci, la *prouve* et *rend sensible* à sa réception – ce qui n'est pas du tout la posture de Foucault qui ne cesse régulièrement de dénoncer l'emprise ou « la loi » (c'est son expression) de la rationalité scientifique sur notre monde actuel. A l'arrière plan – pour nous risquer, nous aussi, à une généalogie de son attitude –, il y une apologie très nietzschéenne de la vie contre tout ce qui pourrait la brider ou la réprimer, que l'on retrouvera dans d'autres aspects de sa pensée mais qui, ici, déborde sur son épistémologie et l'entraîne dans une orientation théorique qui est fausse puisqu'elle subordonne la vérité à la vie, non seulement pratiquement mais théoriquement, en l'immergeant en elle.

Tout cela marque sa pratique de la science mais aussi son idée de celle-ci. Sa pratique, d'abord. Quand on l'interroge sur sa manière de travailler en histoire (en particulier à propos de *Surveiller et punir*), il déclare refuser de s'appuyer sur une méthode de recherche ou de compréhension *a priori*, préférant fonctionner au coup par coup, au contact d'objets historiques individuels – à l'encontre de ce qui se fait désormais dans cette discipline, en particulier depuis Braudel et l'Ecole des Annales où la méthodologie, basée sur des hypothèses théoriques concernant le développement de l'histoire sur le long terme, commande la recherche. Mais de toute façon, il ne pourrait guère faire autrement étant donnée sa conception de l'histoire : dans sa perspective, celle-ci est essentiellement discontinue, faite d'évènements et de ruptures, et l'idée que ceux-ci puissent s'inscrire pourtant dans un *déterminisme de long terme* lui est manifestement étrangère ; c'est d'ailleurs un des motifs de son opposition au marxisme, lequel met l'accent, au surplus, sur une causalité économique essentielle, mais réellement explicative, qu'il refusait. Mais Foucault voulait-il *décrire* ou *expliquer* ? En tout cas, c'est ce refus d'une rationalité d'ensemble de l'histoire qui lui a valu nombre d'objections d'historiens de métier, y compris dans ses domaines spécifiques de recherche comme l'histoire de la folie, sa thèse[237], ou le domaine de l'univers carcéral.

C'est ici qu'intervient son idée de la science et de son histoire. Sur le seul terrain de l'histoire des idées et spécialement des sciences humaines, son concept d'« *épistémè* », qui est au cœur de *Les mots et les choses*, est peut-être impressionnant, mais j'y vois surtout un concept-écran, sans vraie rigueur et qui masque la genèse effective des idées scientifiques, voire les dévalorise. Quand on consulte la définition qu'il en donne à propos des sciences humaines[238], on s'aperçoit que c'est le socle ou l'arrière-

---

[237] Voir l'analyse de sa soutenance de thèse dans le livre de D. Eribon, *Michel Foucault*. Je signale ces critiques qu'il dut subir et qui auraient pu être encore plus nombreuses, non en raison d'un goût étroit et tatillon pour une érudition parfaite, mais pour mieux marquer dans quel état d'esprit Foucault travaillait : un état d'esprit qui prenait des libertés avec les exigences d'une science authentique.

[238] Op. cité, NRF/Gallimard, p. 356.

fond intellectuel général à partir duquel « l'homme » est constitué comme *objet de science*, ce qui fonde l'apparition des sciences humaines puisqu'elles ont pour fonction de l'étudier sous cet angle. Or, si cette définition peut être acceptée (sous bénéfice d'inventaire), son statut épistémologique et même carrément ontologique fait problème. Car il y a bien entendu *des « épistémès »* et l'émergence historique de l'*épistémè* en question (en opposition avec celle qu'il nomme « classique ») dont il a besoin pour comprendre l'existence d'une interrogation scientifique sur l'homme, reste mystérieuse. Certes, des facteurs historiques extérieurs ont du intervenir comme causes, admet-il, mais, contrairement à l'idée qu'une « opinion » (ou une idéologie, mot qu'il n'aime pas) pourrait en être la source, il soutient qu'il s'agit-là d'un pur évènement (sinon d'un avènement), « un évènement dans l'ordre du savoir » qui fait irruption et traduit une discontinuité historique, un « évènement radical », « énigmatique »[239]... à l'image de ces discontinuités et de ces évènements qui tissent l'histoire selon lui. En d'autres termes : cela même qui est censé nous faire comprendre l'apparition des diverses sciences de l'homme (biologie, histoire, psychologie, etc.) apparaît lui-même, du fait de sa discontinuité historique, comme *incompréhensible* rationnellement !

Son idée de la science considérée en elle-même, ensuite. Elle s'accorde elle aussi avec ce qui précède et, spécialement, avec son scepticisme gnoséologique. La vérité ce n'est pas « l'ensemble des choses vraies qu'il y a à découvrir ou à faire accepter » ose-t-il dire, réaffirmant ensuite sa théorie des « effets de pouvoir » qu'elle suscite : « C'est l'ensemble des règles selon lesquelles (...) on attache au vrai des effets spécifiques de pouvoir »[240]. D'où

---

[239] *Les mots et les choses*, op. cité, p. 229.
[240] *Dits et écrits II*, op.cité, p. 159.

une conception de l'histoire des sciences et des vérités qu'elles nous apportent *totalement spécieuse*, il faut le clamer haut et fort, contre ses admirateurs dépourvus du moindre esprit critique. Il ne croit pas en un progrès *cumulatif* des sciences – quelles que soient ses rectifications, ses transformations, ses révolutions, ses relativisations, bien évidemment[241] – et le passé scientifique était pour lui « le cimetière des vérités », d'après ce qu'en rapporte P. Veyne sans s'en offusquer[242]. De même, « la vérité est la plus récente erreur » dit-il, s'appuyant, prétend-il, sur Canguilhem[243]. Soyons clair, à nouveau : tout cela est à l'opposé d'une vison rationaliste de la science, qui affirme qu'elle est porteuse d'une vérité incontestable et dont Bachelard à magnifiquement formulé la conception (quoi qu'en disent certains de ses partisans qui trahissent son message) : « A parcourir l'histoire d'une culture rationaliste, on a, au moins, la réconfortante impression qu'on abandonne toujours une "raison" pour une "meilleure raison". En particulier, la science, dès qu'elle est constituée, ne comporte pas de régression. Ses changements de constitution sont d'apodictiques progrès prouvés » et il ajoute que « les preuves (y) sont des progrès et le progrès une preuve », concluant que « la raison (y) est quotidienne »[244]. Ce magnifique texte tranche avec les assertions de Foucault et contredit tout ce qu'il peut dire sur les discontinuités radicales dans

---

[241] Une théorie réellement scientifique peut voir ses résultats relativisés à une certaine échelle, ils n'en demeurent pas moins vrais à *cette* échelle. C'est le cas de la loi de la pesanteur ou de la gravitation universelle pour Newton. C'est le contraire dans le domaine de l'idéologie : une idéologie (religieuse ou politique, par exemple) peut remplacer une autre, elle ne peut pas s'y *ajouter*, au sens fort de ce terme.

[242] Op. cité, p. 62.

[243] Ib., p. 1594.

[244] *Le rationalisme appliqué*, PUF, p. 31.

l'histoire de la science (en croyant pouvoir se réclamer de Bachelard). Car, quelle que soit l'importance des ruptures, épistémiques ou épistémologiques, que connaissent les sciences *à l'intérieur d'elles-mêmes* ou *vis-à-vis de leur « extérieur »* et sur lesquelles Bachelard a effectivement mis l'accent, il y a bien pour ce dernier un *continuum interne* de progrès intellectuel, dès qu'une science est constituée, qui fait que notre connaissance du monde s'enrichit constamment et progresse en quantité comme en qualité.

Cela me permet de revenir une dernière fois sur le statut des sciences humaines tel que Foucault l'apprécie à la lumière de son concept d'*épistémè*[245] et d'affirmer qu'il y a, à ce sujet, une véritable *imposture* à le considérer comme un grand penseur de celles-ci[246]. Je rappelle qu'il s'agit pour lui d'un *a priori* ou d'un transcendantal *historique*, dont l'historicité empirique est d'ailleurs problématique (de quoi est-elle faite exactement ?), qui rend possibles les sciences de l'homme en rompant avec une *épistémè* historiquement antérieure. Deux remarques s'imposent ici : 1 La notion d'*a priori* historique ou de transcendantal historique est confuse vu que, pris au sens strict que lui a conféré Kant, un *a priori* ou un transcendantal ne saurait être historique, c'est-à-dire empirique, étant donné qu'il est une condition de possibilité de l'empiricité elle-même ! Recourir à ce vocabulaire, dont l'usage est devenu courant depuis chez divers auteurs, n'a d'autre fonction, comme c'est le cas chez Foucault pour d'autres formulations, que de produire un *effet illusoire de profondeur*. 2 Il affirme parallèlement, on l'a vu, que cette nouvelle *épistémè* fait rupture avec

[245] Dernier chapitre de *Les mots et les choses*, op. cité.

[246] Voir l'ouvrage, justement polémique à son endroit, de J.-M. Mandosio, *Longévité d'une imposture*, Editions de l'encyclopédie des nuisances, 2010.

celle qui précède et il précise même que rien au siècle antérieur (le 18ème) n'annonçait en quoi que ce soit une interrogation sur l'homme, *a fortiori* d'ambition scientifique, ce qui est faux : Hume a écrit un *Traité de la nature humaine*, qui se voulait une science de l'homme, Kant a fait de la question « Qu'est-ce que l'homme ? » la question décisive de la philosophie, il est vrai sur un plan réflexif, mais il y a aussi son *Anthropologie au point de vue pragmatique* (que Foucault a traduit pour son doctorat !), il y eut *L'homme-machine* de La Mettrie, etc., sans compter que l'émergence du matérialisme philosophique (dont Foucault, d'une manière générale, fait peu de cas) a facilité l'approche de l'homme sur un plan empirique puisque matériel. On voit donc que le traitement par Foucault de l'histoire des sciences manque pour le moins de rigueur et que le brillant (poétique ?) de son écriture ne saurait être une excuse et justifier ce manque.

Mais ce qui est le plus grave est ce qui s'ensuit quant au statut intellectuel de ces sciences humaines dans leur rapport à la vérité. Ce mot même (dans l'expression il y a « sciences ») lui paraît « peut-être trop fort » et il lui préfère celui de « discours »[247] car, ce qui les fragilise par avance, c'est que l'homme en est à la fois l'auteur et l'objet ! Pourtant, il revient sur ce point, nuance cette objection, réaffirme que ce n'est pas un homme individuel et libre qui les rend possibles mais la fameuse et mystérieuse *épistémè*, ce qui, précise-t-il, les soustrait à ce qui pourrait entraver leur positivité (les illusions, les chimères, les opinions, les intérêts, les croyances, etc.), mais que « cela ne veut pas dire pour autant que ce sont des "sciences" »[248]. Et il précise un peu plus loin, d'une manière encore plus brutale et étonnante s'agissant du

---

[247] *Les mots et les choses*, p. 355.

[248] Ib., p. 376.

statut de *condition de possibilité de la scientificité* attribué à l'*épistémè*, qu'envisagées à partir de ce socle épistémique qui les a constituées, elles ne sont pas scientifiques : « Inutiles donc de dire que les "sciences humaines" sont de fausses sciences ; ce ne sont pas des sciences du tout ; la configuration qui définit leur positivité et les enracine dans l'*épistémè* moderne les met en même temps hors d'état d'être des sciences. » [249] C'est donc, selon lui, la notion de « savoir » (sur l'homme) qui leur convient seulement, sauf qu'il oublie deux choses essentielles : 1 L'on peut savoir quelque chose sur un objet donné, sans savoir *comment* il s'est produit, donc sans être capable de l'*expliquer* : la psychanalyse (sur laquelle je reviendrai) n'expliquerait donc rien s'agissant de l'origine des névroses, via la sexualité infantile et le refoulement ? Absurde ! 2 La notion de « savoir » est elle-même bien floue : il y a un savoir empirique, un savoir pratique, un savoir-faire en politique, un « savoir bien jouer » dans tel ou tel sport, etc. Quel est donc ce *savoir spécifique* qui serait apte à donner un lustre théorique à ce qu'il refuse de nommer les « sciences humaines » mais qui justifierait quand même qu'on s'y intéresse tout au long d'un livre ? En réalité, cette qualification de simple « savoir » est destinée à dévaloriser la connaissance de l'homme, dans un style non seulement sceptique mais irrationaliste (malgré l'apparence : c'est un « savoir », dites donc !). A quoi s'ajoute une dernière difficulté, qui a tout l'air d'un paradoxe mortifère pour ce dont il s'est occupé dans son livre et dont il ne parait pas avoir conscience : science ou savoir de l'homme, dans tous les cas la prise en charge intellectuelle de « l'homme » annonce sa disparition

[249] Ib., p. 378. J'indique au passage que ce propos n'est guère pertinent puisque c'est précisément ce que signifie l'idée de « fausse science » distinguée de celle de « science fausse», c'est-à-dire de science comportant des erreurs.

future : connaître l'homme revient à le détruire théoriquement, à le déconstruire, et c'est donc au savoir d'un futur *rien*, d'un *néant d'être*, auquel on se sera intéressé![250]
Concluons sur cette question de la vérité chez Foucault. Rien n'illustrera mieux son scepticisme généralisé qu'un texte de lui intitulé « La scène de la philosophie », dans lequel une analogie forte est faite entre le théâtre et la philosophie[251]. Car dans le théâtre la distinction du vrai (ou du réel) et de l'illusoire (ou du mensonger) n'a pas de sens puisque l'on est sur une scène, hors de la vie. Or, c'est la même chose, pour lui, dans son travail : la question de savoir si la manière dont les hommes se sont vus et ont vu le monde en Occident est vraie ou fausse ne l'intéresse pas, il a voulu seulement « décrire la manière dont les hommes d'Occident ont vu les choses sans poser la question si c'était vrai ou faux ». Et il précise, s'agissant de plusieurs disciplines : « Peu m'importe que la psychiatrie soit vraie ou fausse », ou encore : « Peu m'importe que la médecine dise des erreurs ou des vérités (…). Mais je voudrais savoir comment on a mis en scène la maladie, comment on a mis en scène la folie, comment on a mis en scène le crime (…) comment on l'a perçu, quelle valeur on a donné à la folie, au crime, à la maladie, quel rôle on leur a fait jouer ». Bref, la vérité (ou l'erreur) est appréhendée comme un spectacle, comme un *théâtre* et c'est la *constitution* de ce théâtre ou de cette scène, avec ses jeux dramatiques, qui lui importe, conformément à son approche archéologique ou généalogique qui, on l'a vu, est *externe*, ne se prononçant pas, en apparence tout au moins, sur le contenu de vérité des « discours » ou des « jeux de langage » qui sont seulement faits pour être jugés sur le plan de leur efficacité « politique » (au sens large)… ou du

---

[250] Voir le dernier paragraphe, célèbre, du livre, p. 398.
[251] *Dits et écrits II*, op. cité, p. 571- 572, spécialement.

plaisir qu'ils nous apportent. En réalité, et je le répète délibérément, il y a, si j'ose dire, un *effet de discours du discours épistémologique de Foucault sur les « discours »* qu'il analyse et c'est, inévitablement, quoiqu'avec des nuances, un effet *négatif* quant à leur contenu de vérité, un effet *dévalorisant* donc, voire *disqualifiant*.

La discipline qui en fait prioritairement les frais, c'est la psychanalyse, et je voudrais insister un peu sur le traitement qu'il lui fait subir, à partir de sa critique du concept de « maladie mentale », tout particulièrement dans *La volonté de savoir*[252] mais ailleurs aussi. Son approche est inséparable de son *Histoire de la folie*, qui l'a largement précédée et dont il faut d'abord rappeler le diagnostic : elle tend à critiquer l'approche médicale de la folie, laquelle revient, à travers l'opposition Raison/Déraison, à trahir sa vérité vécue telle que le Moyen-Age la comprenait intuitivement et la tolérait socialement à travers les rôles que lesdits fous jouaient dans l'espace social[253]. Son objectivation par la psychiatrie n'est pas du tout perçue par lui comme un gain, même fragile, d'intelligibilité scientifique dans ce domaine et donc comme un gain parallèle d'un pouvoir curatif et libérateur vis-à-vis de la souffrance psychique dans son caractère maladif (car tout souffrance n'est pas maladive), aussi minimes que ces gains aient été dans un premier temps[254]. Son diagnostic théorique est à l'opposé : on a enfermé l'homme fou, théoriquement, dans une entité arbitraire – la maladie, le malade, l'anormalité – et cela a permis son éloignement social, son exclusion et,

---

[252] PUF, 1er tome de son *Histoire de la sexualité*, qui a été interrompue par sa mort.

[253] Voir plus haut et la conclusion du livre, 10/18.

[254] Dans *La volonté de savoir* il refuse de voir dans la médecine (au sens large, incluant la psychanalyse) ni l'idéal « d'une sexualité saine », ni « la rêverie humaniste d'une sexualité épanouie » mais une fonction fondamentalement « normalisatrice » (p. 95).

finalement, son enfermement tout court dans les hôpitaux psychiatriques ou les asiles dans lesquels on était censé, au pire, les empêcher d'être malfaisants, au mieux les guérir (ce qu'il ne conteste pas totalement). A quoi s'ajoutent selon lui, conformément à sa théorie globale sur le « savoir-pouvoir » et les dispositifs de pouvoir, des effets d'ensemble sur la population en difficulté sociale : chômeurs, délinquants, criminels, a-sociaux en tous genres, etc. La *discipline* psychiatrique, discipline théorique mais à visée curative, cesse alors d'être considérée dans sa vérité interne possible et son apport humain éventuel[255], pour devenir purement et simplement *disciplinaire*, au sens pratique et négatif du terme : elle impose des disciplines de vie qui assujettissent les individus, les encadrent, les privent de leur liberté à travers de multiples *micro-pouvoirs* dont Foucault peut produire d'ailleurs de bonnes et efficaces descriptions de détail[256]. Mais il ne voit que cela en elle et son propos se paie d'un déni de vérité objective, même partielle, la concernant, et il aboutit à ce paradoxe : là où la science commence à déceler une aliénation mentale chez ledit fou, susceptible d'être supprimée par elle, Foucault accuse cette science d'*aliéner le sujet par cette appellation même d'aliénation*, de passer à côté de sa vérité existentielle, de le rendre autre que ce qu'il est en le jugeant à partir de

---

[255] Je rappelle tout simplement, un siècle au moins après la naissance de la psychiatrie, que même les psychanalystes reconnaissent que certaines maladies psychiques (je préfère cet adjectif à celui de « mentales », même s'il m'arrive d'y recourir) ne relèvent pas de leur thérapie mais d'un traitement chimique, c'est-à-dire psychiatrique. C'est le cas, incontestablement, de certaines dépressions.

[256] C'est l'objet même de *Surveiller et punir* en liaison avec *Naissance de la clinique*. On voit combien la dimension coercitive de la norme est obsédante chez lui. Le problème, c'est que, ne se voulant pas pur historien mais aussi analyste critique, il peut s'offrir sans remords des lacunes dans les descriptions historiques.

normes extérieures à son expérience vitale et propres à une culture donnée. C'est ainsi que, à la fin de *Maladie mentale et psychologie* où il polémique déjà avec l'approche clinique de la folie, il en arrive à dire ceci, que je cite intégralement, tant ce propos est révélateur d'une forme d'irrationalisme : « Il s'agissait seulement de montrer entre la psychologie et la folie un rapport tel et un déséquilibre si fondamental qu'ils rendent vain chaque effort pour traiter le tout de la folie, son essence et sa nature, en termes de psychologie. La notion même de "maladie mentale" est l'expression de cet effort condamné d'entrée de jeu. Ce qu'on appelle "maladie mentale" n'est que de la *folie aliénée*, aliénée dans cette psychologie qu'elle-même a rendu possible. »[257] Or, on retrouve, plus ou moins il est vrai, cette critique dans son traitement de la psychanalyse.

Celle-ci se trouve donc formulée dans *La volonté de savoir*, en large contradiction avec l'analyse impeccable qu'il en faisait dans la première partie de *Maladie mentale et psychologie*. Remarque préalable : il est parfois délicat d'analyser un texte complet de Foucault car celui-ci refuse la logique binaire – le oui ou non – dans ses affirmations, multipliant les modifications (quitte à se contredire), les hésitations de détail ou les nuances, voire anticipant des critiques qu'on pourrait lui faire et y répondant par avance ou prétendant y répondre, comme dans ce livre lorsqu'il est question de la psychiatrie, de la sexualité, du sexe et, donc, de la psychanalyse. Celle-ci n'est pas abordée directement et en une seule fois, mais son examen est inséré dans une histoire plus large des « dispositifs de la sexualité » remontant au Moyen-Age, avec son souci spécifique de la sexualité et les pratiques institutionnelles qui l'accompagnaient, qui rejoint celle des dispositifs de « savoir-pouvoir », dont j'ai déjà parlé, par lesquels des

---

[257] Op. cité, PUF, p. 90.

« effets de pouvoir » multiples sont produits par les « discours » sur l'homme, en l'occurrence ici dans sa vie sexuelle et sur celle-ci. Ils contribuent à constituer les individus en « sujets », au double sens du terme précise-t-il[258], qui implique que ce soit des sujets « assujettis » tout en étant des sujets « de désir ». Il y a donc une « politique de la vérité sexuelle » prise dans des « jeux de pouvoir » qu'il va s'efforcer de mettre au jour. Or, à la base de son travail il y a un refus fondamental, qui semble contredire la notation précédente sur l'assujettissement, celle de « l'hypothèse répressive »[259] selon laquelle la société, spécialement la société bourgeoise, réprimerait la sexualité, alors qu'il y voit, au contraire, une efflorescence de la préoccupation la concernant et, tout autant, y compris au travers de son encadrement social, une forme subtile, détournée, sublimée et déniée, de sa satisfaction. N'étant pas historien, je n'ai pas les moyens de juger de la véracité de ses analyses concrètes sur les institutions, la pédagogie, les pratiques médicales, le fonctionnement des familles, etc., même si j'en doute un peu. Ce qui m'intéresse par contre, c'est le sort qu'il fait à la psychanalyse dans ce cadre, mais en quelque sorte *in fine* et parfois avec prudence… car on ne démolit pas facilement un géant de la pensée théorique comme Freud ! Or ce qui est frappant, c'est deux ou trois choses, au minimum : 1 Il est capable de restituer très exactement, quoique brièvement, les points essentiels de la théorie psychanalytique : codification clinique du « faire parler » ; causalité générale et diffuse de la sexualité chez l'être

---

[258] Op. cité, p. 81.

[259] Cette hypothèse est freudienne et elle a été reprise et systématisée, dans une perspective politique de libération sexuelle à laquelle il ne croit pas, par W. Reich – qui était, il est vrai, partisan aussi de Marx, ce qui n'est pas le cas de Foucault. On la retrouve, sous une forme nuancée, chez Malinowski, dans son livre *La sexualité et sa répression dans les sociétés primitives*, Payot.

humain – mais qu'il traite de « postulat » ; latence intrinsèque de la sexualité dans toutes nos conduites ; méthode de l'interprétation ; médicalisation des effets de l'aveu – mais ce terme d'aveu ne convient absolument pas[260]. Hormis ces deux restrictions dans les formulations (« postulat », « aveu »), tout cela est juste… mais ne nous permet pas du tout de comprendre son refus radical de la psychanalyse : « Je n'ai jamais été freudien », reconnaît-il sans ambages[261] ! 2 Cela explique mais ne justifie pas qu'il n'y ait de sa part aucune affirmation positive de la *scientificité* ou, au minimum, de la volonté globale de scientificité de cette théorie. Je conteste radicalement ce refus et je rejoins ici, non seulement Freud plaçant sa découverte de l'inconscient dans la filiation des découvertes *scientifiques* de Galilée et de Darwin, blessant l'égocentrisme naturel de l'homme[262], mais aussi un jugement comme celui d'Althusser, autrement favorable à la scientificité en général, affirmant que Freud a ouvert le « continent » de l'inconscient » à la science comme les Grecs avaient ouvert le « continent » des mathématiques ou Marx le « continent » de l'histoire[263]. Or il faut le dire : la découverte (et non seulement l'hypothèse) de l'inconscient psychique lié au refoulement est une grande *découverte scientifique* dont personne, aujourd'hui, ne peut faire abstraction et qui modifie décisivement, entre autres, notre compréhension de l'*essence* du psychisme comme de la liberté humaine, donc plus largement de l'homme. Il en est de même de la conception du sujet et de sa constitution culturelle à travers le ça, le moi et le

---

[260] Ib., p. 87-90. Voir ce que j'en dis plus bas.
[261] *Dits et écrits II*, op. cité, p. 1254 ;
[262] Voir l'*Introduction à la psychanalyse*, Payot.
[263] Voir son Avertissement au Livre I du *Capital* (Garnier-Flammarion). Voir aussi mon article « Plaidoyer pour l'ambition scientifique de la psychanalyse » sur le site *La faute à Diderot*.

surmoi, comme de sa découverte de la causalité sexuelle, liée à la sexualité infantile, dans la genèse des troubles psychiques ou, enfin, de sa conception de la sexualité comme trouvant son origine dans des pulsions sexuelles *naturelles*, d'origine biologique sans cesser d'être pourtant psychiques, et qui n'ont rien à voir avec l'effet d'un quelconque « dispositif de pouvoir » sur lequel il faudrait à tout prix la greffer. Or, tout cela est, sinon nié, en tout cas non reconnu ni assimilé par Foucault[264] puisqu'il lui arrive, à la fin de son livre, de déclarer que le « sexe », distingué (subtilement ?) de la sexualité, est « irréel », de le considérer comme un « élément spéculatif » et même « imaginaire »[265]. Il est vrai que, dans la même optique, il avait déjà, à la fin de *Les mots et les choses*, récusé (vaguement au demeurant) la matrice explicative de la psychanalyse et nié qu'elle puisse fonder une nouvelle anthropologie[266]. 3 Mais il y a plus grave encore que cette simple abstention : il y a chez lui des jugements au minimum ironiques à son égard, l'accusant de tout sexualiser dans sa compréhension de l'homme, comme lorsqu'il laisse aux psychanalystes le soin de savoir si Don Juan était « homosexuel, narcissique ou impuissant »[267], ou quand il se moque de la tentation psychanalytique de vouloir expliquer la personnalité d'un criminel par les accidents psychologiques et sexuels de son enfance ! Il y a aussi sa tendance, j'y reviens une dernière fois, à relativiser la prétention à la scientificité de cette théorie : le reproche qu'il fait à la psychiatrie du 19ème siècle de

---

[264] La genèse du « sujet » telle que Freud la conçoit à partir d'un mixte de nature (le ça) et de culture ou d'éducation (le moi et le surmoi) est autrement éclairante que ce qu'en dit Foucault, dont la conception du « sujet » (le « sujet assujetti ») n'est pas à la hauteur de celle, positive, de Freud.

[265] Voir *La volonté de savoir*, p. 205 et p. 207.

[266] Voir, successivement, p. 385 et p. 388.

[267] *La volonté de savoir.*, p. 55.

recourir à un vocabulaire « de consonance scientifique » en se réclamant de la biologie pour s'arroger un titre de scientificité indu (ce qui n'est pas faux)[268], il l'applique à la psychanalyse en lui reprochant, par ce même procédé de rapprochement avec la biologie, de s'arroger illégitimement « une garantie de scientificité »[269], en oubliant alors tout ce qui sépare Freud de la psychiatrie, qu'il a cependant le mérite de signaler ailleurs : la psychanalyse, en tant qu'approche *psychologique* des « maladies mentales », s'est constituée *contre* la psychiatrie et son biologisme[270], et elle a pu alimenter, il le reconnaît, le mouvement progressiste de *l'Anti-psychiatrie*. Pourtant, tout en lui concédant ce mérite théorique, il continue de lui attribuer, dans la continuité de son analyse critique du discours psychiatrique sur la maladie mentale et au moins implicitement, « une exigence de normalité »[271] et il réussit, si je puis dire, à la réintégrer dans le dispositif familial de ce qu'il appelle « l'alliance », avec ses « jeux de l'épousaille et de la parenté » et son thème corrélatif de l'inceste, dans laquelle la sexualité était enfermée au 19ème siècle : en révélant la force des interdits sexuels et en prétendant pour une part les restreindre, elle les aurait en réalité légitimés et donc renforcés[272]. Par ailleurs, dans sa généalogie épistémologique de celle-ci, lui le théoricien de la rupture, procède à des analogies totalement spécieuses, comme quand il fait dériver l'entretien psychanalytique, destiné à mettre au jour l'inconscient, de la technique de l'aveu liée à la confession dans l'Eglise au Moyen-Age. C'est oublier tout ce qu'il y a de connotation morale et de présence de la

---

268 Ib. p. 73.
269 Ib., p. 204.
270 Voir, à nouveau, l'*Introduction à la psychanalyse*, op. cité.
271 *La volonté de savoir*, p. 155.
272 Ib., p. 149.

contrainte dans ce dernier cas, alors que l'entretien psychanalytique est hors morale tout autant que libre : l'interrogation devient alors un interrogatoire et la cure par la parole, fondée largement sur l'écoute, l'extorsion d'une vérité enfouie et intime, suscitant par un pareil propos les réserves justifiées de psychanalystes professionnels ![273] Enfin, et en conclusion de l'analyse de ces réflexions de Foucault, qui se prétend habité par un souci de vérité, il y a cette double conviction : qu'il n'y a pas « un certain domaine de la sexualité qui relève en droit d'une connaissance scientifique, désintéressée et libre », donc un domaine objectif inédit offert à la science et enfin conquis par elle, et que la « sexualité » est non un objet à connaître, avec les effets de libération (et non de « pouvoir ») que sa connaissance autorise, mais une « construction » : « Elle n'est pas une sorte de donnée de nature (…) que le savoir essaierait de dévoiler . C'est le nom qu'on peut donner à un dispositif historique »[274] et, encore mieux, c'est « l'ensemble des effets produits dans les corps, les comportements, les rapports sociaux par un certain dispositif relevant d'une technologie politique complexe »[275]. Honnêtement, je ne savais pas que, quand je fais l'amour, je mettais en œuvre une pareille « technologie politique complexe » ! On est là en plein *constructivisme*, indissolublement épistémologique et ontologique : si on laisse de côté la question du « sexe » dont on a vu qu'il était, au final, un élément « spéculatif », voire imaginaire, un point de fuite insaisissable, la sexualité est pour lui un objet construit par l'histoire et sa connaissance discursive, prise dans les rapports de pouvoir, une construction théorique qui redouble sa construction historique et l'alimente. Et c'est

[273] Voir « Le jeu de Michel Foucault » in *Dits et écrits II*, p. 298-329.
[274] Ib. , p. 139.
[275] Ib., p ; 168.

bien pourquoi il se réclame de l'œuvre de T. Szasz parlant du « mythe de la maladie mentale » et d'une « construction de la folie »[276]. On a rarement été aussi loin dans le refus d'une connaissance objective qui suppose d'abord la réalité objective de son objet, même si, ici, l'objectivité est celle d'une réalité subjective, inhérente à un sujet et vécue par lui… Oui, Foucault est un penseur radicalement sceptique, y compris dans ce domaine !

Il en est de même, d'ailleurs, en ce qui concerne l'histoire. A la fin de *Les mots et les choses*, à nouveau, il professe un étrange relativisme épistémologique à propos de cette discipline telle qu'elle se met en place au 19ème siècle. En mettant en lumière l'historicité des choses, l'histoire comme discipline est emportée par l'histoire réelle qu'elle découvre et étudie : elle est prise dans cette dernière et vouée à changer. C'est dire que pour lui, aucun point de vue sur l'histoire (réelle) n'est possible qui soit hors histoire et donc objectif. Il oublie alors étrangement l'apport essentiel de Marx (dont je parlerai davantage plus loin) qui combine l'historicité et l'objectivité dans sa théorie de l'histoire : la capacité de comprendre scientifiquement l'histoire, sur une base matérialiste, est elle-même un produit historique liée au développement du capitalisme à partir du 19ème siècle ; mais cet enracinement ne relativise en rien ce nouveau point de vue, n'en fait pas une interprétation parmi d'autres destinée à être dépassée historiquement : il rend au contraire possible une compréhension enfin scientifique, donc objective, du

[276] Voir *Le mythe de la maladie mentale*, Payot, 1977. Soyons clair : comme chez Foucault cette idée n'est pas totalement à rejeter, mais ce qui doit l'être c'est l'usage systématique qui en est fait et qui, surtout, ne convient absolument pas à ce que Freud en a dit.

développement historique universel qui *transcende* ses conditions historiques de constitution ou d'apparition[277]. Qu'en déduire pour finir vraiment sur la question de la vérité des sciences humaines, sinon qu'il aura manqué à Foucault une position philosophique dont il ne parle guère comme si elle n'était ni vraie ni opératoire : celle de l'*ontologie matérialiste* telle que je l'ai présentée dans ma première partie. Car s'il l'avait adoptée, il aurait pu mieux comprendre que si l'homme, qui est effectivement un sujet (construit), peut néanmoins devenir un objet de science sur la base des multiples déterminants qui le façonnent (biologiques, psychologiques, sociaux), c'est parce qu'il est un *être matériel*, donc immanent à la réalité empirique dont s'occupent les sciences, prenant place au sein d'une réalité que celles-ci, par définition, peuvent connaître rationnellement. Or le « sujet » (en l'occurrence « les » sujets) dont Foucault s'est occupé sous plusieurs angles, s'il n'est pas celui, transcendant, voire spirituel, en tout cas originaire de la phénoménologie ni celui de Sartre, qu'il récuse clairement parce qu'il échappe à toute connaissance empirique, n'en demeure pas moins un sujet évanescent, occupant une place vide, en quelque sorte, au sein de l'Etre, destiné moins à être connu dans sa réalité effective qu'appréhendé dans un contrôle social généralisé ; et il n'est même plus un « homme », puisque celui-ci, en tant qu'entité dont l'anthropologie s'occupe (mais Foucault n'aime pas l'anthropologie et ses invariants universels), est destiné, comme on l'a vu, à s'effacer du paysage intellectuel : or, peut-il y avoir des

---

[277] Voir op. cité, p. 378-385. Ce silence sur Marx surprend, surtout si l'on songe que le seul historien de taille qui est mentionné est... Spengler, dont la conception de l'histoire universelle est largement spéculative. Par ailleurs, le relativisme historique de Foucault fait penser à celui que professait R. Aron, en particulier dans son *Introduction à la philosophie de l'histoire : Essai sur les limites de l'objectivité historique.*

sciences *humaines*, si « l'homme », d'une manière ou d'une autre, n'existe pas ? Si donc il doit y avoir une *épistémè* rendant possibles celles-ci, ce ne peut-être que celle du matérialisme comme ontologie générale, socle de toute connaissance *a posteriori* du monde : ce n'est qu'au sein de la matière, avec toute sa complexité et toutes ses spécificités qualitatives, que « l'homme » peut trouver une *densité de réalité* qui le rend connaissable scientifiquement, sexualité comprise.

L'éthique contre la morale

Ce qui est en jeu, ici, c'est une autre question majeure, mais dont la solution juste suppose que l'on admette préalablement l'idée de vérité, avec sa conséquence ici : *il est vrai* que la morale existe, avec ses valeurs objectives et ses impératifs[278]. Question qui n'est guère à la mode depuis Nietzsche et dans le courant philosophique post-moderne, sauf sous la forme de son refus par toute une partie de la classe politique *et* intellectuelle : en politique où l'opinion qui domine un peu partout consiste à vouloir déconnecter la politique de la morale au nom de l'efficacité, du réalisme, du pragmatisme, voire au nom de l'idée que la morale pourrait nous mener au totalitarisme ; et dans le champ intellectuel, c'est la notion elle-même qui a perdu tout crédibilité, y compris chez beaucoup de marxistes qui n'ont retenu de Marx que sa critique explicite de la morale et de son impuissance, en oubliant sa motivation morale initiale qu'il a pourtant magnifiquement formulée dans sa jeunesse[279] et, tout

---

[278] Comme le dit par exemple Marcel Conche, philosophe contemporain majeur qui échappe à ma critique d'ensemble : « Il est *vrai* que l'on doit » (in *Le fondement de la morale*, PUF).

[279] « La critique de la religion aboutit (...) à *l'impératif catégorique* de renverser tous les rapports sociaux qui font de l'homme un être

autant, la dimension pleinement morale, de type kantien, qui anime constamment son œuvre théorique et politique, l'arrache à la seule positivité scientifique et explique son caractère *critique*. Du coup, c'est la notion d'*éthique* qui l'a remplacée et qui fait fureur, au point qu'elle intervient un peu partout, y compris dans le champ économique ou professionnel, avec sa « valse des éthiques » : l'éthique de l'entreprise, celle du médecin, celle du journalisme, etc.[280] Or Foucault s'inscrit clairement dans ce courant d'idées et je voudrais à la fois le *démontrer* et le *dénoncer*, car c'est un aspect de sa pensée qui est souvent ignoré ou sous-estimé et dont on ne perçoit pas les dangers dont il est porteur. Il n'est pas facile cependant d'en parler car il n'a pas écrit un ouvrage complet sur ce thème et ses propos sont dispersés ou indirects dans ses ouvrages majeurs ; et c'est plutôt dans ses *Dits et écrits* que, sollicité directement à se prononcer à plusieurs reprises dans ce domaine, il prend position explicitement, quitte à être victime d'une confusion récurrente de vocabulaire qui va être au centre de mon analyse. Cependant, le plus simple est de partir d'abord d'un passage assez long et solennel de *Les mots et les choses*[281] : commentant le fait épistémique de l'apparition de « l'homme » dans le champ intellectuel de la modernité, il signale que la pensée de cet « homme » est toujours au travail, modifiant son objet, qui peut être lui-même, en le pensant. Quand il s'agit de soi, précisément, la pensée contemporaine révèlerait ce qu'il y

humilié, asservi, abandonné, méprisable » et auparavant il a précisé, parlant de cette critique socio-politique, que « le sentiment essentiel qui l'anime est *l'indignation*, sa tâche essentielle la *dénonciation* » (« Critique de la philosophie du droit de Hegel, Introduction » in *Sur la religion*, Editions sociales, p. 50 et p. 44).

[280] J'ai écrit tout un livre pour lutter contre ce courant intellectuel : *L'ambition morale de la politique. Changer l'homme ?* (L'harmattan, 2010).

[281] Op. cité, p. 338-339.

a d'impensé en lui, ce qui n'avait pas été pensé avant elle[282] (il s'agit de son aspect directement actif) et il affirme alors, confondant éthique et morale, que « c'est tout cela qui constitue à soi seul le contenu et la forme de l'éthique ». Déjà cette seule proposition me fait problème : je ne vois pas ce qu'elle veut dire, j'en constate l'obscurité totale, surtout quand je pense, par opposition, aux profondes, géniales et *limpides* analyses de Nietzsche sur ce qu'est l'éthique. Mais ce qui suit est encore plus énigmatique, utilisant cette fois-ci le vocabulaire de la morale (la confusion avec l'éthique demeure) : « La pensée moderne n'a jamais pu, à vrai dire, proposer une morale : mais la raison n'en est pas qu'elle est pure spéculation ; tout au contraire, elle est d'entrée de jeu, et dans sa propre épaisseur, un *certain mode d'action* » (souligné par moi). A nouveau, j'avoue mon incompréhension : d'abord l'idée que cette pensée n'ait pas proposé de « morale » est fausse, car il y a eu Kant, ce grand penseur de la morale, dont il signale l'existence dans une petite et dérisoire note de bas de page, et ensuite, je ne vois pas bien le lien *théorique* entre une pensée qui serait d'ores et déjà une « action » ou « en travail » et l'impossibilité de proposer une morale ! Il s'en prend d'ailleurs juste après, avec beaucoup d'ironie, sinon de mépris, à ceux qui entendent formuler une morale indiquant ou prescrivant des directions de vie[283]. Et surtout il en tire cette conclusion dirimante, définitive, pour la

---

[282] C'est le cas de l'inconscient freudien, en faveur duquel il s'est précédemment prononcé, p. 337 : L'inconscient est « ce qui se donne nécessairement à la pensée scientifique que l'homme applique à lui-même quand il cesse de se penser dans la forme de la réflexion », affirmation remarquable dont on ne trouvera plus l'équivalent dans la suite de son oeuvre.

[283] « Laissons parler ceux qui incitent la pensée à sortir de sa retraite et à formuler ses choix » et « laissons faire ceux qui veulent (...) formuler une morale » (p. 339).

même raison, celle de la pensée-action : « Pour la pensée moderne, il n'y a pas de morale possible » : la pensée agit, un point c'est tout, sans que l'on sache vraiment si ce fait engage ou pas des points de vue normatifs. Voilà qui est dit : pour un motif que je trouve à la fois spécieux et parfaitement obscur, Foucault *nie la morale*, il se situe sur le terrain de ce que j'appelle non un immoralisme, mais un *amoralisme théorique* et donc, de son point de vue, également *pratique.* Après avoir été, on l'a vu, par-delà le vrai et le faux, le voici donc *par-delà le bien et le mal*, dans une lignée nietzschéenne qu'il revendique clairement mais qui est, en réalité, très approximative. D'où une conséquence, insupportable selon moi, à savoir l'affirmation que ceux qui lient la morale, mais une morale clairement revendiquée, et la politique en philosophie sont victimes d'une « profonde niaiserie » et que ceux qui associent la pensée à une « idéologie de classe » sont carrément affectés de « sottise »[284]. Je ne comprends pas, décidément, un pareil propos et je refuse le jugement normatif qui l'accompagne.

Cela ne signifie pas que Foucault nie la dimension de la *valeur*, sauf qu'il ne comprend pas la distinction entre la valeur *éthique* et la valeur *morale*, confondant en permanence les deux. Je m'explique, car ce point est décisif, à plusieurs égards, et il fait souvent encore l'objet d'une méconnaissance[285]. Dans les deux cas, il y a des valeurs qui s'expriment et nous sommes donc en présence d'un champ normatif (et non factuel). Mais leur origine et leur statut changent du tout au tout des unes aux autres. Les valeurs éthiques sont issues de la vie – que celle-ci

---

[284] Ib. , p. 339. Sa critique du langage prescriptif est récurrente chez lui.

[285] En dehors de penseurs comme Ricœur, Habermas, Conche, Comte-Sponville, Collin et moi-même – mais aussi, désormais, Godin dans *La démoralisation. La morale et la crise*, op. cité.

soit biologique, psychologique ou historique, caractérisant alors un groupe ou une époque – et elles traduisent la normativité inhérente à la vie elle-même sous la forme de processus spontanés de valorisation, qui s'objectivent illusoirement en « valeurs » distinctes du sujet vivant qui les constitue. C'est dire qu'elles sont ordonnées non à l'objectif du *bien* opposé au *mal*, mais à celui du *bon* opposé au *mauvais*[286], avec pour horizon le bonheur de l'individu (ou du groupe), à savoir ce qui est *bon pour lui*, et elles sont donc essentiellement marquées par le *souci de soi* (même quand ce « soi » est collectif, propre à un groupe particulier). Elles peuvent donner lieu à des sagesses quand elles sont élaborées rationnellement, qui tendent à les justifier intellectuellement mais qui ne sont en réalité, selon moi, que la rationalisation d'une valorisation vitale spontanée et première : le plaisir pour Epicure, l'accord avec le monde pour les Stoïciens, la joie pour Spinoza, l'utile pour les utilitaristes, la puissance pour Nietzsche, etc. Conséquence, concernant leur statut : exprimant des préférences existentielles, elles sont toutes concrètes, particulières et facultatives. On aura reconnu, plus ou moins, dans cette brève analyse[287], un discours que Foucault peut tenir soit dans ses *Dits et écrits*, soit dans les deux derniers tomes de son *Histoire de la sexualité*, spécialement quand il met explicitement le « *souci de soi* » au cœur de sa réflexion, même si c'est sous un angle historique – c'est même le titre d'un de ses livres – et quand il insiste sur le fait que la démarche éthique vise à élaborer un « *style d'existence* » marqué par l'excellence

[286] Voir Nietzsche qui entendait, sur la base de sa généalogie de la morale, se situer par-delà le *bien et le mal*, non par-delà le *bon et le mauvais*, au contraire !

[287] Pour plus de détails, voir mon livre *Nietzsche ou l'impossible immoralisme*, op. cité, l'introduction de mes *Etudes matérialistes sur la morale* et le début de *L'ambition morale de la politique*, op. cité.

ou par une « *pratique réfléchie de la liberté* », celle-ci étant prise avant tout dans son sens individuel[288]. Et il n'hésite pas à aller chercher dans l'Antiquité des formes d'une pareille démarche et à les étudier, quitte à les trouver anachroniques ou dépassées : il y découvre en tout cas un « travail sur soi » ou une « culture de soi » qui se traduit par des règles et des techniques de vie (maîtrise du corps, modération des appétits, exercices spirituels, etc.[289]), lesquels aboutissent à des processus de « subjectivation », divers selon les sagesses mais impliquant toujours la constitution d'un « sujet » (ou d'une « subjectivité »), le *sujet éthique* ou le *sujet de l'éthique* en question, avec ses caractéristiques individuelles spécifiques.

Tout cela n'est évidemment pas inintéressant et n'est pas l'objet de ma critique… sauf que *ce n'est pas de l'ordre de la morale* et que Foucault, je le répète, ne cesse de confondre les deux notions, prétendant développer aussi bien une généalogie de l'éthique (ce qui est vrai) qu'une nouvelle (après celle de Nietzsche) généalogie de la morale (ce qui est faux) ![290] Car c'est le moment de rappeler ce qu'est cette morale dont Foucault ne veut absolument pas, sur le fond : elle n'est pas issue de la vie et reflétant ses intérêts individuels, mais *de la raison*, elle a pour fonction non d'exprimer la spontanéité vitale mais de lui résister[291] pour l'accorder à celle des autres. « L'accorder à celle des autres » : tout est dit dans cette formule qui situe la morale à l'opposé du « *souci de soi* » qui est au centre des préoccupations de Foucault : la

[288] *Dits et écrits II*, op. cité, p. 1517 et p. 1530.

[289] Le *Manuel* d'Epictète en est un parfait exemple.

[290] *Dits et écrits II*, op. cité, p. 1428 et p. 1550

[291] M'appuyant sur la genèse réelle de la morale que l'on trouve chez Darwin, ce qui évite tout idéalisme, j'ai pu définir la morale comme « une anti-nature issue de la nature elle-même ».

morale, c'est le *souci de l'autre ou des autres* et, comme le dit Marcel Conche, elle commence dès qu'on est *deux*[292]. C'est dire qu'elle est, non totalement mais largement décentrée par rapport à soi, elle nous oblige à sortir de la préoccupation exclusive de notre ego et, sans s'y opposer, elle ne saurait être assimilée ni à une « culture de soi », ni à une « stylisation de l'existence personnelle » visant l'excellence (qu'est-ce qu'on fait alors de ceux qui n'ont pas les moyens culturels de s'y consacrer et peuvent être condamnés à la médiocrité ?), et parler d'un « morale du style » n'a aucune signification, comme n'a aucun sens l'affirmation que l'Antiquité aurait été traversée par une « morale du souci de soi » – expression contradictoire comme je viens de le suggérer[293]. C'est aussi le cas de l'idée d'une « morale sexuelle » ou « de la sexualité » qui est l'objet de ses derniers travaux, puisqu'il faut savoir que la sexualité, hormis les rapports de violence non consentis qu'elle peut comporter, est hors morale : elle relève de l'éthique personnelle. Du coup les valeurs de la morale se voient dotées de caractéristiques dont Foucault ne veut pas non plus, voire qu'il rejette avec violence : elles sont abstraites (le respect de la personne humaine vise toute personne humaine en général), elles ont universelles, en droit tout au moins (même si leur reconnaissance de fait a pris et prendra du temps dans l'histoire[294]) et, enfin, elles sont obligatoires. Or il polémique vigoureusement avec ces points théoriques, sans grande rigueur parfois, comme lorsqu'il attribue au « souci de soi » des anciens et de lui-même une dimension impérative qu'il ne saurait, par définition, avoir ! « L'éthique (…) a tourné autour de cet

---

[292] Voir de lui *Le fondement de la morale* (PUF), fin de l'Introduction.

[293] « Ce thème du souci de soi a traversé toute la réflexion morale » in *Dits et écrits II*, op. cité, p. 1331.

[294] Ce qui permet de compléter le matérialisme de la nature (Darwin) par celui de l'histoire (Marx) dans la genèse effective de la morale.

impératif fondamental, "soucie-toi de toi-même"» est-il capable d'affirmer, oubliant que l'éthique ne peut fournir que des conseils ou des recommandations, seule la morale formulant des impératifs ou des commandements[295]. On est ici, de plus, en plein narcissisme où le « soi », c'est-à-dire le moi, est roi, même s'il lui arrive d'affirmer que le souci de soi n'est pas exclusif du souci des autres[296], mais en quelque sorte, à la marge! En réalité, cette conception d'une normativité clairement auto-centrée n'est qu'une reprise subtile et transposée, du fait de ses références intellectuelles, de l'individualisme contemporain lié à la domination sans partage de la concurrence libérale au sein d'une économie capitaliste devenue désormais mondiale… dont Foucault fait très peu la critique (j'y reviendrai) et dont sa philosophie, qui se veut « critique », enregistre en réalité passivement la matrice idéologique, même s'il nie défendre une vision *intéressée* ou *égoïste* de l'existence[297]. On est clairement, malgré ces nuances ou ces restrictions, dans la dérive libérale-libertaire où, partant d'un souci libertaire affiché et pour une part légitime (le refus de normes arbitraires, le souci du sujet, etc.), on passe sans problème de conscience (la conscience morale n'étant de toute façon qu'une illusion culturelle) à l'acceptation du libéralisme économique et de son apologie de l'individu soi-disant « sujet de » ses actes, alors qu'il ignore les déterminismes qui pèsent sur lui et qui l' « assujettissent », non par le simple biais de normes éthiques, mais par des conditionnements sociaux terriblement concrets et effectifs, dont la base est économique. Quant à la revendication de la liberté individuelle qu'il fait sienne, pourtant, et à laquelle il doit son succès dans les milieux

---

[295] Ib., 1531-1532. Par opposition, voir Kant dont Foucault, il est vrai, ne se « soucie » guère !
[296] Ib., p. 1534-1535.
[297] Ib., p. 1448.

politiques de gauche, il la distingue d'une problématique de la libération à laquelle il ne croit pas car elle supposerait une nature préalable réprimée et altérée et renverrait à une solution politique utopique selon lui (voir sa critique de Reich et de Marcuse) ; il l'enferme donc dans un espace de réflexivité et d'ascèse personnelles qui n'a rien à voir avec une contestation réelle de l'ordre social existant. Ici, Foucault n'aura guère été l'anti-conformiste qu'il entendait être et qu'une légende sans fondement a fait de lui ! Enfin, chose curieuse, cette éthique de la liberté, qu'il oppose à une morale prétendument coercitive, a non seulement la liberté individuelle pour but (ce qui peut s'admettre, malgré les restrictions que j'ai indiquées) mais pour *fondement ontologique* : « La liberté est la condition ontologique de l'éthique » dit-il[298], alors que l'on doit concevoir cette dernière, comme je l'ai souligné plus haut à la suite de Nietzsche, comme un *effet nécessaire* de processus vitaux qui ne laissent pas de place pour une pareille liberté « ontologique », même quand ils sont rationalisés en sagesse. Le nietzschéisme éthique et amoraliste de Foucault n'est guère cohérent philosophiquement et verse ici carrément dans un spiritualisme idéaliste que le penseur allemand, dont il se réclame, rejetait radicalement ![299]

Dernier point dans lequel culmine son refus de la morale : la condamnation de son universalisme ou de son objectivité normative, dans des termes qui, là aussi, ne sont pas cohérents et, surtout, ne sont pas justifiables. Il récuse toute idée de « morale universelle », comme si la raison n'était pas là qui nous l'impose et atteste sa validité, et surtout, comme si le propre de la morale n'était pas justement d'*être universelle ou objective* – contrairement à

---

[298] Ib., p. 1551.

[299] Pour Nietzsche le libre-arbitre est une « fiction » et la notion d'un « pur esprit » est « une pure sottise » !

l'éthique –, oubliant au surplus que ses valeurs sont déjà inscrites dans la Déclaration des droits de l'homme et du citoyen de 1789, complétée (ou corrigée) par les Déclarations qui lui ont succédé. Mais surtout, il y voit un danger terrible pour l'homme, totalement imaginaire pour qui a bien compris sa nature et ses exigences. Je le cite : « La recherche d'une forme de morale qui serait acceptable par tous – en ce sens que tout le monde devrait s'y soumettre – me paraît catastrophique. »[300]. Or l'erreur théorique fondamentale que comporte ce propos, c'est d'oublier que la morale, précisément, parce qu'elle est fondée sur le principe rationnel-raisonnable du respect de la personne humaine en général comme sur celui de l'autonomie, est à l'abri d'un pareil danger et qu'elle constitue même le meilleur rempart contre toute espèce de totalitarisme, dès lors qu'elle s'incarne concrètement dans la sphère politique avec ses règles juridiques[301]. Ce qu'il aurait fallu, pour qu'il soit cohérent et aille jusqu'au bout de sa pensée, c'est qu'il refuse radicalement le vocabulaire de la morale *en lui-même* – comme l'a fait Nietzsche –, qu'il rappelle qu'il n'y a que des éthiques particulières et qu'il ajoute qu'une éthique qui se voudrait universelle, en se faisant passer pour *une*, sinon *la* morale, non seulement n'a pas de sens mais est, elle, effectivement « catastrophique » – ce qui est le cas des éthiques religieuses[302]. De ce point de vue, il est passé à côté de ce que j'appelle « les jeux de l'éthique et de la morale » par lesquels ce qui est simplement *éthique* se fait passer pour *moral* et prétend régir la conduite personnelle d'autrui, ce

[300] Ib. , p. 1525.
[301] Voir Habermas, autrement profond que lui sur ce point.
[302] C'est le cas de l'éthique chrétienne de la chair, avec son concept de péché, son déni du corps et de ses plaisirs, etc., qui se fait passer indûment pour *la* morale. Mais c'est tout autant le cas de l'éthique inhérente à l'islam ou celle des codes vie propre à la religion judaïque.

qui définit en partie le moralisme ou le terrorisme moral. A l'inverse, la morale bien comprise, distinguée par conséquent du moralisme, ne légifère que sur la *forme* des rapports interhumains et ne se prononce pas sur le *contenu éthique* de la vie individuelle ; elle laisse donc à chacun le choix de l'inventer et exclut d'emblée toute forme de pouvoir ou de domination de l'homme sur l'homme. Je précise que cette question du pouvoir ou de la domination est une préoccupation forte dans sa réflexion, qu'on retrouvera à propos de la question politique, et on ne peut que lui donner raison ici. Mais elle est une obsession chez lui, habitant sa vision d'une société où les rapports de pouvoir et d'assujettissement (mais non d'exploitation) seraient omniprésents : cela pèse sur sa capacité de raisonner correctement dans ce domaine. Il n'empêche que sur le tard (en 1984) il a pu se réclamer vivement d'une problématique *universaliste* des droits de l'homme face aux diverses oppressions dont les hommes sont victimes dans le monde : il a défendu et assumé la légitimité des combats de diverses organisations luttant contre les gouvernements en place qui violaient ces droits et il a même ajouté cette magnifique formule : « Le malheur des hommes ne doit jamais être un reste muet de la politique. »[303] ; enfin, il a pu placer la critique philosophique à l'enseigne d'une remise en question de « tous les phénomènes de domination à quelque niveau et sous quelque forme qu'ils se présentent »[304]. Sauf que cette position ne trouve pas de *fondement* ni théorique ni normatif (alors qu'elle est bien normative) dans sa conception purement négative à l'encontre de la morale entendue au sens strict et rigoureux du terme : l'instance

[303] Ib., p.1526-1527 : « Face aux gouvernements, les droits de l'homme ». Mais pourquoi n'a-t-il pas actualisé pleinement ce propos dans son œuvre ?
[304] Ib., p. 1548.

de l'éthique à elle seule, avec son arbitraire vital propre, ne saurait justifier un pareil propos, dont la signification et la tonalité *morales* sont pourtant évidentes.

Mais il y a plus : cette critique fondamentale de la morale (malgré l'emploi réitéré, mais à contresens, du terme) renvoie chez lui à un refus de la rationalité dans le domaine des normes, à une critique des codes « moraux » pensés essentiellement comme liberticides et à l'acceptation inverse, relativiste, de ce qu'on pourrait appeler les divers « régimes éthiques » présents dans l'histoire – comme il y a divers « régimes de vérité » selon lui, on l'a vu. Cela a donné son apologie du régime religieux et totalitaire de Khomeiny au nom de la *spiritualité* (ce qui renvoie bien à une option éthique particulière) dont il était soi-disant porteur en politique[305], régime qui s'est révélé radicalement opposé à son aspiration libertaire. L'appui qu'il lui apporta traduit bien, sous une forme pratique ici, son *irrationalisme* foncier, corrélatif de son scepticisme théorique : son refus de se baser sur la raison pour juger des « choses humaines ». Car c'est bien à un irrationalisme pratique que nous avons affaire et que Veyne, dans son ouvrage, a le courage de souligner. Il débouche très normalement sur un « décisionnisme » en matière de valeurs, ce qui caractérise en quelque sorte leur *arbitraire* et leur réduction à l'éthique. D'où son refus d'attribuer la moindre valeur de vérité à ses prises de position, qu'il revendique (modestement ?) comme individuelles, voire assimile à des opinions, mais aussi son exclusion de l'idée, pourtant essentielle, à la fois que l'on doit et que l'on peut *justifier* rationnellement de pareilles prises de position, « nos

---

305 Ib., p. 792. Il s'avoue d'ailleurs intéressé par le concept de « spiritualité » : voir p. 1541.

justifications n'étant que des sophismes »[306] et, enfin, l'affirmation qu'il n'y a pas de rationalité des *fins*, mais seulement des moyens par rapport à des fins arbitraires. Vision technocratique, à défaut d'être franchement machiavélienne (au sens courant de cet adjectif) de l'action publique ? C'est l'occasion de voir comment cela s'est traduit en politique.

L'anti-marxisme

Mon propos, ici, est plus délicat. Car je n'entends pas vraiment comparer sur le fond son œuvre, quand elle aborde les rapports sociaux et la politique d'émancipation qu'il entend y greffer, avec celle de Marx – d'autres l'ont fait récemment, comme Jacques Bidet, en prêtant plus à Foucault qu'il ne peut nous donner, à mon avis[307], et il m'y faudrait, pour ne pas être approximatif, tout un livre – mais analyser son positionnement *politique* (et pas seulement théorique) par rapport à ce qu'il appelle bien le « marxisme », en m'appuyant d'entrée de jeu sur une affirmation de lui dans *Les mots et les choses* : « Le marxisme est dans la pensée du 19ème siècle comme un poisson dans l'eau (…) partout ailleurs, il cesse de

---

[306] P. Veyne, op. cité, p. 181. J'en profite pour indiquer qu'il n'en trouvait pas moins « odieux » la volonté de transmettre une option normative aux autres sous la forme d'une vérité contraignante. Ce qui constitue une *contradiction performative* : à l'instant même où il nie la morale et ses impératifs, il emploie un langage moral et formule une prescription (négative), un interdit. Comme quoi, on n'échappe pas à la morale… et il vaut mieux le savoir pour en fonder rationnellement le contenu et éviter les catastrophes que sa négation ou son retour non maîtrisé entraîne.

[307] Voir son article, nuancé, du n° 40 de la revue *Actuel Marx*, « Foucault et le libéralisme », 2006, et son récent livre *Foucault avec Marx* (La Fabrique, 2014), qui lui est plus favorable.

respirer. »[308] Cette phrase prend place dans une section entièrement consacrée à l'histoire et à la manière dont l'intelligence de celle-ci est bouleversée par la constitution de la théorie économique à partir de Ricardo et de Marx : les notions de production, de travail, de temps de travail et de valeur, sur le fond de la finitude humaine, font irruption et vont alimenter des conceptions de l'histoire opposées (jusqu'à Nietzsche inclus, soutient-il, avec la perspective du surhomme !). Or ce qui frappe dans l'analyse que Foucault fait ici de Marx – quand on a lu celui-ci d'un peu près, ce qui est mon cas –, c'est à la fois sa légèreté, sa brièveté et la distance ironique qu'elle manifeste à son égard (comme pour la psychanalyse). Des phénomènes aussi importants que l'exploitation du travail, l'extorsion de la plus-value, les différents procédés pour augmenter le profit, le rôle causal des forces productives, l'organisation en classes de la société, la propriété privée de l'économie et donc le capitalisme lui-même, dont le nom est à peine prononcé (ce n'est pas le cas dans ses cours au Collège de France sur le « biopouvoir » et la « gouvernementalité) et délesté de toute charge critique importante, sont soit simplement suggérés, soit occultés, alors qu'ils sont au cœur de l'analyse marxienne (pas seulement marxiste !) et font sa *force décapante*, inédite et unique il faut l'admettre. C'est dire qu'avant d'être anti-marxiste, Foucault est *a-marxiste* ! Mais surtout, il y a la vision globale de l'histoire qu'il prétend trouver chez Marx. Il s'agirait d'abord d'une conception eschatologique du devenir historique, permettant à l'homme de se réconcilier avec son essence aliénée, sans qu'il indique, dans son

[308] Op. cité, p. 274. Sur ce positionnement politique d'ensemble et la manière dont il affecte ses analyses socio-historiques, voir l'excellent ouvrage collectif, dirigé par D. Zamora, *Critiquer Foucault* (Editions Aden, 2014) dont je pourrais reprendre à mon compte bien des affirmations, développements ou conclusions !

analyse, comment se constitue pour Marx cette aliénation et *qui* ou *quoi* en est le responsable ou la cause[309] : cette appréciation d'ensemble n'est pas totalement fausse, elle vaut incontestablement pour ce qu'a été le « marxisme » idéologique et militant, simplifiant la réalité pour mobiliser les acteurs politiques et elle correspond à certaines formules de Marx lui-même. Cependant, il aurait fallu non dénoncer en bloc le « marxisme » (ce qu'il fait), mais le prendre au sérieux et opérer un *travail critique* sur le message marxien pour lui ôter cette dérive de type religieux, ce qu'ont fait depuis plusieurs penseurs[310]. Mais tout autant, il y a dans sa lecture une infidélité à la lettre de Marx qui est tout aussi grave car elle est une infidélité sémantique à ses *concepts* : il parle de « la grande songerie d'un terme de l'Histoire » à propos de ce qui est le renversement du capitalisme (jamais évoqué comme tel dans ce texte) pronostiqué par Marx. Or, non seulement on ne peut nier à un homme de science, y compris dans ce domaine où des *lois d'évolution historique*[311] peuvent parfaitement être énoncées, le droit de faire des pronostics (quitte à se tromper), mais il faut respecter le sens de cette prévision avant de la contester… en commençant par lui restituer son fondement théorique, ce qui suppose qu'on

---

[309] Op., cité, p. 273.

[310] Je cite, entres autres : Althusser, J. Bidet, A. Tosel et, si je puis me le permettre, moi-même dans *Retour à Marx*, Buchet-Chastel, 2013 ou dans le 2ème chapitre de mes *Problèmes du matérialisme* (Méridiens-Klincksieck, 1987).

[311] Voir, par exemple, l'idée matérialiste d'un « évolutionnisme révolutionnaire » qu'on peut tirer de Marx, telle que Jaurès, en particulier, l'a mise en avant. La nécessité qui est à l'œuvre dans l'histoire est alors celle d'un *déterminisme historique* soumis à la connaissance et à la pratique des hommes : nul nécessitarisme et nulle téléologie dans ce cas, ce que Foucault ne paraît pas soupçonner, puisque, en droit tout au moins, un déterminisme peut être maîtrisé et réorienté à partir de fins conscientes ! Décidément l'idée de déterminisme en histoire provoque bien des confusions !

lise le texte marxien scrupuleusement et avec rigueur[312]. Sur ce point, il y a la magnifique Préface de 1859 à la *Contribution à la critique de l'économie politique* qui ne correspond pas à ce que Foucault fait dire à Marx (s'il l'a lue) : celui-ci, sur la base d'une synthèse de ses travaux empiriques antérieurs, donc sans le moindre élément spéculatif, y dresse un portrait d'ensemble de l'évolution historique, faite d'une succession de modes de production, qui prévoit ou pronostique (sans plus) non une fin de *l'Histoire* (= le « terme » de celle-ci), mais une fin de la *préhistoire* de la société humaine, à savoir d'une histoire, évidemment (quoique sans majuscule), mais qu'il qualifie ainsi parce qu'elle a été marquée par des conflits de classes inhumains, jusqu'au capitalisme inclus, et que les hommes *ne la maîtrisaient pas*. Devrait alors lui succéder selon lui (*si* une révolution a lieu) une *authentique histoire humaine* ou, si l'on préfère, une histoire *authentiquement humaine* parce que les hommes la feraient consciemment et « librement », et éviteraient ainsi les contradictions dramatiques qui la marquaient jusque là et qu'ils subissaient douloureusement. Point de prophétisme millénariste, de type religieux, ici – même si l'histoire y apparaît comme régie par des lois empiriques qui la dotent d'une forme de nécessité –, mais une conception théorique, strictement immanente, qui renvoie à des recherches menées ailleurs, formulée dans un registre conceptuel parfaitement explicatif pour le passé et le présent, et qui s'offre à la discussion scientifique comme à la réfutation, en particulier s'agissant du pronostic sur l'avenir. On le voit : ma critique ne vise pas seulement un

---

[312] Voir, par opposition, le début de l'ouvrage de Schumpeter, *Capitalisme, socialisme et démocratie* (Payot, 1990), mais aussi la lecture que Aron a faite de Marx dans *Le marxisme de Marx* (Ed. de Fallois, 2002) : je n'y ai rencontré aucun contresens ni aucune « idée reçue » !

point de terminologie n'intéressant que les marxologues ou ceux qu'on appelle les « marxistes de la chaire » », mais une déformation du « marxisme de Marx » difficilement acceptable à propos d'un thème important ; et j'ajoute qu'elle vise aussi cette ironie méprisante et condescendante que Foucault affiche à l'encontre de ceux qui débattaient de l'opposition entre l'économie révolutionnaire et l'économie bourgeoise (et ils étaient nombreux à son époque, comme ils redeviennent nombreux aujourd'hui) en disant : « Leurs débats ont beau émouvoir quelques vagues et dessiner des rides à la surface : ce ne sont tempêtes qu'au bassin des enfants. » Quand on pense que Foucault prétendait détester la polémique : on est servi, ici ! Enfin, dans le prolongement de ce qui se veut une analyse « archéologique » de ce marxisme, rapporté à l'*épistémè* de l'époque (laquelle, au fait et très précisément ?), il y a un parallèle final établi avec la pensée de Nietzsche et son thème du « surhomme » : celui-ci aurait fait « une dernière fois scintiller en l'incendiant » cette « songerie d'un terme de l'Histoire ». Comprenons : il l'aurait reprise à sa manière dans une nouvelle eschatologie, mais qui renverserait la précédente. Ici aussi, malgré le caractère paradoxal de son propos (« faire scintiller » un thème tout en « l'incendiant »), Foucault se trompe : il n'y a pas de véritable pensée de l'histoire chez Nietzsche, même s'il fait appel en partie à une vison historique des choses dans sa « généalogie » des valeurs ou dans sa compréhension des phénomènes humains ; et le thème du « surhomme » ou du « surhumain », même s'il le projette d'une manière exaltée dans une temporalité future et improbable, est essentiellement un *thème éthique et volontariste*, qui vise une transformation de l'homme par lui-même, qui rejoint le « travail sur soi » que préconisera Foucault plus tard, mais qui reste essentiellement individuelle, sinon individualiste, et réservée à une minorité qui en est capable : les forts. Il n'y a donc pas chez Nietzsche une densité ontologique d'*historicité* comparable à celle qu'on trouve chez Marx, ni de dimension de progrès historique global affectant ou susceptible d'affecter toute l'humanité, même s'il y a, par contre, une *politique* de Nietzsche, mais fondamentalement élitiste et aux antipodes de la politique marxienne. A quoi on ajoutera, pour marquer l'écart entre les deux penseurs, la critique nietzschéenne du « point de vue historique » sur l'existence dans la seconde de ses *Considérations intempestives* et son intuition « cosmologique » du « Retour éternel », totalement étrangère à la vision de Marx qui, si elle fait sa place aux répétitions, voire aux régressions, exclut tout « retour » de ce type et toute « éternité » pour les affaires humaines. Dans les deux cas, l'analogie proposée entre ces deux auteurs relève d'un désir d'originalité qui n'est pas une preuve d'intelligence.

J'ai un peu longuement commenté ces quelques pages de *Les mots et les choses* parce qu'elles sont révélatrices du rapport, au minimum distancié, de Foucault à Marx ou au marxisme, même si c'est d'une manière indirecte ou allusive. Mais Foucault s'en est clairement expliqué par ailleurs, avec une rudesse plus grande et plus franche dans ses *Dits et écrits*. Je vais en citer quelques déclarations parfaitement explicites. Les plus hostiles et mêmes les plus brutales se trouvent dans un entretien avec un penseur marxiste japonais, dont le titre est par lui-même parlant et constitue tout un programme : « Méthodologie pour la connaissance du monde : comment se débarrasser du marxisme »[313]. Laissons de côté, au moins provisoirement, le fait qu'il distingue Marx du marxisme d'une façon bizarre – le premier étant un « fait qu'on ne peut plus supprimer » dit-t-il curieusement – et que c'est du

[313] *Dits et écrits II*, p. 595 sq.

marxisme dont il va être question, tel qu'il s'est manifesté dans les régimes soviétiques sous la forme d'une philosophie d'Etat et qu'on peut, lui, « supprimer »[314] ; mais nombre de ses remarques visent aussi le marxisme en Occident et semblent, à travers lui, viser Marx lui-même. Le reproche le plus dur qu'il lui adresse, c'est d'avoir appauvri « l'imaginaire politique », déjà suffisamment déficient selon lui depuis le 19ème siècle : « Il a contribué et contribue toujours à l'appauvrissement de l'imagination politique »[315] affirme-t-il, oubliant qu'il y a une vision marxiste relativement forte de l'avenir, directement empruntée à Marx, dont il a déjà parlé en la critiquant *pour cette raison* (voir plus haut) et oubliant aussi tout ce que cette vision a pu inspirer de mouvements sociaux progressistes au sein de la lutte des classes, soit dans les pays occidentaux, soit dans les pays du Tiers-Monde tout au long du 20ème siècle sous la forme des mouvements de libération nationale ou de mouvements anti-totalitaires, comme il a pu lui-même le constater en Tunisie ! Par ailleurs, la question de la vérité y est à nouveau abordée, et dans ce cas on ne peut séparer ses jugements de ceux qu'il porte sur Marx. Qu'il s'en prenne à la contrainte étatique qui a caractérisé les régimes dits « marxistes » et à la forme incontestable de totalitarisme qu'ils représentaient, me paraît pleinement justifié. Mais on ne saurait pour autant ni les réduire à cette dimension, ni, plus largement, affirmer que le marxisme « n'est rien d'autre qu'une modalité de pouvoir dans un sens élémentaire », comme si un élément d'idéal, même perverti ou trahi, ne l'avait pas animé ![316]

[314] Cela a d'ailleurs déjà eu lieu largement et il a un joué un rôle, à sa manière, dans cet effacement ! Mais c'est moins le cas aujourd'hui, où l'on assiste à une renaissance incontestable de la pensée marxiste dans divers domaines. Foucault serait-il dépassé ?
[315] Ib., p. 599.
[316] Ib., p. 600.

Enfin, deux éléments de son approche ou de son explication ne résistent pas à l'examen : 1 Il fait porter la responsabilité de ce totalitarisme à la prétention scientifique du marxisme dès l'origine (Marx est donc aussi visé) : en énonçant ou en prétendant énoncer des vérités sur l'histoire, dont la politique « communiste » s'est emparée, il aurait produit inévitablement des « effets coercitifs ». On retrouve là son idée d'une vérité prise dans des « rapports de pouvoir » sans qu'il se pose la question de savoir ce qu'il en est de cette vérité en elle-même – question qui ne l'intéresse pas, répète-t-il – ni de la façon dont elle a été comprise. Or c'était là le point névralgique à résoudre : le totalitarisme « marxiste » peut-il s'autoriser de Marx ou est-il une *trahison* indissolublement théorique et pratique de sa pensée ? Relève-t-il du « marxisme de Marx », pour reprendre une bonne expression de Raymond Aron ? Est-il donc « marxien » ou relève-t-il d'une idéologie irresponsable, le « marxisme-léninisme » avec sa dérive stalinienne ? Question fondamentale – *la* question de notre époque après la chute du système soviétique – si l'on veut jauger au fond la validité du « marxisme » (de Marx) et, face à la montée en puissance de la barbarie capitaliste qu'a rendue possible paradoxalement la chute des régimes soviétiques[317], réinventer l'avenir en s'appuyant sur un imaginaire autre que celui du capitalisme… lequel est un *non-imaginaire absolu*, qui ne fait que refléter sa réalité mercantile, fondamentalement médiocre ! Or cette question, Foucault *ne veut, la plupart du temps, pas l'aborder et*

[317] Cette chute a supprimé la menace, même fantasmée, qu'ils représentaient pour le capitalisme occidental et qui l'avait contraint à des concessions importantes faites à ses classes ouvrières nationales. Depuis la disparition de cette menace, c'est à une véritable *contre-révolution mondiale* à laquelle nous assistons, avec une liquidation progressive des acquis sociaux du siècle dernier dans les pays développés.

encore moins y répondre[318]. Et quand il s'y risque (car il est inconstant), c'est pour faire un panégyrique de Glucksmann et l'approuver de considérer Marx comme le responsable direct du Goulag [319]! Il n'est plus là pour s'apercevoir qu'une réponse contraire, lucide, sans préjugés, raisonnable et argumentée a été apportée, même si beaucoup ne veulent pas l'entendre, y compris à gauche : non l'expérience soviétique ne pouvait se réclamer de Marx ou du marxisme (peu importe) pour toute une série de raisons, dont les deux principales sont les suivantes : la révolution communiste ne pouvait avoir lieu, selon Marx, qu'à partir des conditions, économiques et sociales, fournies par le capitalisme développé et sous une forme politique démocratique[320]. 2

[318] Ib., p. 602, où il affirme : « La question : "Qu'est-ce que le véritable et authentique Marx ?" (...) appauvrit notre pensée. »

[319] Ib., p. 278-279.

[320] Voir *Le siècle soviétique*, de Moshe Lewin (Fayard/Le Monde diplomatique, 2003) et, si je puis me le permettre à nouveau, mon livre *Retour à Marx. Pour une société post-capitaliste* (Buchet-Chastel, 2013) qui traite abondamment de cette question. J'en profite pour indiquer que ce point est *essentiel*, qu'il est méconnu ou passé sous silence par les penseurs « marxistes » actuels. C'est le cas de J. Bidet dans son livre cité plus haut qui juge critiquement du projet de Marx, de ses manques conceptuels et de son prétendu échec *à partir du contre-exemple* qu'a fourni le soviétisme : voir, à ce propos, sa formule évoquant l'idée marxienne d'une émancipation du travail dans le communisme ayant échoué à l'Est : « On sait ce qu'il en fut » (p. 16). Comme si le soviétisme, compris à la lumière du matérialisme historique, *avait pu*, un tant soi peu, *illustrer* cette visée et comme si son échec devait nous contraindre à revoir rétrospectivement les concepts de Marx ! Par ailleurs, ce qui s'est passé depuis la disparition de l'expérience soviétique, hélas, confirme mon diagnostic : *aucune* révolution d'*orientation* communiste dans un pays sous-développé, au 20ème siècle, n'a réussi, tout simplement parce ces révolutions ne correspondaient ni aux conditions ni à la forme qui pouvaient leur permettre de réussir. Elles n'ont pas produit ni ne pouvaient produire du *communisme*, ni même du *socialisme*. En être convaincu permet d'éviter d'aller chercher chez Foucault ce que ledit « marxisme soviétique » ne pouvait fournir : une pleine émancipation individuelle

Autre facteur d'explication selon Foucault, à la fois spécieux et faux. Ce qui aurait manqué au marxisme, dès l'origine à nouveau et en raison de sa référence à une science de l'histoire, c'est de n'être « pas né d'une morale ou d'un principe moral », contrairement à d'autres systèmes de pensée antérieurs comme la philosophie scolastique ou le confucianisme. Or cet argument est totalement spécieux, venant de lui, puisqu'il n'a cessé, nous l'avons vu, de déclarer la morale « impossible » et de dénoncer la dangerosité des codes moraux ! On ne saurait donc reprocher à un système de pensée de ne pas recourir à une instance à laquelle on ne croit pas et dont on signale, au surplus, le danger. Mais il est aussi faux : comme je l'ai indiqué auparavant, il y a chez Marx (et dans le marxisme) une dimension morale incontestable, même s'il l'a le plus souvent déniée, qui est à la base de sa critique du capitalisme et de son projet communiste – et comme il n'est pas à une contradiction près, Foucault le reconnaît à sa manière, c'est-à-dire implicitement, lorsque qu'il manifeste son admiration non pour la théorie de Marx, mais pour ses analyses concrètes de la misère ouvrière au 19ème siècle, manifestement habitées par une forte préoccupation morale du sort fait aux hommes[321]. Par contre, il aurait du signaler que le tort des intellectuels marxistes, ici ou ailleurs, aura été de ne pas mettre en évidence cette dimension normative sans la prise en compte de laquelle tous les errements politiques sont possibles[322]. Le mouvement communiste

---

de tous. C'est plutôt du côté de Freud qu'il faut se tourner. J'ajoute que cela n'enlève rien à la qualité de la conception « métastructurelle » du *capitalisme* proposée par Bidet comme de ses analyses de « L'Etat-monde » : c'est un *autre point* que je signale ici, qui touche à la *macro-histoire* et à ses perspectives d'avenir.

[321] *Dits et écrits II*, p. 376.

[322] Par opposition, voir Sartre se réclamant à la fin de sa vie d'un « marxisme moral » dans ses *Entretiens* avec John Guerassi (2011). Mais Sartre était un grand esprit, même si l'on doit critiquer son

officiel en a payé le prix fort, en particulier avec le scandale moral qu'a constitué le stalinisme, véritable Waterloo de la morale en politique… ou de la politique envisagée sous l'angle de la morale.

On pourrait multiplier les déclarations, y compris celles qui modifient les plus fracassantes ou les nuancent, comme quand il reconnaît la qualité des travaux historiques de Marx (c'est l'historien qui se prononce ici) ou celle de ses analyses de détail sur le capitalisme, ou encore quand il affirme, face au recul du marxisme, que Marx réapparaîtra un jour et surtout, ce qui est surprenant, qu'il a toujours été présent *dans* son travail, même s'il ne le citait pas « en bas de page »[323]. Car, malgré ces compliments marginaux, c'est la critique qui l'emporte, surdéterminée qu'elle était par son hostilité radicale à l'égard du PCF qui en a fait un anticommuniste constant : entendons par là un opposant farouche à ce parti, au point de refuser de soutenir l'Union de la gauche dans les années 1970-1980, parce que les communistes en étaient une composante importante, et de ne pas craindre d'évoquer les débats qu'il eut avec eux dans des termes que je trouve assez indignes (« stupidité », « cynisme »), le stalinisme ne résumant pas à lui tout seul ce qu'était ce parti. C'est ainsi qu'il a été capable de dire avec violence, dans une manifestation où il était interpellé sur Marx : « Qu'on ne me parle plus de Marx. Je ne veux plus entendre parler de ce monsieur. Adressez-vous à ceux dont c'est le métier. Qui sont payés pour cela. Moi, j'en ai totalement fini avec Marx. »[324]

---

ontologie phénoménologique initiale, avec l'anthropologie qu'elle entraîne (voir le chapitre précédent sur Husserl).

[323] Ib., p. 1276. Cet aveu est assez déconcertant intellectuellement.

[324] Selon C. Mauriac, in *Critiquer Foucault*, op. cité plus haut, p. 49-50.

Cela ne signifie pas que sa ou plutôt ses critiques des manques (et non des dangers) du marxisme aient été théoriquement sans justification, mais elles ne relevaient pas d'un esprit *constructif* visant à améliorer, enrichir, voire à rectifier ce qui avait été dit par l'auteur du *Capital*, contrairement à la manière dont procédait le penseur marxiste japonais Yoshimoto dans son long entretien avec lui (voir plus haut). C'est ainsi qu'il reproche à Marx de s'être concentré sur le pouvoir de l'Etat en oubliant tous les *rapports de pouvoir*, multiples et concrets qui le sous-tendent et qui, tout en s'en distinguant, alimentent son efficacité oppressive sans être pour autant voulus consciemment par lui[325]. Il y aurait là toute une *épaisseur anthropologique de la domination au quotidien* (voir sa théorie des dispositifs de « savoir-pouvoir »), avec ses effets d'assujettissement sur les « sujets », qu'il aurait manquée. Il oppose donc à la critique marxienne du *macro-pouvoir* d'Etat enraciné dans les rapports de classes (dont il avoue se désintéresser) sa conception critique des *micro-pouvoirs*, où se jouerait réellement la domination politique sur les hommes et qui justifierait son engagement dans des *micro-combats*, comme ceux qu'il a menés pour l'humanisation des prisons, pour un autre regard sur la maladie mentale et un autre traitement de celle-ci, etc. C'est à ce niveau et à partir de là que certains ont pu faire de Foucault un penseur de l'émancipation *par en bas*[326]. C'est oublier plusieurs choses que je tiens à indiquer et qui montrent sa légèreté et son esprit partisan. 1 L'œuvre de Marx entamée par *Le Capital* est restée inachevée : il n'a

---

[325] Mais comme il n'est pas à une contradiction près, on le voit déclarer ailleurs que peu importe que Marx n'ait pas de théorie de l'Etat, puisque, comme l'atteste la pratique des libéraux, on peut s'en passer pour « gouverner » ! Voir *Naissance de la biopolitique*, Gallimard/Seuil, 2004, p. 92.

[326] Voir la conclusion de l'ouvrage de Bidet cité plus haut.

pu aborder la question des classes sociales et, surtout, celle de l'Etat pour en faire une théorie complète : le reproche visant sa conception sommaire de l'Etat est donc difficile à formuler, d'autant plus qu'il en reste au moins cette idée incontestable et que Foucault prend peu en compte, à savoir que l'Etat, dans une société de classes comme le capitalisme, est un *Etat de classe*, malgré l'illusion idéologique, spontanée ou entretenue, selon laquelle il se situerait au dessus des classes, et qu'il sert donc les *intérêts* de la classe *dominante* dans le cadre de l'exploitation qu'elle fait subir à la classe dominée[327]. Or cette idée essentielle (même si elle est générale, voire trop générale), qui implique que l'on mette en avant la relation entre domination politique (de classe) et exploitation économique (de classe), est absente de la pensée globale de Foucault, dont j'ai déjà indiqué qu'elle occulte (ignore ?) cette conceptualisation[328]. Il est vrai que, en elle-même, elle peut et doit être corrigée et enrichie : l'histoire depuis, spécialement au 20ème siècle, nous a montré que des rapports de force favorables aux exploités peuvent s'introduire *dans* l'Etat via différentes conquêtes politiques et sociales, donc qu'il peut être un lieu de *compromis* entre les intérêts de la classe dominante et ceux de la classe dominée et exploitée – c'est tout le statut de l'Etat social lié à la social-démocratie qui est suggéré ici. Et un théoricien marxiste comme Nicos Poulantzas, que Foucault aurait du connaître et dont il aurait pu s'inspirer, a développé cette idée largement[329]. Mais

---

[327] On trouve cette idée formulée dès *La Question juive*, puis dans *L'idéologie allemande* et dans le *Manifeste du PC*, etc.

[328] Foucault s'intéresse peu à la sociologie des classes sociales – il le reconnaît ouvertement – et on ne le voit s'y intéresser un peu, politiquement, que tardivement, à l'occasion d'un entretien avec E. Maire, leader de la CFDT à l'époque, dont il a été proche un temps. Voir *Dits et écrits II*, p. 1320.

[329] Voir *L'Etat, le pouvoir et le socialisme*, PUF, 1978.

nuancer une conception ou l'enrichir, même considérablement, et la nier sont deux choses différentes ! Or, quels que soient les acquis de l'Etat social du 20ème siècle – ce qu'on appelle aussi l'Etat-Providence –, sa nature de classe n'a pas changé et, surtout, depuis la disparition du système soviétique elle s'est, hélas, *renforcée*, y compris sous la forme de *macro-pouvoirs* mondiaux, supra- nationaux, comme le FMI, l'OMC, etc., qui sont entièrement au service du capitalisme mondial et de la classe capitaliste transnationale qui en est le cœur actif : ils trouvent dans les Etats nationaux des relais efficaces, quitte à limiter leur souveraineté. 2 Autre oubli : Foucault ignore tout ce que Gramsci a pu apporter dans ce domaine de l'Etat : sa conception de l'hégémonie, qui veut qu'un Etat domine par divers canaux opérant dans la société civile où il diffuse son idéologie, est impressionnante par sa précision, sa richesse et sa justesse… au point de déboucher sur l'idée que la puissance de l'Etat repose sur le mélange de la coercition *et de la persuasion idéologique*, lequel mélange implique qu'un parti révolutionnaire travaille sur ces deux plans s'il veut avoir une influence, asseoir son autorité, parvenir au pouvoir et y réussir démocratiquement ! Mais, pour dire vrai, Foucault aura ignoré ou refusé ce concept d'idéologie, non seulement dans sa dimension théorique (voir plus haut) mais dans sa dimension pratique, pourtant la plus importante : il aura ignoré non seulement Gramsci, mais Althusser avec sa théorie des Appareils idéologiques d'Etat, qui est terriblement éclairante s'agissant de la capacité de l'idéologie à *reproduire* les rapports de production et donc l'assujettissement des hommes au capitalisme qui les exploite et les domine.

On voit ici les faiblesses de la pensée de Foucault, pourtant soucieuse, comme il le dit magnifiquement, de « donner la parole aux vaincus » et de les aider à rompre leur assujettissement. Il ne les aura pas aidés à triompher, faute d'accuser ce *macro-pouvoir* qu'est l'Etat capitaliste, qui sort relativement intact de sa critique socio-politique d'ensemble. Le refus de penser la gouvernementalité en recourant à la notion d'idéologie et d'en dénoncer les contradictions internes aura aussi contribué à façonner son adhésion, plus ou moins volontaire, à ce même Etat capitaliste[330]. Enfin, sa conception du « sujet » n'est guère éclairante pour une pratique d'émancipation. Si l'on peut et doit le suivre dans son refus d'un sujet « substantiel », donc dans l'idée que ledit sujet est construit, il conçoit cette construction d'une manière paradoxale, sinon contradictoire : car cette construction, qui est un procès objectif de « subjectivation », est pensée *simultanément* comme un assujettissement et donc, ce qui pourrait faire de nous des *sujets de* nos vies, nous constitue en *sujets assujettis* par les normes que nous aurions intériorisées. Comment sortir de cette situation contradictoire dont la solution est ici intrinsèquement inconcevable ? La seule issue aurait été d'emprunter à la tradition marxiste son concept d'*aliénation*. Mais outre que ce serait faire appel à un marxisme qu'il rejette, il le récuse car il y voit un présupposé qu'il refuse : celui d'une *nature* préalable en l'homme que l'aliénation aurait altérée du fait des déterminismes sociaux qui pèsent sur l'homme dominé et l'empêchent d'être lui-même. Ce refus tient à la vision substantialiste, essentialiste ou « naturaliste, si l'on peut dire, qu'il se fait de cette « nature » et qui est biaisée. Car on peut la concevoir non comme une donnée pré-constituée et empêchée de s'exprimer (ce qui est déjà difficile à comprendre : une nature est censée produire nécessairement ses effets dans la tradition naturaliste),

[330] Voir le texte de J. Rehmann dans l'ouvrage *Critiquer Foucault*, op. cité, ainsi que le dernier texte de J.-L. Amselle dans ce même ouvrage.

mais seulement, quoique rigoureusement, comme un ensemble de *potentialités* (capacités, besoins génériques) équivalentes chez tous (ce qui ne veut pas dire identiques), certes naturelles (d'où pourraient-elles venir, en tant que potentialités, sinon de la nature biologique ?), mais dont la situation sociale d'un individu empêche la *réalisation* dans un cadre historique donné. Nulle obscurité théorique ici, puisque du *potentiel*, inhérent à un homme et donc naturel, peut très bien ne pas devenir *actuel* en raison de facteurs sociaux (ou familiaux) externes : la subjectivation est alors altérée, abîmée, empêchée d'être pleine et satisfaisante[331]. Et la solution devient parfaitement concevable : la désaliénation individuelle, c'est-à-dire l'émancipation, passe non par une auto-transformation délibérée du « sujet » ou du « soi » telle que ses derniers écrits l'évoquent, quitte à recourir aux modèles spiritualistes des sagesses antiques[332] ; non, elle passe par l'action visant à supprimer les facteurs externes et objectifs de l'aliénation individuelle, qui suppose, elle, une politique de transformation radicale du capitalisme qu'il n'a jamais vraiment envisagée. Cette approche *décentre* le champ de compréhension et de critique de la situation faite aux « sujets », précisément pour y faire face et la résoudre réellement ! C'est à ce double décentrement, de nature politique finalement, que Foucault se sera obstinément refusé : le « subjectivisme », qui est un idéalisme philosophique avec son impuissance propre, l'a ultimement emporté[333].

---

[331] T. Andréani a bien éclairé cette question dans ses travaux.

[332] Voir *L'usage des plaisirs* et *Le souci de soi* (PUF).

[333] Sur cette question du « sujet » on opposera la manière, autrement intelligente, rigoureuse et progressiste, dont F. Guattari a pensé la détérioration de la subjectivité par le capitalisme contemporain et la façon dont il a envisagé une reconstruction *politique* de celle-ci dans *Les trois écologies* (Galilée). La question du « sujet » relève selon lui de l'écologie mentale, distinguée de l'écologie physique mais

La façon dont il aura pensé le libéralisme économique va dans le sens de ce diagnostic critique, quoi qu'en disent ses thuriféraires. C'est ainsi que dans *Naissance de la biopolitique*, consacré largement au libéralisme contemporain et à sa manière de gouverner les peuples, on ne peut nier qu'il manifeste, avec des nuances ou des degrés divers, une adhésion à celui-ci qui transpire tout au long de l'ouvrage, même s'il refuse parfois de l'admettre clairement, et cela, pour résumer, au nom d'un principe libéral-libertaire dont il ne perçoit pas sinon la contradiction intrinsèque, au moins la difficulté logique propre. Le plus simple pour le montrer, en renversant la chronologie historique (mais pas celle du livre), est de partir de son analyse du congrès de Bade-Godesberg (1959) par lequel la social-démocratie allemande a rompu son lien constitutif au marxisme, par exemple en refusant désormais le principe des nationalisations[334]. On le voit défendre, sans réticences, la plate-forme théorique de ce congrès et accuser ceux qui le critiquent d'avoir été des marxistes orthodoxes, insensibles à l'innovation politique. Et on le voit aussi critiquer les acquis de l'Etat social caractéristiques de la social-démocratie traditionnelle… au point de dénoncer la sécurité sociale pour son pouvoir de « normalisation »[335] ! Après avoir analysé d'une manière incontestablement informée, mais très peu « critique », le néolibéralisme et l'ordolibéralisme, il en vient à faire une apologie du libéralisme contemporain tel que l'Allemagne en aurait montré la voie : une pratique libérale de l'économie fondée sur la propriété privée et la concurrence, qui déboucherait sur une gouvernementalité

---

articulée à l'écologie sociale. Voilà une analyse critique originale et pertinente, en même temps qu'opératoire *politiquement* !

[334] Op. cité, p. 90-91.

[335] Voir le texte de D. Zamora dans *Critiquer Foucault*, op. cité, p. 95.

fondant un « Etat légitime »[336]. Indiquant justement que toute analyse théorique dans ce domaine a des « connotations politiques », il dresse un tableau irénique, sinon idyllique, du capitalisme (qu'il nomme bien par son nom, ici) : une société qui n'est pas, contrairement à ce que l'on croit et comme le prétendait Marx, « indexée sur la marchandise »[337], mais animée par l'innovation et soucieuse d'une « politique de la vie », visant son expansion et sa qualité sur la base d'une popularisation de la propriété privée et de l'admission d'un certain nombre de droits sociaux (dont il peut aussi faire la critique, comme on l'a vu)[338]. A l'inverse, quand il se prononce sur l'idée d'une société socialiste, c'est pour y voir presque exclusivement la menace d'un « Etat de police » et lui reprocher, comme les libéraux, d'être lui-même un danger[339]. A cela on opposera tous les travaux contemporains qui restituent la férocité objective de ce système, surtout depuis la disparition des régimes de l'Est, qui en un sens lui faisaient barrage : retrait de l'intervention progressiste de l'Etat, inégalités croissantes, appauvrissement absolue d'une partie de plus en plus nombreuse de la population, y compris en Occident, chômage de masse, domination du mercantilisme dans

[336] Op. cité, p.91.
[337] Op. cité, p. 155.
[338] Je laisse délibérément de côté les discussions techniques, mais pas neutres cependant, sur le problème de savoir si le développement du capitalisme est miné ou non par des contradictions économiques intrinsèques, comme le prétendait Marx. Foucault a l'air d'en douter et son pessimisme anthropologique habituel se mue brusquement ici en un optimisme historique concernant l'avenir du capitalisme, fût-ce au prix de réformes dont il ne nie pas qu'elles soient souhaitables. De même son antihumanisme se meut curieusement en une confiance (humaniste ?) dans l'individu libéral.
[339] Ib., p. 93. Cependant, il est capable de restituer impeccablement l'analyse critique que fit Marx du capitalisme… mais sans sembler y adhérer ! Voir op. cité, p. 227.

tous les domaines de l'existence, aliénation des vies individuelles, etc. Non, le libéralisme n'est pas justifiable sur le plan humain, comme n'est pas justifiable la complaisance de Foucault, fût-elle érudite, à son égard !
Pour finir, comment expliquer ce qui, à la lumière de mes présupposés théoriques et pratiques, paraît constituer de graves insuffisances *et* de pensée *et* d'ambition politique émancipatrice, cachées par l'*aura* dont il bénéficie et par les combats partiels, singuliers, sinon minuscules ou moléculaires, qu'il aura revendiqués et menés effectivement dans un sens progressiste ? Deux motifs me paraissent en jeu. Il y a d'abord sa critique de la raison ou de la rationalité en général, dans le domaine des sciences mais surtout de la politique, pour autant qu'elle s'en réclame : « Le pouvoir de la raison est un pouvoir sanglant » est-il capable de dire, ajoutant même que « la torture, c'est la raison » dans un entretien portant ce titre[340], confondant, hélas, la raison et *l'usage qu'on en fait* – distinction élémentaire mais fondamentale, laquelle, s'il en avait tenu compte, lui aurait évité de prononcer une pareille bêtise qui le situe clairement hors du champ des Lumières ou de l'Aufklärung, et qui traduit bien le fond irrationaliste de sa pensée que son admiration déclarée pour Heidegger et Nietzsche (ou *un certain* Nietzsche, comme je l'ai déjà dit) confirme pleinement. Et puis, il y a son refus, évoqué plus haut, d'une raison morale susceptible de s'investir en politique et d'y produire des effets non d'asservissement ou « sanglants », mais d'*humanisation* en éclairant la base normative d'une politique générale (et non partielle) d'émancipation, universelle tant en compréhension qu'en extension : en compréhension puisque s'intéressant à des aspects de plus en plus nombreux de l'existence humaine, comme le travail, la santé, l'éducation, les loisirs, etc., pour la libérer

---

[340] *Dits et écrits II*, op. cité, p. 395.

de l'aliénation multiple qui pèse sur elle ; et en extension puisque visant désormais tous les êtres humains[341]. Dans un de ses derniers textes (1984)[342] on le voit d'ailleurs s'expliquer sur ce point, en des termes plus mesurés, mais qui n'en restent pas moins ambigus. Il continue de mélanger « éthique » et « morale » et, surtout, il refuse tout lien « analytique » entre une philosophie d'ensemble, même quand elle a un contenu moral explicite et revendiqué, et une politique donnée. Que fait-il de Rousseau, l'auteur du *Contrat social,* affirmant rigoureusement le contraire[343], et dont la pensée a été la matrice, intellectuelle et morale, de la Révolution française ? Et que fait-il de Kant dont la philosophie morale débouche logiquement ou « analytiquement », pour reprendre le terme de Foucault, sur des positions théorico-politiques dépourvues d'ambiguïté et intransigeantes, comme quand il fait de la République le seul régime exigé par la morale, quand il affirme que la politique doit « plier le genou devant le droit », c'est-à-dire se soumettre aux exigences morales dont il est porteur, ou encore quand il écrit un *Projet de paix perpétuelle* (qui a inspiré la SDN) et qu'il considère la paix, concept *politique*, comme « le chef d'œuvre de la raison » (pratique – Y. Q.), donc comme un concept *moral* ? Il est vrai que, interpellé à propos de la conception de Habermas fondée sur l'idéal politique d'un « consensus démocratique » liée à une politique « délibérative », Foucault accepte, mais du bout des lèvres, de voir dans cette idée de « consensus » démocratique un « principe régulateur » et « critique »

---

[341] Il suffit de comparer la Déclarations de 1789 et celle, universelle, de 1948, pour constater et admirer ce double enrichissement. Ce fut aussi le cas en France du Préambule de la Constitution de 1946.

[342] « Politique et éthique », ib., p. 1403-1409.

[343] Je rappelle à nouveau ce propos essentiel : « Ceux qui voudront traiter séparément la politique et la morale n'entendront jamais rien à chacune des deux », *L'Emile*.

pour la politique. Mais il maintient son refus d'avoir un « projet » global, avec ses risques de dérive totalitaire d'après lui, lui préférant la pratique d'une politique concrète aux prises avec des problèmes particuliers que l'analyse empirique peut éclairer. C'est oublier, là aussi, qu'aucune analyse de fait (ou de faits, au pluriel) ne peut nous dire, elle, ce que nous *devons* faire, dans quel *sens moral* nous devons trouver une solution à tel ou tel problème *humain* concret. Et à nouveau, c'est bien l'Universel qui est l'ennemi, au point de l'avoir amené à soutenir une cause totalitaire comme celle des comités de justice populaire, défendue par des maoïstes au début des années 1970, en affirmant que les masses, elles et dans ce cas, « ne se réfèrent pas à une idée universelle de justice »[344] – sous entendu : qui serait dangereuse et injuste – mais à « leur expérience personnelle », comme si celle-ci pouvait dire d'emblée le droit ou le bien !

On comprend alors, à l'issue de ces réflexions, les limites de sa conception politique d'ensemble et des positions qui lui auront été associées. En refusant l'universalisme moral (et non éthique, ce qui n'a pas de sens) et en refusant le marxisme de Marx qui nous en offre la concrétisation dans la sphère politique, sociale et économique, Foucault sera passé à côté de l'*enjeu humain*, de l'enjeu *de civilisation* même, que représente désormais ce qu'Alain Badiou a appelé justement « *l'hypothèse communiste* », à savoir : la fin de la domination politique qui se cache derrière la démocratie « bourgeoise », de l'oppression sociale malgré

---

[344] Voir J.-M. Mandosio dans *Longévité d'une imposture, Michel Foucault*, op. cité plus haut, p. 43. Il s'agit de l'affaire de Bruay-en-Artois où un notable local avait été soupçonné du meurtre d'une jeune fille issue d'un milieu populaire, ce qui avait suscité une réaction violente de la population avec l'appui des maoïstes… et de Foucault. Sartre, lui, n'avait pas commis cette faute politique, refusant de déclarer coupable un homme qui n'avait pas été jugé par la justice officielle. Je partage totalement le commentaire critique de Mandosio.

tous les droits acquis par la lutte de classe mais qui sont actuellement remis en cause un peu partout et, enfin, de l'exploitation économique du travail, dont il a l'air d'ignorer l'existence alors qu'elle est la base des deux précédents phénomènes. A quoi s'ajoute l'aliénation individuelle – autre concept qu'il semble ignorer –, à savoir le fait que les individus ne peuvent réaliser leur individualité du fait de leur position de dominés dans la société, qu'il préfère concevoir comme des « sujets assujettis » plutôt qu'aliénés[345]. Ces impasses théoriques en disent beaucoup et, spécialement, son incapacité à reconnaître le génie de Marx (bien supérieur au sien !), comme d'ailleurs celui de Freud dans un champ différent mais complémentaire[346]. Elles nous permettent aussi de comprendre qu'il n'ait pas eu de « position de principe » sur des problèmes comme ceux du tiers-monde, de la société de consommation, de l'impérialisme et qu'il ait pu être parfois indifférent à la cause des droits de l'homme ou de l'égalité des sexes[347]. Le scepticisme entraînerait-il, au final, le cynisme ? Mais surtout, elles expliquent la limite fondamentale de son projet politique d'émancipation, limite qui elle-même nous fait comprendre l'adhésion positive dont il a fait l'objet dans l'opinion intellectuelle dominante, gauche et droite confondues, qui, comme Camus en son temps, aime bien la révolte mais guère la révolution. Car s'il s'en est bien pris, sincèrement, aux

---

[345] Voir plus haut.

[346] C'est du côté de Freud et de son anthropologie que l'on doit chercher de quoi élargir et enrichir une conception matérialiste de l'homme, au-delà de celle qu'il y a chez Marx, et de quoi pointer des formes subjectives de malheur, auxquelles celui-ci ne pouvait pas penser, pour les comprendre et les abolir. Freud avec Marx, et bien au-delà de Foucault, oui ! Sur la liaison Marx/Freud, je renvoie à mon livre *L'homme selon Marx. Pour une anthropologie matérialiste*, Kimé, 2011.

[347] Voir Veyne, op. cité, p. 177 et p. 188.

micro-pouvoirs qui pèsent sur les individus dans différents domaines trop ignorés par la critique sociale d'inspiration marxiste (il a raison sur ce point), il s'est abstenu de s'en prendre au *macro-pouvoir d'Etat*, celui, de classe, de *l'Etat capitaliste*. En tout cas, je ne connais pas de texte de lui dans lequel celui-ci soit directement nommé, mis en cause et conçu comme l'origine première d'une *chaîne causale* débouchant sur les micro-pouvoirs qu'il n'a cessé de critiquer. De ce point de vue, il aura préféré les *micro-combats* contre les effets du capitalisme au *macro-combat* contre celui-ci, alors même que, sans en avoir une claire conscience intellectuelle, il en déplorait et combattait en réalité les *effet*s. Inconséquence, conséquence de sa théorie d'ensemble ou choix politique personnel ? J'opte pour la conséquence de sa théorie d'ensemble, avec son refus de la vérité comme de la morale, et hostile au marxisme comme au communisme[348].

Bilan

Qu'il s'agisse de la question de la vérité, vis-à-vis de laquelle son scepticisme fondamental est inacceptable, spécialement de la part de celui qui s'est voulu un théoricien et un praticien des « sciences humaines », ou de sa critique du concept de « maladie mentale » au profit d'une approche empathique de la « folie », qui lui est liée ; qu'il s'agisse encore de son refus de la morale avec son

[348] Tout le monde s'accorde désormais à reconnaître qu'il n'aura pas été un homme de gauche, après un bref passage au PCF. Voir à nouveau le livre de P. Veyne, op. cité. Je ne comprends pas que mes amis « marxistes » occultent ce point. Ce n'est pas être sectaire ou obtus, ou encore dogmatique, que de le signaler, tout en reconnaissant ses mérites et acquis théoriques ponctuels. C'est tout simplement résister au terrorisme du conformisme idéologique ambiant, faire preuve de lucidité et ne pas se payer de mots face à une prétendue « statue » intellectuelle !

universalisme propre ou de son anti-marxisme virulent, débouchant sur une apologie finale du libéralisme économique : dans tous ces cas Foucault aura été un penseur non point éminent mais éminemment contestable, tant sur le plan théorique que sur celui de la morale et de la politique. Notre époque, décidément, est coutumière de ce fait : elle porte au pinacle des œuvres qui ne le méritent pas ou pas à ce point, faute d'une authentique intelligence critique du monde tel qu'il ne va pas et des idées qui le masquent et, ce faisant, elle occulte les réels apports intellectuels qui pourraient nous aider à mieux le comprendre et à l'humaniser en profondeur. Foucault, donc, une *brillante imposture* au bal des illusions philosophantes, sinon philosophiques de notre temps !

Deleuze ou l'exercice littéraire de la philosophie

Je serai plus bref à propos de Deleuze qu'à propos de Foucault, car je n'ai pas à son égard le contentieux idéologico-politique que j'avais avec ce dernier et qui n'est pas anodin, non au sens où il pourrait nourrir une prévention partisane mais au sens où il met en en jeu des intérêts humains fondamentaux avec lesquels la philosophie, dans sa visée à la fois théorique, morale et politique, ne saurait transiger. Etre en désaccord, dans ce cas, a donc une signification qui n'est point subjective, de l'ordre de l'opinion, mais *objective* et engageant le fond et l'importance d'une pensée. Or ce n'est pas le cas avec Deleuze (travaillant souvent avec Guattari) qui n'a jamais été complaisant avec le capitalisme et ses effets destructeurs sur la subjectivité humaine[349], n'a jamais méprisé Marx ni nié son importance (il préparait, paraît-il, un livre sur lui avant son décès), même s'il s'en est démarqué à plusieurs reprises, et qui a su, en pleine querelle des « nouveaux philosophes » à la fin des années 1970 visant la gauche marxisante, en critiquer la faiblesse théorique, contrairement à Foucault[350]. Par ailleurs et comme j'ai pu le faire pour d'autres, je voudrais insister sur plusieurs qualités incontestables de son travail, de façon à équilibrer mon jugement et mieux rendre crédible mon verdict final, qui est sévère.

D'abord, il aura été un grand historien de la philosophie, consacrant des ouvrages d'une grande finesse à des auteurs aussi divers que Hume, Spinoza, Kant, Nietzsche ou Bergson. Il a aussi exploré, toujours avec la même finesse et la même subtilité, le champ littéraire (Proust, Sacher-Masoch) et plus largement celui de l'art, qu'il s'agisse de peinture ou de cinéma. Il y a donc une

[349] Voir plus haut, note 333 sur Guattari, avec lequel il était d'accord.
[350] Article de 1977, dans le bulletin des Editions de Minuit.

esthétique deleuzienne dont il faut tenir compte, d'une extrême sensibilité, et que je n'ai aucune raison de critiquer, sauf à regretter parfois son emphase inutile[351] et à exprimer seulement un point de vue différent, que je crois plus rigoureux en même temps que plus vrai[352]. Mais sur d'autres plans, ceux qui engagent la philosophie proprement dite, j'avoue mon irritation, parfois mon incompréhension et, finalement mon immense déception. Et je le dis tout de suite, en contredisant à nouveau Foucault sur ce point : non, le siècle ne sera pas deleuzien ! Je voudrais le montrer en trois temps ou à trois point de vue.

Son ontologie

Il est difficile de la résumer d'une manière systématique car elle a précisément pour caractéristique de refuser l'unité systématique *dans la conception même qu'elle se fait du réel*, affirmant en permanence, à l'aide d'un vocabulaire souvent ésotérique et qu'on a du mal à qualifier de conceptuel, son essence non systématique, fluente, faite de différences qui dénouent toutes les identités (individuelles, collectives, nationales, territoriales, etc.), de flux qui échappent à la saisie de l'intelligence et nous soumettent au régime de l'intensité plus que de l'énergie, de plis aussi, qui interdisent d'homogénéiser l'Etre et de le substantialiser, comme de

---

[351] Ainsi cette affirmation selon laquelle si les artistes « ont souvent une toute petite santé fragile, ce n'est pas à cause de leurs maladies ni de leurs névroses, c'est parce qu'ils ont vu dans la vie quelque chose de trop grand pour quiconque, de trop grand pour eux, et qui a mis sur eux la marque discrète de la mort » (in *Qu'est-ce que la philosophie ?*, Minuit, p. 63). Quel pathos, guère pertinent au surplus !

[352] Voir mon livre *L'art et la vie* (Le Temps des Cerises, 2015) qui aborde l'art sur une base matérialiste stricte, laquelle n'était pas celle de Deleuze, ici, à ce que je sache.

plans multiples (ce sont les *Milles plateaux)* qui sont non des choses mais autant de lignes de fuite, etc. D'où la conséquence anthropologique que nous sommes, nous êtres humains, non des monades mais des *nomades* dont la politique ou la morale n'a pas à fixer des lignes de conduite obligatoires – Deleuze est nietzschéen et, comme Foucault, partisan de la seule éthique[353] –, le rôle de la politique étant seulement d'en assurer la *libre errance*. Au surplus, cette ontologie est dispersée dans divers livres, sous-jacente par exemple à *L'Anti-Œdipe* ou mêlée à l'analyse d'autres thèmes comme l'art, faisant ainsi écho, par la forme même de son expression dispersée, à son contenu qui est justement … la *dispersion de l'Etre*, en un jeu de miroirs, logique à sa manière mais déconcertant, où la forme met en œuvre le contenu tout en le rendant parfois obscur. D'où – je reviens à son vocabulaire – une myriade de termes, tous aussi curieux ou précieux les uns que les autres, souvent mis en rapport ensemble comme : « fonctifs et concepts, » puis « prospects et concepts » et, enfin, « percept, affect et concept »[354]. Sans compter la foule de formulations contournées, sinon embrouillées, qui, si j'ai bien compris, renvoient à l'idée qu'il se fait de la philosophie et de l'Etre qu'elle entend exprimer (j'y reviendrai), et qu'il définit ainsi : « Les concepts philosophiques sont des touts fragmentaires qui ne

---

[353] Deleuze a écrit un livre fort sur Nietzsche, mais très discutable quand il s'agit de penser le *statut* rationnel et scientifique, pour une part, de son entreprise d'explication des valeurs puisqu'il y voit un *mélange* syncrétique de science et de philosophie. Voir plus bas, la note 361. Par ailleurs, il a aussi tiré de Spinoza, à juste titre ici, le refus de la morale au profit de l'éthique, ce qui implique qu'on les distingue : voir son *Spinoza. Philosophie pratique* (Minuit, 1981) – ouvrage, lui, particulièrement limpide. Mais, ceci dit, quelle catastrophe que le « nietzschéisme » aujourd'hui !

[354] Ils désignent les trois sous-parties de la 2ème partie de *Qu'est-ce que la philosophie ?* avec F. Guattari, op. cité.

s'ajustent pas les uns aux autres, puisque leurs bords ne coïncident pas (sic). Ils naissent d'un coup de dès plutôt qu'ils ne composent un puzzle (re-sic). Et pourtant ils résonnent, et la philosophie qui les crée présente un Tout puissant, non fragmenté, même s'il reste ouvert : un Tout illimité, Omnitudo qui les comprend tous sur un seul et même plan. C'est une table, un plateau, une coupe »[355]. J'ai cité intégralement ce passage car il illustre parfaitement la manière dont Deleuze pratique la philosophie : en *littéraire*, car tout ce qu'il dit là pourrait convenir à la description de la genèse et de la nature d'un poème par exemple ou d'un tableau. Sauf que : 1 L'expression, avec ses métaphores, du coup n'y est guère rigoureuse, cohérente, sinon même compréhensible – ce qu'on attend d'abord d'un texte philosophique : que veut-il dire quand il affirme que les « bords » des concepts philosophiques ne « coïncident pas » ? Les concepts ont-ils des bords ? Et ne doivent-ils pas s'articuler les uns aux autres – ce qu'il admet après ? 2 Je n'y reconnais absolument pas la conception de l'Etre que la science, dans sa totalisation ouverte, pourtant, mais *rationnelle* et *matérialiste*, nous offre désormais et dont j'ai déjà dit qu'elle était *intellectuellement contraignante*. C'est plutôt, à nouveau, une *vision* du monde tel qu'il nous *apparaît* qu'il nous *propose*, dans une espèce de nouvelle phénoménologie ontologique, et tel qu'une *littérature réflexive*, à distinguer d'un discours philosophique, nous le donne à voir et à apprécier intuitivement, sinon allusivement, mais non à comprendre théoriquement.

Il est vrai qu'il y a cependant une idée forte qui sous-tend toutes les analyses ou plus exactement les descriptions ontologiques de détail de Deleuze : celle que tout cela se situe sur un strict « *plan d'immanence* ». Idée importante et qui n'est pas souvent assumée dans la philosophie

---

[355] Ib., p. 38.

contemporaine, car elle entraîne le refus des fausses transcendances (nous en avons rencontrées dans notre réflexion !) qui brouillent l'intelligence de l'Etre et elle nous rapproche du matérialisme tant honni par nombre de nos contemporains philosophes. Mais est-ce du matérialisme, chez lui ? On aurait pu le croire à lire le titre de la conclusion de *Qu'est-ce que la philosophie ?*, « Du chaos au cerveau ». En réalité, les choses sont moins claires qu'il n'y paraît. Je m'explique. D'abord, il y a cette idée d'un « chaos » fondamental contre lequel la philosophie, la science et l'art lutteraient, donc *supposeraient*, inévitablement. Cette idée, proprement ontologique[356], ne me convainc pas quand on songe à tout le travail de mise en évidence de l'*intelligibilité* du monde auquel la connaissance scientifique procède *dans tous les domaines*, y compris et contrairement à ce qu'il dit complaisamment, au niveau de la microphysique et de l'astrophysique, en s'appuyant au surplus sur des références philosophiques très disparates, voire dépassées ici (Hume, Fichte, Spinoza). Or, je l'ai plusieurs fois souligné : la complexification de cette intelligibilité et de l'ordre qu'elle révèle, n'équivaut en rien à sa suppression et à son remplacement par une vision chaotique du fond des choses, qu'il érige carrément en « chaosmos »[357]! Elle contribuerait plutôt à la renforcer, faisant échapper le réel, qu'on connaît de plus en plus, au mystère (ou aux

---

[356] Elle lui a été sans doute suggérée par Nietzsche, mais le mauvais Nietzsche, celui qui a abandonné le rationalisme de *Humain, trop Humain* (dédié à Voltaire et qui se place à l'enseigne de Descartes) et qui postule un fond chaotique du monde, animé par une « volonté de puissance » omniprésente, même dans le monde strictement physique, mais *aveugle* : d'où l'idée de « chaos » !

[357] Ib., p. 192 et p. 194. Dans le même style d'invention de termes spéciaux, je propose de qualifier le matérialisme tel que je le conçois de *Cosmomatérialisme* : cela a de l'allure, donne beaucoup de dignité à l'idée que je défends, mais ne change rien à la chose elle-même.

mystères, au pluriel) dont on croit pouvoir l'affubler par ignorance. Ensuite, et c'est le deuxième point, cette affirmation s'explique par sa position gnoséologique vis-à-vis de la science. Certes, il se révèle semble-t-il matérialiste en ce qu'il rapporte clairement l'activité de connaissance au *cerveau* humain. Et il le fait d'ailleurs avec beaucoup de subtilité et, apparemment, une information biologique poussée, à même de justifier son propos. Il en arrive même à dépasser la représentation habituelle d'un cerveau matériel simple *support* de l'activité intellectuelle pour en faire un *cerveau-sujet*, doté d'une capacité de « survol » qu'est la conscience et la conscience de soi, et il l'identifie carrément à l'esprit en disant que « le cerveau est l'"*esprit*" même »[358] ; il ira jusqu'à avancer le terme d'« *âme* », sachant que, à chaque fois, ce n'est pas pour réintroduire la moindre transcendance spirituelle, mais pour mieux *résorber* ce qui est ainsi désigné dans l'immanence de la matérialité cérébrale, tout en insistant sur sa spécificité qualitative[359]. Mais un problème surgit aussitôt, qui tient apparemment à sa conception de la production de la connaissance et, du coup, à sa conception gnoséologique de la portée de la connaissance scientifique : le cerveau *produirait* en quelque sorte le monde scientifique en construisant une image relativement fixe et organisée, mais artificielle, de la réalité, la faisant échapper au chaos pour en faire un bloc ou un état non chaotique (bien que le réel le soit en son fond, selon lui !) mais « *chaoïde* », c'est-à-dire en quelque sorte stabilisé ou sauvé de l'incohérence absolue que représente le pur chaos[360]. Bref, la science est une

---

[358] Op. cité, p. 198.

[359] On opposera à cette genèse de la conscience celle, plus convaincante selon moi, qu'esquisse L. Sève dans *« La philosophie » ?*, p. 447-475.

[360] Ib., p. 193.

« Chaoïde » [361] comme l'art ou la philosophie, produisant à partir du chaos du *non-chaos*. C'est oublier une chose capitale, à savoir que le « chaosmos » que constitue une œuvre d'art (c'est de là qu'il tire cette expression) et dont j'ai signalé qu'il l'étendait au monde compris par la science, est un *artefact* qui ne saurait avoir vraiment, ou fondamentalement, de valeur cognitive (ce n'est pas la fonction de l'art[362]) et refléter donc le réel, alors que c'est le rôle incontestable de la science, sauf à renoncer à son concept et à l'idée même de connaissance. Avec cette notation supplémentaire chez lui, difficilement compréhensible : le cerveau, conçu ainsi dans son identité matérielle avec la pensée et désigné par sa productivité mentale, est un cerveau « non objectivable »[363], comme si donc il échappait à la science qu'il produit et constituait un point de fuite pour elle. D'où la conséquence gnoséologique que j'ai suggérée : Deleuze a du mal à admettre l'*objectivité* ontologique de la science et il est capable de dire, à la suite d'une longue étude antérieure sur celle-ci, que ce qu'elle met en avant « ce ne sont plus des liens de propriétés *dans* les choses » mais seulement des « cordonnées finies sur un plan de référence » qu'elle a constitué et qui masque le chaos essentiel[364]. Alors qu'il faudrait dire, à l'inverse, ce qu'il dit de la pensée kantienne de l'objet et que je transposerai ici : la science est « un anti-chaos objectif »[365].

Tout cela renvoie ultimement à une méfiance à l'égard de la science et à la difficulté chez lui de concevoir une philosophie qui, quoique distincte d'elle, soit *articulée*

[361] « On appelle chaoïdes les réalités produites sur des plans qui recouvrent le chaos » précise-t-il (ib. p. 196).

[362] Voir à nouveau mon ouvrage *L'art et la vie*, op. cité, dernière partie : « Les illusions de l'art ».

[363] Ib., p. 197.

[364] Ib., p. 190 – souligné par moi.

[365] Voir p. 189.

avec elle et pense sur sa base, l'obligeant à se faire plus rigoureuse et, surtout, plus modeste… sans renoncer à son ambition propre. Et je vois aussi dans cette ontologie, comme une fascination, que je n'ose dire névrotique, pour ce même chaos et, donc, comme un nihilisme mi-théorique mi-existentiel[366] ; et si je m'autorise ce genre de diagnostic à son égard, c'est au nom de ce Nietzsche qu'il admirait et pour qui toute philosophie était « une confession de soi » ! Mais laissons de côté ce point hasardeux, qui n'engage que moi ; et, pour mieux faire comprendre son rapport spécifique à la vérité, voyons comment il pensait le statut de la philosophie. Bien des aspects énigmatiques de ce qui précède s'éclaireront d'eux-mêmes, qui frisent une forme élégante d'irrationalisme[367].

Le statut de la philosophie

Deleuze a donc consacré un livre entier, dont je viens déjà de parler un peu, au statut théorique de la philosophie, *Qu'est-ce que la philosophie ?* L'analyse de ses thèses essentielles va me permettre de faire le point sur ce qu'est devenue, à notre époque, la philosophie, à savoir une discipline littéraire, à l'opposé de sa vocation initiale. Comme je n'entends pas en donner une synthèse critique complète, je me contenterai, dans un premier temps,

---

[366] On trouve un peu une confirmation de ce propos dans *L'Anti-Œdipe* quand, parlant du désir, il affirme que celui-ci « désire aussi la mort » (p. 14).

[367] Dans son livre important sur Nietzsche, on le voit ainsi refuser de distinguer clairement ce qui relève chez lui d'une science des valeurs – ce que j'appelle leur genèse à partir de la vie – et la critique normative de celles-ci au nom de cette même vie érigée en valeur, qui relève de la philosophie et qui désigne spécifiquement leur généalogie. Voir à nouveau ma thèse sur Nietzsche, *Nietzsche ou l'impossible immoralisme. Lecture matérialiste* (op. cité) où je polémique avec lui à ce sujet.

d'évoquer sa définition initiale de la philosophie telle qu'il la présente dans l'introduction de ce livre. Or je le dis toute de suite et franchement : Deleuze a *tout faux*. D'emblée, le parallèle avec l'art qu'il institue nous met sur la piste de cette erreur et on va le comprendre tout de suite. Il la définit – je résume, négligeant des formulations plus complètes – comme « une création de concepts »[368], à quoi il ajoute, d'une façon énigmatique, qu'elle consiste en « personnages conceptuels » dont je n'ai guère rencontré la trace, heureusement, dans l'histoire de la philosophie (hormis Socrate, si l'on veut) – alors que j'ai pu en rencontrer dans la littérature, comme le personnage de Meursault dans *L'étranger* de Camus, incarnant l'idée de l'absurde de son auteur, philosophe par ailleurs. Or, dire cela – avec des termes comme « former », « inventer », « fabriquer » –, c'est confondre la philosophie avec l'art, dont il est un amateur incontestable et raffiné. Ces notions, si elles s'appliquent sans problème à celui-ci, qui est effectivement une création d'œuvres singulières, en même temps que subjectives, ne s'appliquent pas à la philosophie : elles oublient à la fois son référent, le réel – sans le réel, il n'y a pas de philosophie possible – et son objectif : la *vérité* sur lui, une vérité nécessairement impersonnelle et unique, notion qui est, *d'une manière incompréhensible*, il faut le dire, absente de sa définition principielle. Il refuse donc aussi l'idée que la philosophie ait pour but de « trouver » quoi que ce soit[369] et affirme que son objectif spécifique est de « créer des concepts nouveaux »[370], comme s'il n'y avait pas une réalité unique à comprendre, extérieure à la philosophie, et comme si le propre d'une œuvre philosophique n'avait pas toujours été d'éviter la

[368] Op. cité, p. 8.
[369] Les concepts ne sont pas « des trouvailles », dit-il (ib., p . 10)
[370] Ib., p. 10.

« singularité » » et, à l'inverse, de se vouloir objective, de prétendre refléter le réel autant que possible et d'être susceptible d'avoir été créée par d'autres, comme toute œuvre ambitionnant à la vérité. On peut le dire autrement, en précisant l'opposition avec l'art : une œuvre d'art est, comme on a pu le dire, un objet « intransitif »[371], qui n'a d'autre but que lui-même dès lors qu'on l'envisage dans sa spécificité esthétique, et elle s'inscrit dans un champ inévitablement multiple ; l'œuvre philosophique (comme l'œuvre scientifique) est, au contraire, un objet « transitif », visant un réel qui est hors d'elle et sur lequel elle se prononce et elle ne peut être, si elle est vraie, qu'unique. La productivité conceptuelle de la philosophie n'est donc pas immanente et indéfinie, elle n'a pas sa fin en elle-même comme semble le suggérer Deleuze, mais elle tend à constituer des *systèmes définitifs* – chacun se voulant unique comme le réel – et dans lesquels les concepts s'intègrent les uns aux autres de façon à se régler sur ce même réel ; et si la totalité que constitue une œuvre esthétique, un tableau par exemple, est bien *fermée* sur elle-même (même si elle est expressive et a du sens), la totalité que constitue aussi une œuvre philosophique est elle, par définition, *ouverte* explicitement sur un extérieur dont elle entend dire la vérité[372].

Deux autres conséquences s'ensuivent. Il y a bien une pluralité de systèmes philosophiques, mais il s'*excluent* entre eux et cette multiplicité, comme je l'ai déjà souligné, *fait problème* eu égard à la visée de vérité constitutive de la philosophie… alors que la pluralité des univers

---

[371] La formule se trouve chez Genette dans *L'œuvre de l'art* (Seuil) et il l'emprunte à un théoricien anglais, Vivas.

[372] Je n'ai pas besoin ou n'aurais pas besoin d'aller voir Delft pour apprécier le tableau qu'en fit Vermeer et vérifier si le « petit pan de mur jaune » mérite l'admiration de Proust, alors que l'affirmation du libre arbitre humain doit bien être, d'une manière ou d'une autre, confrontée à la réalité objective et vérifiée ou non par sa connaissance.

artistiques est normale et prend la forme d'une addition cumulative ou d'une co-existence plurielle et non d'un exclusion réciproque : on ne peut à la fois être cartésien et spinoziste, ou kantien et nietzschéen, alors que l'on peut aimer de nombreuses œuvres d'artistes très différents car ils touchent des aspects différents de notre personnalité ou nous ouvrent à des visions subjectives du monde qui ne sont pas les nôtres et enrichissent notre regard sur celui-ci. Or, tout cela Deleuze paraît l'ignorer et ne pas y voir un problème… faute, à nouveau, de mettre la vérité au centre de la visée philosophique. D'où la deuxième conséquence portant sur les concepts : il n'y a pas de concepts cartésiens ou spinozistes, ou humiens, etc., comme il le prétend, alors que les œuvres d'art, quand elles sont réussies, portent la marque, irréductible parce que subjective, de leur auteur, dont la trace sur elles est immédiatement reconnaissable (une facture picturale, un style d'écriture, une forme ou une tonalité musicale). Pour revenir au cas de la philosophie, l'idée de « substance pensante », point de départ de la déduction propre au système de Descartes, n'est pas « cartésienne » comme la couleur bleue, douce et apaisée, qu'on trouve dans les tableaux de Vermeer, est propre à Vermeer ! Le vocable cartésien est en un sens anonyme, emprunté à la tradition philosophique classique et ce qui est « cartésien » dans la notion de « substance pensante », si l'on y tient, c'est seulement la manière dont il *déduit* son existence et *définit* son essence au sein de son système, comme sont « cartésiennes » toutes les déductions qu'il en tire et qui constituent sa philosophie d'ensemble ! La même démonstration pourrait être faite pour le concept d'« esprit », l'idée de « nécessité des choses », ceux de « joie » et de « béatitude » chez Spinoza, ou encore pour

les concepts d'« impression », d'« idée » et d'« imagination » chez Hume, etc.[373]
Le résultat final de cette analyse, tirée pourtant de la seule introduction de son livre, est bien que nous sommes en présence d'une *dérive littéraire* de la philosophie, avec les effets de séduction qu'elle peut avoir sur certains car, en plus, Deleuze écrit bien : c'est incontestablement un écrivain. Mais la comparaison initiale entre la philosophie et l'art, alors qu'il prétend y voir des *plans* de réalité distincts et même « irréductibles », produit des effets en chaîne dans sa conception du statut de la philosophie, non seulement spéciaux, mais *spécieux*, entraînant des parallèles sans fondement qui nient la spécificité irréductible de la première et en donnent bien une représentation littéraire. Je voudrais y insister à nouveau, éléments de preuve à l'appui : 1 On est bien en présence d'une conception *constructiviste* du discours philosophique, dont Deleuze se réclame expressément[374], d'où l'idée de vérité est totalement absente : ce mot même de « vérité », qui est lui un véritable « concept », avec tous les problèmes qu'il peut soulever, n'est jamais prononcé dans cette introduction, ni même, par conséquent, interrogé ! 2 Du coup, parlant des mots originaux auxquels recourt parfois l'activité philosophique, il voit dans « la nécessité de ces mots et de leur choix » un « élément de style »[375], comme si le style, en philosophie, avait un rôle quelconque à jouer[376] : avec cette notion la philosophie se

---

[373] Cela n'exclut pas la présence de concepts nouveaux pour penser des choses nouvelles, inaperçues jusqu'alors, comme celui de « conatus » chez Spinoza ou celui de « transcendantal » chez Kant. Mais la logique de leur production répond seulement au souci de la recherche de la vérité.

[374] Voir p. 12.

[375] Ib., p. 13.

[376] Je rappellerai que Kant se plaignait de mal écrire quand il se comparaît à Hume. Mais si celui-ci l'a « réveillé » de son « sommeil

rapproche de plus en plus de la littérature. La preuve, c'est qu'il y intervient un « *goût* »[377] (spécifique, sans doute) qui préside au choix de ces mots et les fait aimer comme il fait aimer l'œuvre à laquelle ils appartiennent. 3 On pourra alors parler d'une *langue* philosophique « atteignant au sublime ou à une grande beauté »[378] comme on parle de la langue de Proust avec les qualités esthétiques qu'elle présente ! 4 Un peu comme les œuvres d'art, les concepts « ont leur manière de ne pas mourir » – ce qui est partiellement inexact : il n'y a plus pour nous de « substance pensante », même si on peut encore s'y référer, mais pour y signaler le type même d'une illusion réflexive[379]. 5 Enfin, Deleuze affirme que la création des concepts « dépend d'une libre activité créatrice »[380]… comme si l'histoire, dans toutes ses composantes, nous l'avons abondamment souligné avec Marx, n'était pas là pour la *déterminer*. Or, il est clair que toutes ces idées ou qualifications appliquées à la philosophie relèvent d'un registre littéraire ou esthétique et ils s'appliquent sans problème à l'art : construction, style, langue, beauté, forme d'intemporalité, « libre » créativité. Par contre, transposées analogiquement à la philosophie, ils en nient la spécificité théorique, ce qui

---

dogmatique », ce n'est pas à cause de son style, excellent il est vrai ! La confrontation a été tout entière théorique.

[377] Ib.

[378] Ib.

[379] Ib. Ce qui est bien je l'avoue, « une manière de ne pas mourir », mais discrète. Deleuze est suffisamment subtil pour s'exprimer sous cette forme nuancée et reconnaître malgré tous les bouleversements historiques que subit la philosophie, qui rendent temporels et relatifs ses concepts. Reste que, comme l'indiquait G.-G. Granger, les grandes philosophies ont toujours quelque chose à nous apprendre, non par leur pseudo-savoir mais par la qualité ou le contenu de leur réflexion *rationnelle* ! C'est là, très précisément, leur « manière de ne pas mourir ».

[380] Ib., p. 16

permet aussi d'éviter de la confronter *sur le fond* à la science avec les problèmes que cela pourrait lui poser. C'est ainsi que la philosophie, vue comme un exercice littéraire qui en fait une « *interprétation du monde* », échappe à toute remise en question véritable et fait verser celui qui la conçoit ainsi dans le *philosophisme*… lequel est à la philosophie ce que la morale est au moralisme !
Les analyses qui suivent l'introduction précisent le contenu (en même temps que le statut) de cette philosophie « littéraire », en traitant du « concept » et du « plan d'immanence » (parties 1 et 2), et elles présentent en détail, par la même occasion, son ontologie (c'est le propre de la philosophie de prendre en charge la dimension de l'ontologie, selon lui), tout en lui permettant d'en marquer davantage la singularité. Il n'est pas question d'en nier la subtilité ou le brio (à nouveau), par exemple s'agissant de ce qu'il entend par « concept » ou par « plan d'immanence ». Mais autant je comprends ce qu'il *dit*[381] malgré un style (c'est le cas d'employer ce terme à son propos puisqu'il le revendique) extrêmement contourné, précieux, voire embrouillé, mais qui reflète par son lexique, surtout, et ses formulations, les propriétés mêmes de l'Etre qu'il analyse (comment présenter sans confusion et complication une réalité elle-même confuse et compliquée d'après lui, ne serait-ce pas

[381] Je pourrais assez facilement le répéter ou le répercuter en utilisant ses mots, mais je préfère renvoyer le lecteur aux pages 41-44. Il fera directement l'expérience d'une vision du monde *confuse* fournie par cette pensée « ritournelle », laquelle est une pensée irrationnelle qui ne veut pas *expliquer* la réalité : expliquer (ex-plicare) reviendrait à déplier ce qui est par essence plié, donc à le nier comme « pli » et à ne pas le *re-présenter* ! Par opposition, je signale que Nietzsche, dont il se réclame et malgré la forme littéraire de son expression, développe une pensée philosophique extrêmement *claire* et *profonde*, au-delà de ses contradictions, au moins apparentes. Point d'amphigouri chez lui, mais un vocabulaire simple, limpide et efficace !

contradictoire ?[382]) , autant je ne comprends pas ce qu'il *veut dire*, c'est-à-dire à quoi cela *correspond*. Il est vrai qu'il me répondrait que cette remarque n'a pas de sens car elle implique une correspondance de son discours avec un extérieur qu'il récuse précisément ! Mais je répondrai moi-même à cette objection fictive. D'abord, en disant que toutes ces analyses ne font qu'élaborer une conception du réel qui est *idéaliste*. Car le plan d'immanence, qui définit le réel de la philosophie, est bien construit ou produit par la pensée, il est donc idéal et il n'a pas de *référence* hors de lui, pas plus que le concept et contrairement à une proposition scientifique[383] ; c'est en cela qu'il relève de la *création* philosophique puisque celle-ci « est un constructivisme »[384]. Ce plan va être peuplé par des *objets-concepts*, sous une forme compliquée qui le fracturent ou le plissent et que je ne développe pas, qui constituent autant d'*évènements* de la pensée et pour la pensée, dont il est absurde de vouloir leur assigner une existence hors de ce plan idéal qu'il nomme « planomène » pour lui donner (?) une consistance : celui-ci « rend l'évènement comme concept indépendant d'un état de choses visible où il s'effectuerait » et le concept, logé dans ce plan, a pour fonction de « dresser un évènement » qui « survole tout état de chose ». On est à nouveau, pleinement, à l'opposé du *réalisme matérialiste* dont je ne cesse de faire l'apologie théorique et d'indiquer la pertinence scientifique, au point que Deleuze en arrive à dire, sans la moindre hésitation ou restriction mentale, que « penser et être sont une seule et même chose » ou encore que le mouvement (de la pensée) est « aussi matière de l'être ».

---

[382] On pourrait dire à ce propos qu'éclairer l'obscurité reviendrait à la *dissoudre*, là où il s'agit de la *restituer* ou de la *révéler*.

[383] Pour le concept, voir p. 27 : « Il est réel mais pas actuel, idéal mais pas abstrait ». C'est dire que sa *réalité* est *idéale*.

[384] Ib., p. 38.

C'est là de *l'idéalisme subjectif* et, comparaison pour comparaison, Deleuze n'est pas loin de Berkeley… sauf qu'on est à l'époque contemporaine et qu'on n'a pas de Dieu pour assurer l'existence de ces objets-concepts!

J'ajouterai que cet idéalisme assumé, récusant l'en soi matériel de l'être et contredisant le matérialisme latent de la conclusion du livre, présente un autre défaut qui explique sans doute le précédent : ce que j'ai appelé une forme élégante mais évidente, d'*irrationalisme*, qu'on retrouvera dans sa critique de la psychanalyse. C'est ainsi qu'il refuse la discursivité et la cohérence logique que la philosophie entraîne pour autant qu'elle enchaîne en général des propositions déduites les unes des autres[385] : « La philosophie n'est pas une formation discursive » dit-il, d'une manière étonnante. Et il ajoute même qu'« elle est en état de perpétuelle digression ou digressivité », ce qui est encore plus étonnant car on croirait l'entendre parler (et encore) de la musique ou de l'improvisation en jazz ! Et pour finir, il indique qu'« il est vain de se demander si Descartes a tort ou raison » ! D'où le refus d'y voir matière à discussions… à l'instant même, d'ailleurs, où il mène une discussion à ce sujet ![386] Autre motif irrationnel : parmi les sources de l'intuition philosophique génératrice des systèmes (Deleuze reprend cette idée à Bergson), il y a « des moyens peu avouables, peu rationnels et raisonnables (…) de l'ordre du rêve, de processus pathologiques, d'expériences ésotériques,

---

[385] A ceux qui ne seraient pas totalement convaincu par ce propos, je conseille tout simplement, de lire ou de relire la 1ère section des *Fondements de la métaphysique des mœurs* de Kant : partant de la notion de « bonne volonté » il en déduit finalement l'idée de « loi morale », ainsi que le contenu de cette loi. La *démonstration* est impeccable et seule la mise en cause de son point de départ, qui implique l'idée d'une volonté libre, pourrait la faire chanceler ! La philosophie, ici, est parfaitement discursive !

[386] Ib., respectivement p. 27, p. 28, p. 31 et p. 33.

d'ivresse ou d'excès »… même si ces moyens « n'apparaissent pas dans le résultat final »[387]. Ici, l'irrationalisme, outre qu'il ne correspond pas à la réalité effective de la production philosophique (les philosophes n'ayant guère pensé sur cette base psychologique), s'avoue, se réclame, se proclame, se revendique sans retenue ! Ce n'est donc pas être partial ou injuste que d'affirmer que la philosophie deleuzienne tourne le dos à *l'exigence rationnelle* qui a toujours défini la philosophie, l'a constamment rapprochée de la science (même quand elle en critiquait les limites ontologiques : voir Kant) et qui l'a empêchée de verser dans cette *opinion* à laquelle il entend lui-même d'emblée échapper… alors qu'il donne l'impression de s'y enfoncer, à sa manière il est vrai, très sophistiquée[388].

Je m'arrête là dans la présentation un peu détaillée de cette pensée « ritournelle » qui virevolte dans l'irrationnel, car tout ce qui suit dans le livre (les personnages philosophiques, la géophilosophie) ne ferait que confirmer mon diagnostic d'irrationalisme à l'œuvre dans son éloignement de la scientificité. C'est cet éloignement que je vais maintenant analyser, tel qu'il se manifeste dans sa condamnation insupportable de l'œuvre de Freud dans *L'Anti-Œdipe* (écrit avec F. Guattari).

La critique de la psychanalyse

A l'opposé de la manière dont j'ai présenté mes critiques antérieures, je commencerai ici par mon verdict final, en précisant que j'ai pratiqué Freud et ses commentateurs

---

[387] Ib., p. 44.

[388] Voir la critique du caractère rassurant et donc trompeur de l'opinion, que « la philosophie, l'art, la science » doivent refuser (ib., p. 190). A nouveau Deleuze se contredit, mais l'irrationalisme tolère la contradiction !

abondamment : sur cette base, je me sens en droit de dire que Deleuze nous offre une analyse de la psychanalyse que je trouve largement *délirante*. Etant entendu que ce délire est incontestablement *inventif* et pour une part *logique*, ce qui ne l'empêche pas d'être délirant si l'on songe qu'un délire risque d'être d'autant plus délirant qu'il est logique : n'a-t-on pas affirmé que « ce qui manque le moins au fou, c'est la raison » ? Mais pour le démontrer, il faut être rigoureux, ne pas trahir ce qu'il énonce – qui peut être parfois juste et intéressant – et je le ferai en plusieurs moments, mais qui montreront tous qu'il s'inscrit, sous une forme moderne ou post-moderne, dans une mode anti-psychanalyse déjà ancienne, désagréable, parfois réactionnaire[389] et aux multiples visages, dont le sien, à laquelle il n'aura donc pas échappé.

D'abord on peut dire que sa critique de l'apport théorique freudien est biaisée : il attaque la psychanalyse (1ère partie) à propos de la psychose, dont la schizophrénie est une forme, à coté de la paranoïa et de la psychose maniaco-dépressive, et dont Freud lui-même a toujours déclaré qu'elle lui posait problème, sinon du point de vue de sa compréhension, en tout cas de celui de sa guérison – qui suppose la relation à autrui, laquelle est absente ou perturbée en elle[390]. Et ce biais me paraît d'autant plus malhonnête intellectuellement que, à l'opposé d'un Grünbaum[391] (par exemple) entrant dans le dispositif conceptuel de Freud, le défendant contre ses déformations idéalistes et ne le critiquant qu'*in fine* sur la base d'arguments solides comme celui de l'efficacité thérapeutique, Deleuze s'appuie sur une *tout autre conception* de l'homme et de la maladie mentale, dont la

---

[389] Voir Pierre Debray-Ritzen, *La psychanalyse, cette imposture.*

[390] Voir l'article « Psychose » du *Dictionnaire de psychanalyse* de Laplanche et Pontalis, PUF.

[391] Voir *Les fondements de la psychanalyse*, PUF.

prise en compte, très particulière, de la schizophrénie est la base, ce qui débouche, dans un premier temps, sur un dialogue de sourds avec Freud. Cette conception fait appel à des concepts *hétérogènes* à ceux de la psychanalyse tout en les mimant ou en les faisant résonner en son sein ou à sa marge, ce qui fausse encore plus le débat comme on va le voir. L'idée de départ est que nous sommes des « *machines désirantes* » : il est bien question de désir, ici, mais c'est un sens générique qui ne se restreint pas à la sexualité puisque ce désir est rapporté à des « machines » (même s'il ne s'agit là que d'une métaphore conceptuelle). D'où, à partir de cette prémisse, une série de concepts dans laquelle celui de production est omniprésent, en relation avec celui de machine, censé nous faire sortir de la théorie freudienne : « Quelle erreur d'avoir dit *le* ça » déclare-t-il d'emblée car cela revient, en quelque sorte, à rendre vivants ou « personnels », psychologiques, des processus anonymes : c'est « ça fonctionne, ça produit, ça respire » aurait-il fallu dire[392]. Car le réel, et d'abord le réel humain, est entièrement constitué de processus mécaniques ou machiniques, même si Deleuze y introduit des éléments plus fluides comme les « flux » : production donc, production de production, machines productrices, machines schizophrènes, corps sans organes à partir duquel les processus psychiques vont être produits, etc. A l'arrière-fond de tout cela, j'y reviens, il y a la schizophrénie[393] qui est à la fois une maladie particulière, mais fondamentale pour lui (comme si la névrose n'existait pas !), et la métaphore de la réalité universelle, humanité comprise puisque l'absence de « sujet » personnel chez le schizophrène la caractérise aussi… comme si nous étions tous plus ou moins des

[392] P. 7.

[393] La dernière partie de l'ouvrage est consacrée à la « schizo-analyse » destinée à remplacer la psychanalyse.

« schizophrènes ». Le schizophrène devient ainsi, curieusement, « le producteur universel »[394] à partir duquel, vu son rôle théoriquement révélateur, une « psychiatrie matérialiste » peut s'élaborer.

Plusieurs choses s'ensuivent qui tiennent en partie au caractère indirect de la critique dans cette partie. D'abord il arrive à Deleuze de greffer sur ses « machines désirantes » des notions freudiennes qui n'ont pas leur place ici, comme celle de « refoulement » pour signifier « la *répulsion* des machines désirantes par le corps sans organes » (sic)[395] et donc celle, ensuite, d'un « retour du refoulé » aux formes curieuses comme celle d'une « machine miraculante » propice aux délires ; ou encore mieux, si j'ose dire, l'idée d'un « érotisme machinal » qui est un « autoérotisme »[396]. Tout cela est dit comme si Deleuze ne pouvait échapper à l'attraction (inconsciente ?) de la théorie analytique ! Ensuite, et malgré ce que je viens d'indiquer, il se trouve que tous les concepts freudiens passent à la trappe de cette critique, pourtant indirecte, laquelle devient alors *ironique*, sinon *méprisante* : la libido (quoiqu'il conserve le terme en le transposant), les pulsions, l'Œdipe bien entendu (j'y reviendrai), la castration, le refoulement, l'idée d'une sexualité d'abord infantile et familiale, l'idée même d'une réalité psychique (au profit de celle qu'il n'y aurait que des phénomènes d'intensité[397]), le concept d'inconscient, au sens que Freud lui donne, à savoir le psychisme refoulé, la période de latence, etc. A quoi s'ajoutent deux éléments épistémologiques décisifs, qui montrent à quel point la

---

[394] Ib., p. 13.

[395] Ib., 15 – souligné par lui.

[396] Ib., p. 25.

[397] Chez Freud la notion quantitative d'intensité est prise en compte à travers le point de vue « économique » sur les pulsions ou les affects, mais à coté du point de vue dynamique et du point de vue topique ou structural.

réflexion de Deleuze est déficiente dans ce domaine : 1 L'incapacité qu'il manifeste à relier *causalité*, *interprétation* et *expression*[398] dans la manière très spécifique dont Freud comprend les manifestations psychiques, maladives mais pas seulement, à travers une approche qui, précisément, *relie* ou *articule* ces concepts, sans les opposer ni les dissoudre les uns dans les autres : l'interprétation pour Freud est un mode d'explication scientifique, qui inclut le déterminisme ou la causalité, mais qui vaut pour les phénomènes de conscience compris à la lumière de l'inconscient. C'est ainsi que le rêve tel qu'il apparaît à la conscience est l'*effet* de processus inconscients (comme les désirs), mais sous une forme qui les déguise et exige qu'on les *interprète* (comme un texte en langue étrangère), et qui du coup fait signe vers eux en les *exprimant*. Cet ensemble épistémique, pourtant parfaitement cohérent et opératoire, Deleuze ne le comprend pas ou ne le prend pas en considération et il est totalement absent de sa propre pensée explicite ! 2 D'où une deuxième lacune : le refus réitéré d'introduire la notion de *sens* et celle, corrélative de *symbolisme*. Il récuse l'idée de Signifiant (sous quelque forme qu'on l'entende), qui impliquerait que l'on dédouble le psychisme entre son apparence consciente (qui parfois peut sembler absurde) et son sens caché, alors qu'il y a là une découverte profonde de la psychanalyse que l'on peut appliquer à de nombreux domaines et sans laquelle ceux-ci *demeurent inintelligibles* et hors du champ de la science : les rêves, bien entendu, les symptômes maladifs et donc les maladies mentales elles-mêmes, les actes manqués ou symptomatiques, mais aussi d'autres phénomènes où la conscience intervient comme l'art, la religion, les mythes. On le voit ainsi dire, d'une façon brutale : « Produire du

---

[398] Voir p. 31. C'étai aussi le cas dans son approche de Nietzsche, comme je l'ai souligné plus haut.

désir, telle est la seule vocation du signe, dans tous les sens où ça se machine », ou encore, à propos des « objets partiels » ou « transitionnels » dont Mélanie Klein a montré et expliqué l'importance significative : « Une machine désirante, un objet partiel ne représente rien : il n'est pas représentatif »[399].

Je termine cette évocation sans concessions par une notation sur la schizophrénie telle que Deleuze la conçoit et dont il prétend qu'elle est « l'ennemie » de la psychanalyse[400]. Le schizophrène, cet être humain qui *souffre* et qu'on aimerait bien aider et guérir, cet être qui est en mal d'identité subjective et de communication saine autant que réciproque avec autrui et qui, à nouveau, *en souffre* terriblement, le voilà qu'il se trouve doté par Deleuze (et sans doute ici Guattari) d'un *ressenti,* d'un *Je sens* dans lequel il paraît trouver une jouissance positive et qui semble, si je comprends bien ce passage un peu énigmatique, plus fondamental que tout le reste et se situer en-deça de sa souffrance, de ses délires et hallucinations, voire carrément leur ôter leur caractère délirant et hallucinatoire : « Le "je sens que je deviens une femme" (...) n'est ni délirant ni hallucinatoire » », « délire et hallucination sont seconds par rapport à l'émotion vraiment primaire qui n'éprouve que des intensités, des devenirs, des passages »[401]. Etant donnée la gravité de la chose en question, j'avoue que je trouve cette analyse choquante et, à sa manière bien entendu, qui est intellectuelle, elle-même délirante[402]. Mais comme nous

---

[399] Ib., respectivement p. 47 et p. 55. Cette accusation sans raison revient régulièrement.

[400] « Le schizo, voilà l'ennemi », op. cité, p. 64.

[401] Ib., p. 25. Voir aussi, p. 100-101, le même propos.

[402] Deleuze est même capable de suggérer que la psychanalyse nie la souffrance des schizophrènes, voire tend à la produire, et que « Freud n'aime pas les schizophrènes, il n'aime pas leur résistance à l'œdipianisation, il a plutôt tendance à les traiter comme des bêtes » !

sommes ici dans la compréhension de la pathologie mentale, c'est l'occasion de présenter sa critique directe de l'Œdipe que l'on trouve dans la partie suivante, en laissant de côté provisoirement ses analyses politiques du rapport entre la schizophrénie et le capitalisme – capitalisme qu'il sait d'ailleurs analyser intelligemment en s'appuyant sur Marx, contrairement à Foucault, mais dont il tire des conséquences dans l'ordre de la pathologie qu'on peut contester.

Le familialisme freudien

La critique de la psychanalyse dans la deuxième partie de l'ouvrage se fait plus directe et plus franche, plus fine aussi, mais pas moins féroce et, finalement, à nouveau injuste. Pour résumer le reproche qu'il lui fait, on peut partir d'une phrase de la fin de la partie précédente : faute d'avoir pris en compte les lois de « la production désirante dans son ensemble », avec Freud « nous nous trouvons pris dans les rêts d'un œdipianisme diffus et généralisé qui défigure radicalement le vie de l'enfant et ses suites, les problèmes névrotiques et psychotiques de l'adulte, et l'ensemble de la sexualité »[403]. Diantre : il y va fort Deleuze ! Mais taper fort ne veut pas dire viser juste et atteindre sa cible. Voyons cela plus en détail.

Ce qui est en cause apparemment, c'est la transformation du complexe d'Œdipe en dogme, en « complexe nucléaire » par lequel Freud, au-delà de la compréhension des troubles psychiques et grâce à un « forcing » démesuré, « s'élève à la conception d'un Œdipe généralisé » qui buterait, d'ailleurs, sur le cas de la schizophrénie… sauf à multiplier les tours de passe-passe

---

(p. 30 et p. 31). On n'est plus ici dans la discussion, ni dans la polémique, mais dans l'invective haineuse.

[403] Ib., p. 58.

œdipiens sur lesquels l'auteur ironise facilement[404]. A en rester là, on ne sait pas trop si ce qui est rejeté, c'est le complexe en lui-même, quitte à lui assigner, comme dirait Deleuze, un territoire restreint, ou son extension abusive. La suite n'est pas plus éclairante, même s'il concède que l'Œdipe soit un « invariant » structural tel que Malinowski a pu l'établir. Car ce que manquerait fondamentalement Freud (et ce n'est pas pour nous étonner), c'est d'intégrer « la force des productions désirantes » hors de l'Œdipe, leur force universelle donc, et la nature « machinique » de l'inconscient, hors de tout refoulement sexuel lié à l'enfance.

Le reproche de « familialisme » s'ensuit naturellement, sans qu'on sache, ici aussi, si c'est la causalité familiale en tant que telle, liée au complexe d'Œdipe et à ses constellations, qui fait problème, ou si c'est la prétention à l'exclusivité de cette causalité. C'est ainsi qu'il peut accuser Freud de faire du « roman familial » une « simple dépendance d'Œdipe » et de refermer « le triangle familial sur tout l'inconscient ». Or, si l'on s'en tient à ce premier point de vue, quelle immense erreur il y a à nier le rôle de cette causalité psychique spécifique, dans laquelle l'amour et la haine vis-à-vis des parents, sur fond de sexualité infantile, se conjuguent et grâce à laquelle à la fois la personnalité du sujet (notion à laquelle il ne croit pas[405]) se constitue, à travers le ça, le moi et le surmoi,

---

[404] Ib., 2ème partie, p. 60. Exemple d'ironie : « La névrose, c'est père-mère, mais la mémé, c'est la psychose ». On formerait ainsi des « Œdipes d'Œdipe au carré » pour noyer la schizophrénie à tout prix dans le complexe et y dissoudre son identité propre !

[405] Ce qui n'est pas le cas de Guattari dans *Les trois écologies* (Galilée) où il revendique la notion de « subjectivité » pour dénoncer ses altérations par le capitalisme et revendique sa reconstruction politique et sociale à travers la construction de « dispositifs de production de subjectivité ». On voit ici, contrairement au point de vue de Deleuze, comment la référence à l'instance du « sujet » peut

mais aussi sur la base de laquelle elle peut dysfonctionner et produire les troubles mentaux ! N'est-ce pas là que s'instaure notre premier rapport au monde et donc notre premier rapport à l'autre ou aux autres ? Occulter ce point ou le nier, avec sa capacité explicative extrêmement puissante, c'est rouvrir une béance énorme dans l'intelligence scientifique, en même temps que matérialiste, de l'humain que la psychanalyse a inaugurée, après des siècles d'idéalisme et d'ignorance philosophiques. C'est nier parallèlement le *matérialisme psychologique* qu'apporte Freud et qui n'est pas contradictoire avec le matérialisme de l'histoire, alors que Deleuze rêve d'un matérialisme fondé sur un « *inconscient transcendantal* » (sic) hors de la scène familiale et qui rejette (ou pas : on ne le sait pas vraiment) les productions psychiques œdipiennes sous le prétexte que ce seraient « des productions de l'inconscient » (sous-entendu : substantialisé en réalité psychique sujective)[406]. Or ce propos est *inexact* : les productions psychiques en question ne sont pas des productions *d'*un inconscient-sujet, mais des productions (psychiques ou affectives, donc) *inconscientes* prises dans des mécanismes psychologiques eux-mêmes inconscients, ce qui n'est pas pareil. Et elles ont un statut anthropologique spécifique, dans lequel le refoulement joue un rôle essentiel, très différent de cet inconscient général et objectif, anœudipien et « transcendantal », si l'on y tient, dont Deleuze se réclame.

être au fondement de la critique sociale ou, en tout cas, y jouer un rôle positif important : le « devenir-sujet » des êtres humains ne doit-il pas être l'objectif essentiel d'une politique progressiste ? Mais ce livre est bien postérieur au décès de son ami et il paraît s'être émancipé en partie de son influence intellectuelle.

[406] Ib., p. 87-88. C'est ici (p. 87) qu'on trouve une réaffirmation curieuse de la validité des thèmes freudiens… suivie de leur rejet, p. 89 !

Il s'ensuit de multiples critiques de détail, parfois carrément malveillantes, qu'il serait fastidieux de présenter complètement et qui se développent toutes à l'enseigne du reproche selon lequel Freud aurait fait opérer à la psychiatrie un « tournant idéaliste » : en s'enfermant dans la bulle théorique de l'Œdipe et dans celle, pratique, du cabinet du psychanalyste, il aurait coupé les liens de la pathologie humaine avec l'environnement à la fois machinique, désirant et *social* dans laquelle elle est prise[407]. Dans ce cadre, on peut en signaler quelques unes. C'est ainsi qu'il répète son refus du concept de castration et du manque qu'il introduirait dans le désir sous une forme impossible à combler, qui lui paraît relever du mythe ; ce reproche déborde sur la représentation freudienne du désir féminin, intériorisant des normes sociales infériorisantes, et il reprend à son compte la critique des féministes qui y voient la rationalisation indue de la position de dominées que la société impose aux femmes. Il lui oppose une conception exclusivement positive du désir et de sa puissance, et affirme sa présence, à travers des affects et des pulsions, *au sein* des rapports sociaux de production eux-mêmes, en le dotant d'une capacité de les subvertir. Il y a dans ce dernier point, une étrange psychologisation du champ social… qu'il va ensuite reprocher à Freud. Mais surtout, c'est oublier que *tout désir n'est pas bon, ou bon à réaliser*, que certains peuvent être agressifs et destructeurs et que l'un des apports de Freud est d'avoir montré que la civilisation, *toute* civilisation repose sur la répression et la

---

[407] Ib., p. 65. On trouve dans cette page cette caractérisation de la cure : « Tout en découle, à commencer par le caractère inénarrable de la cure, son caractère interminable hautement contractuel, flux de paroles contre flux d'argent ». Quant à moi, je vois dans ce propos sinon un « flux », en tout cas un flot d'injures sans justification théorique !

sublimation d'une partie d'entre eux, y compris le désir œdipien dont l'interdit est fondateur de l'ordre social[408]. De ce point de vue, quand il s'en prend aussi au dispositif familial avec ses deux pôles, celui des identifications imaginaires et celui de la structure symbolique différenciante qui permet à l'enfant de conquérir une identité personnelle stable[409], il passe à coté de la fonction *socialement constructive et intégrative* de ce dispositif bénéfique et indispensable des deux côtés : pour le sujet individuel comme pour la société. Je crains fort qu'il y ait ici (mais aussi ailleurs) chez Deleuze une fascination morbide, en tout cas dangereuse, pour l'indifférenciation du schizophrène, qu'il masque à peine et qu'on retrouve chez les personnages littéraires ou les écrivains (Artaud, Becket, Michaux, Lawrence) qui le séduisent et dont il se réclame pour étayer ses analyses.

La psychanalyse et la société

Nous venons de parler de l'ordre social. C'est dans doute là le domaine, périphérique de celui de la psychiatrie, où Deleuze parachève sa critique et en profite pour « achever » définitivement la psychanalyse, comme on achève les chevaux. Laissons de côté la question des fantasmes de groupe dont Freud aurait manqué la spécificité en ne parlant que de fantasmes *individuels*. L'essentiel de sa dénonciation, ici, repose sur la thèse suivante : la théorie analytique, sortant de son domaine propre, tomberait dans l'erreur capitale de vouloir *psychologiser* le social en prétendant que les agents sociaux, surtout lorsqu'ils incarnent l'ordre, feraient

---

[408] Voir *malaise dans la civilisation* (PUF) et, dans son prolongement, le livre de P. Kaufmann, *Psychanalyse et théorie de la culture* (Denoël/Gonthier, 1974)

[409] Voir p. 97.

l'objet de projections fantasmatiques tirées de la constellation œdipienne, qui les assimileraient à des images parentales porteuses d'interdits et auxquelles, par un effet rétroactif, nous nous soumettrions. Ce qui est visé ici, prioritairement, c'est le surmoi (mais pas seulement : l'amour du père ou de la mère peuvent jouer le même rôle) et la psychanalyse est accusée de nous normaliser, de nous faire accepter la répression sociale des pulsions, de faire de nous des « sujets assujettis » (expression qu'on trouve chez Foucault) et d'être du côté de la police : « La police avec nous ! » ose-t-il faire dire à cette théorie ![410] Au familialisme déjà largement pointé, s'ajouterait donc un familialisme au carré ou au second degré, sous la forme d'une *application* à la société des concepts psychanalytiques et donc d'une *extension* illégitime de la portée de ceux-ci, avec l'effet pratique rétroactif que j'ai signalé : en nous soumettant à la société nous nous soumettrions à nos parents. Il dénonce là une dérive carrément idéologique de cette théorie, mais présente en elle dès le départ de son élaboration[411]. Passons… Mais ce qui est visé également ici, sur un plan spécifiquement intellectuel cette fois-ci, c'est ce qu'on peut appeler avec Robert Castel, le *psychanalysme*[412], qui est bien, théoriquement, une forme de *psychologisme*, lequel oublierait la discontinuité ou l'hétérogénéité du psychologique et du social et donc, l'autonomie de ce dernier. Et à le suivre, nous n'aurions pas le droit (intellectuellement, s'entend) de vouloir comprendre le champ des conduites sociales d'*un point de vue psychologique-psychanaytique*. Or ce qu'il ne veut pas voir, c'est qu'il ne s'agit pas dans ce cas de *réduire* le

[410] Ib., p. 96. Plus largement, voir p.75-76, p. 106-107, p. 115, p. 120, etc.
[411] Ib., p. 120.
[412] *Le psychanalysme*, 10/18.

social à *du psychologique* – position effectivement insoutenable – mais de l'*éclairer* sous cet angle, et l'on sait que cela nous permet de comprendre en partie bien des choses, comme nos comportements sociaux quotidiens qui sont surdéterminés psychologiquement, mais aussi des phénomènes pour une part collectifs comme la religion, l'art et les mythes et, enfin des attitudes directement politiques comme ce conformisme hallucinant qui a contribué à soutenir les divers totalitarismes du 20ème siècle, y compris « à gauche » avec le stalinisme et le maoïsme, dans lesquels le culte et le besoin du chef issus du rapport infantile au père – le besoin nourrissant le culte – étaient omniprésents et ont fait des ravages. Les analyses de Freud portant sur ce point dans ses *Essais de psychanalyse* sont ici fortement éclairantes et évitent de tomber dans le sociologisme ou l'économisme, qui constituent des dérives réductionnistes inverses de celle du psychologisme, comme elles évitent d'accuser exclusivement le conditionnement par l'idéologie. Et Deleuze, bien qu'il s'y réfère, semble négliger l'apport de Wilhem Reich dans sa *Psychologie de masse du fascisme*[413], montrant comment ce dernier s'est nourri *aussi* d'une structure autoritaire de la personnalité façonnée par le milieu familial à une époque donnée, structure autoritaire qui peut faire aimer un pouvoir qui nous domine et même nous asservit. Comme quoi les concepts psychanalytiques peuvent avoir une fonction explicative *critique* selon, une fois de plus, l'*usage* qu'on en fait et à condition qu'on soit ouvert par principe à leur valeur opératoire![414] A l'inverse, nous avons bien là une approche de l'œuvre freudienne à la fois désinvolte et partisane, au point qu'il dénonce une « honte » dans son

---

413 Op cité, Payot.

414 Sur le rapport de Feud au social, voir les travaux précis de S. Haber, collaborateur de la revue *Actuel Marx*.

rapport à l'histoire et à la politique[415], là où j'ai indiqué un éclairage partiel original : ici aussi, cette œuvre méritait mieux que ce mépris ! Néanmoins, pour être nous-même honnête, qu'il faut reconnaître que Deleuze ne nie pas que les rapports sociaux puissent faire l'objet d'investissements libidinaux (on l'a vu) ; ce qu'il refuse, il le répète souvent, c'est que cette « libido » soit de nature œdipienne. Pour inverser une de ses formules concernant le schizophrène, l'Œdipe, voilà bien l'ennemi !
Reste à examiner le rapport inverse du social au psychologique, à savoir la question de la prise en compte du premier au sein de la théorie analytique, la question donc de savoir si elle admet une influence de la société, avec ses périodes historiques successives et ses classes sociales différentes, sur la constitution du sujet humain et son psychisme – ce que Deleuze lui reproche fondamentalement d'occulter. A-t-il raison ici et, si oui, quelle autre perspective ouvre-t-il ? D'abord il s'agit de savoir si Freud lui-même, dans ses écrits, a admis ce point de vue sociologique. Or, si à la fin de sa vie il a durci ses positions dans le sens du psychologisme, il y a aussi des moments où il a clairement affirmé que la culture, dans ses variations historiques, pouvait influencer ce qu'on croit être une nature immuable de l'homme et, par exemple, réduire son agressivité. Même chose pour le rôle de l'appartenance de classe, dont il signale que la position de dominé ou d'exploité peut *engendrer* une agressivité ou un ressentiment à l'égard des dominants qui n'ont rien de naturel[416]. Enfin, et *en droit* en quelque sorte, sa théorie de la personnalité s'offre d'elle-même à l'idée d'une influence du milieu, non seulement familial, c'est évident, mais social à travers en particulier sa conception du

---

415 P. 121 sq.

416 Sur ces deux points, voir ce que j'en dis dans la dernière partie de *L'homme selon Marx* (op. cité plus haut), consacrée à Freud.

surmoi, lequel est une instance non naturelle mais culturelle : les valeurs qui le constituent et qui viennent des parents, sont aussi le reflet, à travers ces derniers, du milieu historique et social, même si Freud a parfois tendance à en faire un héritage qui échappe à l'histoire. C'est pourquoi la critique insistante qu'opère Deleuze du concept de « refoulement » qui aurait « œdipianisé » la répression sociale du « Désir en général » et, du coup, servi cette répression, ne tient pas. Non pas qu'on doive éluder le risque d'un usage idéologique de la psychanalyse à ce niveau, mais on peut très bien à la fois reconnaître pleinement l'Œdipe et son refoulement dans leur spécificité, voire leur autonomie, admettre le couple « Désir en général » (non œdipien) et répression sociale liée à une forme de production particulière et, tout autant, *articuler le refoulement à la répression* de la façon que j'ai suggérée, qui implique une origine sociale du surmoi, en général, mais aussi de son degré de puissance répressive et oppressive à l'égard des pulsions, degré qui peut être évidemment pathogène[417]. Enfin, on peut même considérer que sa théorie de la pulsion de mort comme pulsion innée (ce que ne paraît pas contester, curieusement, Deleuze) oublie tout ce qu'il y a de *réactif* dans l'agressivité, de réaction donc à des frustrations que telle ou telle biographie impose à l'individu : c'était la conception d'un Mendel (que Deleuze cite mais qu'il n'aime pas) qui a tenté, et réussi selon moi, d'ouvrir la psychanalyse à la perspective sociologique et qui se

---

[417] Voir, à l'opposé, le traitement de ces thèmes par Deleuze, p. 137-142 : il y critique directement le recouvrement de la *répression* sociale par le *refoulement* familial, et il voit dans cette opération idéologique « une diversion où s'égare toute la psychanalyse » : rien que ça ! Parallèlement, il recourt à l'idée d'une puissance critique et révolutionnaire du désir en tant que tel qui me paraît un peu naïve ; et, pour justifier son argumentation, il s'appuie sur l'œuvre de Reich qu'il avait critiquée auparavant !

définissait comme « *socioanalyste* », quitte à remettre en cause, mais de manière rationnelle, certaines thèses de Freud, dans un dialogue critique *positif* avec ses idées[418]. Quant à l'alternative qu'il oppose aux vues de Freud, elle consiste à mettre en avant prioritairement la schizophrénie comme « maladie mentale » et à l'expliquer par la déterritorialisation généralisée à laquelle le capitalisme procèderait par son expansion mondiale, dépossédant les hommes de leurs diverses identités, tout en les reterritorialisant dans des espaces étroits comme celui de la famille, avec ses effets pathogènes sur lesquels la psychanalyse retrouverait son emprise théorique et pratique, occultant le social et empêchant la libération des flux de désir tous azimuts. C'est ainsi que *l'aliénation sociale* engendrerait l'*aliénation mentale*[419]. Tout n'est pas à rejeter dans cet aperçu socio-politique sur la maladie mentale qui fait du capitalisme un mode de production *pathogène*. Mais ce qu'on peut dire au minimum, c'est qu'on ne voit pas en quoi cette approche invaliderait la causalité *immédiate* et *essentielle* de l'Œdipe telle que Freud l'a révélée : le rapport, ici, entre l'approche psychologique et l'approche sociologique est non pas d'exclusion mais de complémentarité ou d'enrichissement, sauf à verser, du côté de Deleuze, dans un sociologisme parfaitement réducteur et qui serait le double inversé du psychologisme qu'il reproche à Freud. Par ailleurs, et nous le constatons de plus en plus, si le capitalisme est pathogène, c'est aussi, sinon d'abord, pour bien d'autres raisons que celle mise en avant par Deleuze, en particulier du fait de son organisation du travail de plus en plus féroce et douloureuse, qui produit non pas tant des schizophrénies que des névroses spécifiquement sociales (auto-dévalorisation, perte de l'estime de soi, absence de

---

[418] Voir, de lui, *La psychanalyse revisitée*, La Découverte.
[419] Op. cité.

reconnaissance, etc.) ainsi que des dépressions menant à des suicides de plus en plus fréquents. Nombre de psycho-sociologues l'ont démontré, ce qui nous éloigne de la seule mondialisation capitaliste, même si cela lui est lié[420]. Enfin, on ne voit guère sur quelle solution pratique l'approche deleuzienne peut déboucher : si on laisse de côté la lointaine perspective d'une abolition du capitalisme, aussi souhaitable soit-elle selon moi, on aperçoit difficilement comment pourrait s'opérer cette libération universelle des flux du désir que Deleuze (avec Guattari) appelle de ses vœux et en quoi elle pourrait être *socialement* émancipatrice[421]. On est proche d'une utopie psycho-sociale que le flou scientifique (en l'occurrence non scientifique) des analyses, avec leur survalorisation de la schizophrénie, aura autorisée, et dont la traduction *thérapeutique* immédiate n'est pas visible. Cela tend à décrédibiliser l'ensemble de l'alternative opposée à Freud, une nouvelle fois.

Conclusion : une opposition frontale

Comment conclure, sans rebondir sur sa conception de la schizo-analyse, objet de la dernière partie du livre, que je viens d'évoquer et sur laquelle je me sens incompétent à me prononcer *catégoriquement*, sinon en affirmant que nous sommes avec cette œuvre dans une opposition *frontale* à la psychanalyse, comme si deux mondes intellectuels s'opposaient, sans passerelles possibles entre eux, malgré les efforts de Deleuze, parfois, pour faire croire qu'il peut y en avoir. Au centre du désaccord, donc,

---

[420] Voir le n° 39 de la revue *Actuel Marx*, « Les nouvelles aliénations », et les travaux de C. Desjours sur la souffrance au travail, avec ses effets pathologiques. Voir aussi ceux de A. Honneth en Allemagne.

[421] Ib., p. 384.

le complexe d'Œdipe, avec ses ramifications, bien sûr, vis-à-vis duquel ses prises de position se durcissent peu à peu dans l'ouvrage. Après avoir adhéré à son hypothèse (voir plus haut à propos de Malinowski), puis critiqué son extension, il en vient à déclarer son existence « *indécidable* », à en faire une « forme idéologique », une simple « idée » avec Lawrence et, enfin, récusant la distinction névrose/psychose, à lui refuser dans les deux cas *tout pouvoir explicatif* : « Entre névrose et psychose, il n'y a pas de différence de nature, d'espèce ni de groupe. Pas plus que la psychose, on ne peut expliquer la névrose œdipiennement » affirme-t-il pour finir, ce qui fait de la théorie freudienne une construction entièrement factice, sans support dans le réel[422].

Cette rupture renvoie à une tout autre conception du désir comme réalité anœdipienne, de l'être humain comme machine désirante sur une base étrangère à l'Œdipe, à l'affirmation donc de l'existence d'une production désirante généralisée comme, enfin, à une tout autre compréhension de la psychose et spécialement de la schizophrénie, dont il rend parfois la psychanalyse responsable ! Du coup, aucune compatibilité, aucune complémentarité ne saurait être trouvée entre ces deux approches de l'être humain et de ses pathologies. Mais je vais dire pourquoi il faut tout de même trancher entre elles et « décider » en faveur de Freud.

Pourtant, avant cela et pour mieux me justifier, d'autres remarques doivent être faites, qui sont autant de constats critiques. Il y a ainsi, de la part de Deleuze, une critique *politique* de la psychanalyse, qui ne vise qu'un certain usage qu'on a pu en faire et qu'on peut continuer à en faire (spécialement aux Etats-Unis) quand on la pratique comme une technique d'*adaptation* à une réalité sociale qu'on peut et qu'on doit juger *inique*, le capitalisme

---

422 Successivement, p. 150, p. 127, p. 137, p. 155.

universel, dont on peut aussi juger qu'elle réprime sans raison la vitalité de notre sexualité, via sa structure familiale (voire…). Mais cet usage adaptatif et normalisateur, à travers la référence à l'Interdit, n'appartient pas à l'*essence* de celle-ci : il n'en désigne, à nouveau, qu'un *usage*, précisément, auquel elle peut et doit échapper en revenant à sa fonction essentiellement thérapeutique et libératrice vis-à-vis de la souffrance psychique, voire à sa dimension critique et socialement émancipatrice : Freud n'a-t-il pas souligné à quel point sa théorie pouvait renouveler complètement l'éducation à travers le nouveau regard qu'elle nous fait porter sur la sexualité, spécialement enfantine ?[423] Et l'on a vu qu'elle a pu aussi inspirer l'anti-psychiatrie en « débiologisant » la maladie mentale : dès lors qu'on l'ouvre sur un environnement extérieur à l'individu, on peut aussi trouver, au bout de l'explication, un environnement social jouant un rôle actif ! Enfin, on trouve chez Deleuze, à plusieurs reprises, une apologie pratique de la schizophrénie, contre les névroses freudiennes, voire une apologie comparable de la folie qui me conforte dans l'idée que nous sommes en présence d'un discours en partie *théoriquement délirant*, lequel me laisse pantois : le « schizo », comme il l'appelle, est un personnage « joyeux » et, malgré ses souffrances (quand même !), c'est un homme « du désir » qui « se produit comme homme libre, irresponsable, solitaire et joyeux (à nouveau – Y. Q.), capable de faire quelque chose en son propre nom » ; et il en vient même à reprendre à son compte le quasi-éloge de la folie que prononce inconsidérément Laing « : la schizophrénie est « l'une des formes sous lesquelles – souvent par le truchement de gens tout à fait

[423] Voir *Introduction à la psychanalyse*, op. cité. Sans compter son affirmation de la bi-sexualité, inhérente à tout être humain et son attention compréhensive à l'égard des perversions.

ordinaires – la lumière a commencé à se faire jour à travers les fissures de nos esprits fermés » ; à quoi s'ajoute ce propos terriblement hasardeux : « La folie n'est pas nécessairement un effondrement, elle peut être aussi une percée »[424]. Je le dis franchement : nous nageons ici en plein *irrationalisme* pratique mais aussi théorique, même s'il se déploie sous le drapeau d'une visée d'émancipation radicale pour l'humanité future, parfaitement imaginaire et illusoire sous ce point de vue.

Je voudrais conclure par ce thème de l'irrationalisme, tant il me paraît, au-delà du cas de Deleuze dans ce livre, qui eut un grand succès dans une gauche « post-moderne » dépourvue du moindre esprit critique, témoigner de cette défaillance énorme de la philosophie contemporaine dans son rapport à la raison scientifique. Deux citations, d'abord, dont la première est une véritable profession de foi irrationaliste : renversant une phrase magnifique de Goya, il affirme carrément que « ce n'est pas le sommeil de la raison qui engendre les monstres, mais plutôt la rationalité vigilante et insomniaque »[425]. Une rationalité monstrueuse ou accouchant des monstres, Deleuze n'est pas loin (ce qui n'est pas étonnant) de Foucault clamant que « la raison est sanglante » et il est capable, lui aussi, de réhabiliter la folie contre sa qualification de maladie mentale ! De même, il a ce propos épistémologique étonnant qui dénonce la prétention freudienne d'expliquer les maladies mentales à partir d'un phénomène infantile originaire (comme l'Œdipe ou le refoulement originaire) et de les considérer comme des dérivés de celui-ci – alors que c'est une démarche intellectuelle normale, qui consiste à vouloir expliquer un fait en lui trouvant tout simplement une cause fondamentale. Or Deleuze est radical : « Pas d'originaire, pas de dérivé, mais une dérive généralisée »

---

[424] P. 156.
[425] P. 133.

dit-il[426]. Il n'aura pas mieux formulé, à travers cette affirmation qui paraît anodine mais ne l'est pas, à quel point il se situe, sans le vouloir ou sans le savoir, à l'opposé d'une démarche scientifique visant le vrai (terme quasiment absent chez lui, on l'a vu).

C'est là le fond du problème dans son rapport à Freud, l'opposition de deux types de *textualité*, je n'ose pas dire de deux *régimes de vérité* car je ne sais pas s'il y a de la vérité chez Deleuze et, de toute façon, il ne peut pas y avoir plusieurs régimes de vérité, seulement des manières différentes de trouver la vérité et de l'exprimer selon ses objets. D'un côté, donc, une textualité conceptuelle qui se réclame ouvertement d'un projet de science, partant de la pratique (le contact thérapeutique avec des malades dans le cadre d'un itinéraire d'emblée médical) qui le confronte à la pathologie, s'élevant à la théorie pour la comprendre et l'expliquer (les troubles psychiques), et revenant à la pratique thérapeutique à la fois pour la fonder et y vérifier ses propres hypothèses explicatives, quitte à les rectifier afin de les améliorer et d'améliorer la thérapie[427]. Dans tout cela et contrairement à ce qu'on a pu dire et que reprend Deleuze, point de *dogmatisme* : Freud est toujours prudent, au moins dans un premier temps quand il n'a pas de preuves de ce qu'il avance, il est toujours prêt à modifier un schéma explicatif ou, dans le domaine anthropologique (comme la religion), à signaler que son propos est *partiel* et peut être complété par d'autres apports. Enfin, sa langue est d'une clarté absolue, sans effets de style. De l'autre côté, un texte largement littéraire (et s'appuyant beaucoup sur des écrivains, ce qui est révélateur), avec ses éclairs d'écriture (comme Foucault, une nouvelle fois) mais aussi ses afféteries, ses coquetteries, ses obscurités (qui ne sont pas

---

426 Ib., p. 92.

427 Voir son texte sur le statut de l'inconscient dans *Métapsychologie*, Idées/NRF, p. 66-67.

indépassables, rassurons-nous !) et un lexique étonnamment proliférant, mais largement métaphorique et ésotérique (machines, corps sans organes, puissance productive désirante, chaoïde, planomène, etc., etc.), dont se demande s'il est vraiment opératoire et correspond toujours à quelque chose dans le réel. J'y vois, quant à moi, une nouvelle forme d'*interprétation du monde*, homme inclus (Deleuze se veut matérialiste), reposant sur une *intuition globale* des choses comme Bergson, qu'il admire[428], voulait que les philosophes pensent. Cet interprétation ne précise guère son registre théorique, ni, si elle vise la vérité, ne dit pas de quel type de vérité il s'agit. En réalité, et comme pour son ontologie, quelle que soit l'apparence scientifique, par moments, de ses énoncés quand il s'appuie sur des données elles-mêmes scientifiques, c'est à une *entreprise littéraire*, à prétention théorique et excessivement polémique, à quoi nous avons affaire, sans vérification possible de ce qui s'y dit. On peut formuler ce diagnostic autrement : Deleuze, comme beaucoup d'autres philosophes contemporains, a un gros problème avec la science en général. Il refuse donc de *prendre en compte* la positivité de cette science particulière qu'est la psychanalyse, avec ses acquis définitifs mais aussi ses lacunes (comme toute science) et de *penser avec elle*, alors que j'ai prétendu que le seul rôle crédible de la philosophie, à ce niveau (qui exclut le questionnement métaphysique et la morale), était désormais de procéder ainsi avec le savoir scientifique en général, quitte à faire preuve de modestie mais aussi de rigueur, ce qui n'est pas psychologiquement facile. C'est donc, malgré son brillant parfois, un travail d'*anti-science* que constitue *L'Anti-Œdipe*.

---

[428] Alors que Bergson n'a jamais parlé de l'inconscient freudien ! Quel paradoxe !

Note finale, mais instructive, sur Michel Onfray

J'avais promis de m'en tenir dans ma critique de la philosophie contemporaine à quelques cas célèbres et qui, vu l'estime générale qu'ils reçoivent, à tort selon moi, méritaient qu'on les démythifie sur le fond – j'aurais pu en citer d'autres comme Jacques Derrida ou certains épistémologues américains comme Richard Rorty ou, du côté de la psychanalyse, Jacques Lacan[429] – mais j'aurais été amené à écrire une encyclopédie des bêtises ou un nouveau « Bouvard et Pécuchet », ce qui n'était pas mon objectif. De toute façon, ce qui les réunit ou les aurait réunis tous (le cas de Derrida étant un peu différent) et hormis leurs qualités littéraires éventuelles, est, on l'a bien compris, le mépris de la science et le refus du matérialisme (excepté Deleuze, pour une part). J'ai par contre laissé de côté délibérément ceux qui, tout en se réclamant du titre de « philosophes » dans les médias, n'en sont pas. Un critère est ici terriblement efficace : quel est l'idée ou le concept qu'ils nous ont apporté(e), dont on se souvient spontanément et sur laquelle ou lequel on peut s'appuyer pour mieux penser ? Si le résultat est négatif, la chose est entendue[430].

---

[429] J'indique seulement à propos de Lacan qu'il *cumule* tous les défauts que j'ai pu égrener : dérive spéculative d'un théorie scientifique ou à ambition scientifique, qui constitue le *contraire* même du « retour à Freud » dont il se réclamait ; rupture avec le matérialisme de celui-ci et avec sa rigueur conceptuelle ; style ésotérique, alambiqué et recourant à des jeux de mots parfaitement inutiles ; régression théorique dans le détail, avec même l'affirmation que la religion par sa profusion de sens allait absorber la psychanalyse, etc.

[430] En sens inverse, et sans multiplier trop les exemples, j'ai retenu, sans me forcer, d'Althusser sa théorie de l'idéologie, de Sève sa théorie de la personnalité inspirée de Marx, de Bidet son concept de « métastructure » pour renouveler l'intelligence du capitalisme, de Tony Andréani sa conception, en philosophie politique, des « modèles

Je me trouve alors confronté à un cas un peu particulier, celui de Michel Onfray. Car c'est un véritable phénomène médiatique, nourri par ses succès de vente qui prouvent au moins qu'il est lu et qu'il a de l'influence. Je laisse de côté son talent de pédagogue et de philosophe populaire, qui est incontestable (voir l'Université populaire qu'il a fondée et qui est une réussite) comme les sinuosités de son parcours politique qui en font un libéral-libertaire typique se réclamant pourtant de la gauche[431], comme je laisse aussi de côté sa prolixité ou sa productivité impressionnantes qui peuvent rendre sceptique, parfois, quant au sérieux de ses analyses. Non, le problème pour moi n'est pas là : il se situe dans le contenu de son œuvre qui, précisément, se réclame d'un matérialisme radical en même temps qu'antireligieux, lequel est, pour aller vite, le mien et qui, si j'étais fidèle à mes convictions et à mon intuition de base, devrait en faire un penseur intéressant à mes yeux, échappant aux reproches que je n'ai cessé de formuler tout au long de ce livre à l'égard d'autres penseurs[432]. *Or ce*

---

du socialisme » et ses intuitions anthropologiques, de Patrick Tort son concept d'« effet réversif de l'évolution », élaboré à partir de Darwin et essentiel pour penser la morale sur une base matérialiste, de Conche, sa définition de l'athéisme comme conviction métaphysique et son affirmation qu'il y a des « vérités morales », de Badiou son « hypothèse communiste » ou encore, tout récemment, la notion de « démoralisation » chez C. Godin. Je m'arrête là. Mais quelle audience réelle (hormis Althusser, peut-être Tort, Badiou et Conche, tardivement) ont-ils auprès des médias qui façonnent l'opinion publique, c'est-à-dire l'idéologie dominante ?

[431] Le propre d'un « libéral-libertaire », qu'il vaudrait mieux nommer un « libertaire-libéral », est qu'il joue sur les deux plans et peut passer de l'un à l'autre et réciproquement. Cela peut expliquer qu'il soit bien reçu à droite, surtout dans la dernière période.

[432] Par opposition, je pense à A. Comte-Sponville, matérialiste lui aussi et dont les réflexions sur la morale méritent le respect. De lui aussi je peux spontanément retenir certaines idées, quitte à les discuter.

n'est pas le cas, et je voudrais dire pourquoi, avec vigueur mais sans la moindre animosité et sans le moindre esprit partisan. Je n'ai pas tout lu de lui, je l'avoue, mais suffisamment pour prendre la mesure de ce qu'il a écrit. Son *Traité d'athéologie* échappe à ma critique, y compris lorsque, parlant de l'islam, il le qualifie de « fascisme vert », et ce malgré les critiques de détail qu'on pourrait lui faire, soit érudites, soit idéologiques comme lorsqu'il s'en prend sans raison à l'association la *Libre Pensée*. Par ailleurs, il a une proximité avec Nietzsche qui me plaît, puisqu'il en retient une apologie athée de la vie et donc une sorte d'hédonisme vitaliste. Mais c'est là déjà que les problèmes commencent. Car son rapport au penseur allemand est a-critique : il ne met guère en avant son opposition anthropologique des forts et des faibles, sa critique de la démocratie et du féminisme, et son exaltation d'un pouvoir aristocratique dominé par ces mêmes forts et s'exerçant contre le peuple[433]. Or, on peut être un grand penseur et, par ailleurs, avoir des positions politiques insupportables qu'un lecteur critique doit *savoir dénoncer*. D'où un deuxième problème, lié au précédent. Onfray retient de Nietzsche, au plan normatif, sa critique de la *morale* et corrélativement son choix de l'*éthique* contre celle-ci. Cela nous aide à comprendre son positionnement sur le plan des valeurs comme sur celui de la politique concrète : celui d'un individualisme, voire d'un narcissisme éthique (l'un de ses ouvrages s'appelle d'ailleurs éloquemment *La sculpture de soi*). C'est cet individualisme irréductible qui, en politique, le range du côté de Proudhon, c'est-à-dire *contre Marx* dont il parle peu, lui qui prétend écrire une contre-histoire de la philosophie et ce, alors que dans l'histoire officielle de

---

[433] A l'inverse voir mon texte « Nietzsche ou l'impuissance du peuple » dans l'ouvrage collectif dirigé par Y. Vargas, *De la puissance du peuple I*, 2ème édition, Le Temps des Cerises, 2010.

cette discipline Marx est largement ignoré, c'est-à-dire censuré, sauf dans la toute dernière période ![434] Et quand il en parle un tout petit peu, comme dans son dernier livre *Cosmos* (trois références !), c'est pour lui reprocher d'avoir été animé par la haine des paysans ! Franchement, c'est aborder l'auteur du *Capital* par le tout petit bout de la lorgnette ! Cela en fait un anti-communiste avéré et surtout un esprit incapable de s'engager vraiment dans une critique approfondie du capitalisme… en faveur duquel il s'est d'ailleurs récemment prononcé. Révolté, donc (comme Camus qu'il aime), certainement pas révolutionnaire (comme l'était devenu Sartre, qu'il hait). Cet ensemble d'idées et de positions est, selon moi, à mettre en rapport avec son refus assumé de la morale (c'est la fin de *Cosmos*) car c'est bien elle, et non l'éthique, qui nous fournit les valeurs au nom desquelles on peut et *doit* critiquer l'inhumanité de ce système *social* autant qu'économique qu'est le capitalisme. Mais manifestement ce « rebelle » ne connaît pas la notion d'obligation.

Enfin, il y a quelque chose de grave qu'on ne saurait lui pardonner : sa critique de Freud, aussi inacceptable que celle de Deleuze, mais qui se situe à un niveau bien moindre[435]. Le livre qu'il lui a consacré est proprement indigne, intellectuellement et moralement, au sens où il y a une morale (pas seulement une éthique) de l'intelligence qui implique que l'on soit honnête théoriquement et qu'on vise à la pertinence quand on critique une œuvre ambitieuse sur le fond et qu'on ne l'aborde pas de biais, à partir d'arguments qui n'ont rien à voir avec son fond, justement. Or Onfray, pour déconsidérer l'œuvre, immense, de Freud recourt d'abord à des attaques *ad*

[434] Son œuvre a enfin été mise au programme de l'écrit de l'agrégation de philosophie en… 2015 !

[435] Voir *Le crépuscule d'une idole*, Grasset.

hominem visant par exemple son usage de la cocaïne ou ses rapports supposés avec sa belle-sœur – ce qui n'a rien à voir avec le fond du débat que l'on peut avoir avec lui et frise carrément l'argumentation de caniveau. Et surtout, sa critique est, dans son contenu, sans intérêt et sans rigueur. C'est ainsi que, au début de son livre, il résume l'apport supposé de Freud d'une manière inexacte et malhonnête : inexacte quand il prétend que la thérapie analytique « illustre une branche de la pensée magique » et qu'elle ne soigne que « dans la limite de l'effet placebo », oubliant la théorie du refoulement et l'efficacité pratique de sa levée, qui est avérée ; inexacte et malhonnête quand il fait de la psychanalyse une discipline « littéraire »[436], dans laquelle Freud aurait projeté sa propre psychologie et qui ne vaudrait que pour lui, récusant ainsi son ambition scientifique et sa rationalité ; malhonnête, aussi, quand il croit déceler dans son œuvre une mosaïque d'énoncés hétérogènes, voire contradictoires comme lorsqu'il passe, à vingt ans d'intervalle, d'un état de sa théorie où seule intervient la pulsion de vie à un autre stade (1920) où il ajoute la pulsion de mort[437] : ce n'est pas là une *contradiction* mais un *progrès* interne propre à une théorie complexe, destiné à mieux rendre compte des maladies mentales qu'il entendait comprendre et guérir et, spécialement, la résistance à la guérison. Je m'arrête là dans l'exposé de ce sottisier porté par une haine incompréhensible à l'égard de la psychanalyse. Je ne dis pas pour autant que celle-ci est hors de discussion, mais si l'on veut la critiquer ou la récuser – ce qui me paraît difficile –, il faut le faire sérieusement, avec intelligence,

[436] Op. cité, p. 38 En fait de littérature, c'est livre d'Onfray qui relève de ce registre, en l'occurrence de la littérature journalistique !
[437] Ib., p. 298.

et non avec des arguments aussi lamentables[438]. Au-delà de ceux-ci, il y a chez Onfray un refus de la rationalité scientifique et de son esprit, au moins dans ce domaine anthropologique, mais qui se manifeste également dans sa philosophie d'ensemble par un naturalisme vitaliste, une empathie avec la Nature vivante, principe selon lui d'une nouvelle sagesse, qui n'est guère convaincante à notre époque, sous cette forme emphatique en tout cas. D'autant plus qu'il délaye celle-ci en un nombre de pages et de phrases qui n'ajoutent rien à leur contenu essentiel. Non, décidément, voici une nouvelle imposture, philosophique sans doute mais surtout médiatique cette fois, et qui n'arrive pas à la cheville des autres impostures que j'ai dénoncées. Elle en dit long sur ce même pouvoir médiatique et il me fallait l'indiquer[439].

---

[438] Voir, à l'inverse, le livre déjà cité, riche et sérieux d'A. Grünbaum, *Les fondements de la psychanalyse* (op. cité) qui reconnaît d'emblée l'ambition scientifique de Freud contre ceux qui la déforment ou la nient, mais s'avoue non convaincu par ses résultats thérapeutiques et donc par les concepts qui sous-tendent cette thérapeutique. C'est là une *vraie* discussion, à la hauteur de son objet. On pourrait aussi citer à nouveau l'œuvre de Gérard. Mendel, qui discute Freud sur une base rationnelle dans *La psychanalyse revisitée* (op. cité).

[439] Par opposition, voir l'article que je lui ai consacré dans *L'Humanité* du 28 avril 2010.

Conclusion

On aura compris je l'espère, après cet assez long parcours, la thèse que je soutiens : la philosophie ne peut plus être ce qu'elle a prétendu être longtemps, à son corps défendant, un savoir immédiat de l'être à travers la simple réflexion. Les sciences, qu'elle avait incluses en elles, se sont détachées d'elles et ont révélé, ce faisant, que la réflexion n'avait *aucun pouvoir cognitif*, que cela plaise ou non à ceux qui en font profession et s'en enorgueillissent. Marx en a fait le constat impitoyable : il a affirmé que la philosophie n'avait été qu'une *interprétation* du réel, qui devait laisser sa place à la connaissance scientifique de celui-ci, qui à la fois la remplaçait, la niait donc, et la conservait en la réalisant sous une autre forme. Pourtant, on ne pouvait se contenter d'un pareil constat de mort pour la philosophie. Celle-ci demeure avec ses interrogations propres – qu'est que le réel, peut-on le connaître, est-il ou non matériel, l'homme n'en est-il qu'une forme naturelle et historique, est-il libre ou non, à quelles valeurs est-il soumis, etc., – autant de questions que la philosophie se pose et nous pose, mais auxquelles elle ne peut répondre, pour la plupart d'entre elles, on en est sûr désormais, que sur la base de la science, sauf à revenir à une pratique désuète de la réflexion, sans valeur certaine de vérité. C'est donc à une nouvelle forme de réflexivité, indispensable, qu'il faut en appeler, une *réflexivité à contenu scientifique* parce que tiré de la science par un travail philosophique spécifique dont on aura toujours besoin. Et la morale, qui n'a rien de scientifique et qui est aussi un objectif de la philosophie à côté de la vérité, doit, elle aussi, s'appuyer sur la science pour autant que celle-ci peut nous renseigner sur son origine naturelle et historique (mais sans pouvoir en définir le contenu). En arrière-fond de tout cela, il y a bien entendu le matérialisme

philosophique au sein duquel ou à partir duquel la philosophie doit désormais travailler, quelles qu'en soient les limites métaphysiques qui interdisent d'en faire un athéisme dogmatique.
Sur cette base, j'ai tenté de montrer que des philosophes célèbres, comme Heidegger, Husserl, Foucault, Deleuze, n'ont pas la valeur théorique, et même pratique, qu'on leur prête inconsidérément. Qu'il s'agisse de la vérité, du rapport à la science ou aux sciences, de la nature matérielle de l'être, de l'immersion de l'homme en lui, de la valeur morale de l'Universel avec ses conséquences politiques inévitables (Deleuze excepté à nouveau pour une part de ses positions), ils faillent à la vocation profonde de la philosophie, spécialement sous la forme nouvelle que la science lui impose et aux tâches que l'apport de Marx, absolument incontournable, nous impose. Je ne leur reproche pas de ne pas avoir réfléchi – ils le font incontestablement –, je leur reproche de ne pas avoir réfléchi *avec* elle, voire de l'avoir fait *contre* elle. En ce sens ils n'ont pas contribué à l'intelligence du monde et de l'homme aujourd'hui et ils témoignent bien, hélas, de la misère de la philosophie contemporaine, dans sa partie la plus visible idéologiquement, en tout cas.

Table des matières

DU MÊME AUTEUR

Problèmes du matérialisme, Méridiens-Klincksieck, 1987.
Nietzsche ou l'impossible immoralisme, Kimé, 1993.
Figures de la déraison politique, Kimé, 1995.
Etudes matérialistes sur la morale, Kimé, 2002.
Athéisme et matérialisme aujourd'hui, Pleins Feux, 2004.
Karl Marx, Le Cavalier Bleu, 2007, 2ème éd. 2009, traduit en grec en turc.
L'ambition morale de la politique. Changer l'homme ?, L'Harmattan, 2010.
L'homme selon Marx. Pour une anthropologie matérialiste, Kimé, 2011.
Retour à Marx. Pour une société post-capitaliste, Buchet-Chastel, 2103.
Critique de la religion. Une imposture, morale, intellectuelle et politique, La Ville brûle, 2014.
L'art et la vie. L'illusion esthétique, Le Temps des Cerises, 2015.

Coordonné par, *Avec Marcel Conche*, Les Cahiers de l'Egaré, 2011

Contributions aux ouvrages collectifs suivants :

Chapitre sur Camus de l'*Histoire littéraire de la France*, Editions sociales, 1980.
De la prudence des Anciens comparée à celle des Modernes, sous la direction d'A. Tosel, Annales littéraires de l'Université de Besançon, 1995.
Dictionnaire du darwinisme et de l'évolution, sous la direction de P. Tort, PUF, 1996.
Octobre 17. Causes, impact, prolongements, sous la direction de B. Drweski, PUF, 1999.

Chapitre sur Nietzsche de l'*Histoire de la philosophie morale et politique*, sous la direction d'A. Caillé, C. Lazzeri et M. Senellart, La Découverte, 2001.

Intrusions spiritualistes et impostures intellectuelles en sciences, sous la direction de J. Dubessy et G. Lecointre, Syllepse, 2003.

Les matérialismes (et leurs détracteurs), sous la direction de J. Dubessy, G. Lecointre et M. Silberstein, Syllepse, 2004.

La révolution in *La politique 2*, 2004.

Idéologie in *Croire ?*, M-editer, 2005.

L'amitié in *Les figures de l'amour*, Pleins Feux, 2005.

Dialectiques aujourd'hui, sous la direction de B. Ollman et L. Sève, Syllepse, 2006.

Nietzsche ou l'impuissance du peuple in *De la puissance du peuple 1*, sous la direction de Y. Vargas, Le Temps des Cerises, 2ème édition, 2007.

Universalisme in *Vices ou vertus ?*, M-editer, 2008.

Philosophie

aux éditions L'Harmattan

Dernières parutions

LE COMBAT PHILOSOPHIQUE DE MAURICE BLONDEL CONTRE LA DOUBLE IGNORANCE DES MASSES
Diakiodi Adrien
Il existe deux types d'ignorance que Maurice Blondel, philosophe, sociologue et théologien français, invite tout homme à combattre énergiquement pour éviter la disparition prématurée de l'espèce humaine, mais également celle de la planète Terre. Il y a, d'une part, l'ignorance de soi-même, de son être en perpétuel devenir et, d'autre part, celle de ses semblables, de son environnement, du monde physique et de l'Unique nécessaire. Ce livre s'assigne comme objectif de vulgariser les armes pour combattre ces deux fléaux, armes présentées dans sa thèse de doctorat qui l'a rendu célèbre : L'Action (1893).
(Coll. Ouverture Philosophique, 12.50 euros, 100 p.)
ISBN : 978-2-343-07377-4, ISBN EBOOK : 978-2-336-39896-9

CORPS ET POP CULTURE
Bischoff Jean-Louis
Quelles sont les principales représentations pop culturelles du corps ? Pour y répondre, Jean-Louis Bischoff interroge des musiques actuelles, la cyberlittérature, le cinéma et l'industrie de la forme. Faire apparaître et scruter les catégories de « corps réduit », d'« hyper corps », de « corps digitalisé » ou de « corps écrit », de « corps utopique » et de « corps fardeau », puis ausculter la notion de corps réel et pointer les dangers d'un nouveau purisme sont les tâches que se donne l'auteur.
(Coll. Ouverture Philosophique, 19.00 euros, 184 p.)
ISBN : 978-2-343-07378-1, ISBN EBOOK : 978-2-336-39709-2

DE DERRIDA À LÉVINAS, LA DETTE ET L'ENVOI
Le temps de l'autre – La déconstruction et l'invention du futur
Badleh Jalal
La Déconstruction est le nom de la pensée de l'évènement. Mais elle est aussi l'événement, le nom de ce qui arrive, la justice ou l'impossible. Comment s'opère la coordination entre ces deux définitions ? Qu'est-ce qu'un questionnement déconstructif ? Quelle est la place du sujet postdéconstructif dans cette opération ? Cet ouvrage essaie de répondre à ces questions à travers le dialogue qui a eu lieu entre Jacques Derrida et Emmanuel Lévinas.
(Coll. Ouverture Philosophique, 31.00 euros, 290 p.)
ISBN : 978-2-343-07449-8, ISBN EBOOK : 978-2-336-39841-9

FIGURES PHILOSOPHIQUES DU CONFLIT
Sous la direction d'Andreas Wilmes, Joan-Antoine Mallet
L'ambition de cet ouvrage est d'illustrer à la fois comment la philosophie conceptualise le conflit et comment elle s'efforce d'en résoudre les dangers inhérents. Plutôt que de proposer un aperçu purement abstrait de la notion de « conflit », l'ensemble des travaux se focalise sur la confrontation des philosophes à des problèmes historiques tels que la guerre, la dissension sociale, la tyrannie, ou encore le sport.
(Coll. Ouverture Philosophique, 24.50 euros, 238 p.)
ISBN : 978-2-343-07356-9, ISBN EBOOK : 978-2-336-39796-2

FRONTIÈRES DU VISAGE
(Analogique-numérique)
Boisnard Philippe
À travers une histoire de la représentation, cet essai tente d'interroger la question de l'effacement du visage. Si, pendant longtemps, cet effacement était dû à des stratégies de pouvoir, politiques et économiques, il semblerait qu'avec la démocratisation des technologies, peut-être, ceux qui étaient les effacés de l'histoire de la représentation peuvent enfin apparaître. Mais, à l'ère des réseaux, est-ce aussi simple ?
(Coll. Eidos série Retina, 13.00 euros, 110 p.)
ISBN : 978-2-343-07979-0, ISBN EBOOK : 978-2-336-39795-5

HEIDEGGER ET LE PROBLÈME DE LA MÉTAPHYSIQUE
Balazut Joël
Dès 1935 Heidegger retrouve le sens originel de la métaphysique dans la conception présocratique de l'être comme « phusis ». Sur cette base il va interpréter la métaphysique traditionnelle qui apparaît avec Platon pour culminer chez Nietzsche dans une ontologie de la vie et qui prépare le règne moderne de la technique planétaire, comme un «déni» radical de ce sens originel. L'un des intérêts de cette interprétation de la métaphysique, et non des moindres, est ainsi de rendre compte de la signification de la vogue actuelle des philosophies de la vie.
(Coll. Ouverture Philosophique, 14.00 euros, 122 p.)
ISBN : 978-2-343-07296-8, ISBN EBOOK : 978-2-336-39840-2

L'IRONIE DE SOCRATE – Essai sur l'ironie philosophique
Mestiri Samir
Contrairement à l'ironie polémique et insidieuse des sophistes, celle de Socrate est plutôt interrogeante, désirante et ex-centrique, toujours en quête de connaissance vraie. Le fameux « je sais que je ne sais rien » devient chez lui un outil de défigement de la pensée prisonnière des « systèmes compacts », mais, aussi le meilleur remède contre les pseudo-vérités religieuses et idéologiques.
(Coll. Ouverture Philosophique, 12.50 euros, 106 p.)
ISBN : 978-2-343-07035-3, ISBN EBOOK : 978-2-336-39779-5

MATHÉMATIQUES ET FRONTIÈRES
Baudrand Gabriel
Gabriel Baudrand, professeur agrégé de mathématiques, s'intéresse au thème de la frontière. La perception commune du mathématicien est celle d'un technicien

enfermé dans son monde, qui dresse une frontière entre son activité et le reste de la vie. Le formalisme de cette science entretient cette frontière alors que paradoxalement les mathématiques sont partout et que le concept même de frontières est mathématique. Autant de pistes de réflexions que l'auteur nous invite à explorer.
(Coll. Eidos série Retina, 12.50 euros, 104 p.)
ISBN : 978-2-343-07951-6, ISBN EBOOK : 978-2-336-39764-1

MÉLANGES OFFERTS À RENÉ SCHÉRER
Sous la direction de Constantin Irodotou
René Schérer, né en 1992, a été l'un des fondateurs du département de philosophie de l'université de Vincennes. Ami de Foucault, Châtelet, Deleuze, Lyotard, Bensaïd, Badiou, Rancière, Brossat, etc. Il se penche d'abord sur Husserl et Heidegger, puis s'intéresse à Charles Fourier. Militant de mai 68, il entreprend, dans son *Émile perverti*, une critique de la pédagogie. Il réactualise aussi, avec Guy Hocquenghem, le concept philosophique d'âme. «Utopie», «âme» et «hospitalité» sont les trois concepts clefs pour aborder son œuvre.
(Coll. Quelle drôle d'époque !, 38.50 euros, 374 p.)
ISBN : 978-2-343-07527-3, ISBN EBOOK : 978-2-336-39809-9

LA PENSÉE ESTHÉTIQUE DE JOSÉ VASCONCELOS DANS SON SENS ORIGINAIRE
Le contexte historiographique de la philosophie en Amérique hispanique
Luquín Guerra Roberto
La philosophie latino-américaine s'est divisée en deux orientations principales : soit dévalorisée parce que l'on considérait qu'elle ne faisait que reprendre la pensée européenne ; soit on a tenté de la sauver à partir de perspectives étrangères à la philosophie. Roberto Luquin s'interroge sur le sens que peut avoir une recherche sérieuse sur la pensée spéculative d'un philosophe latino-américain. Il soutient que le vasconcelisme est une authentique pensée philosophique, il s'agit d'un geste créateur qui a su faire le lien entre la pensée philosophique et la pratique politique.
(Coll. La philosophie en commun, 29.00 euros, 278 p.)
ISBN : 978-2-343-07624-9, ISBN EBOOK : 978-2-336-39864-8

LES PHILOSOPHIES ENVIRONNEMENTALES EUROPÉENNES
Europeana 6
Collectif
Peut-on parler d'une philosophie environnementale européenne ? Peut-on unifier, sous ce concept, un corpus hétérogène et beaucoup plus diversifié que celui que l'on peut trouver à propos de la philosophie de l'environnement dans la société nord-américaine ? Est-ce qu'une unité géographique, celle de l'Europe, peut suffire pour garantir un dénominateur commun à des conceptions philosophiques aussi diverses, voire divergentes, que celles qui existent sur le «vieux continent» ?
(Coll. Kubaba, 20.00 euros, 184 p.)
ISBN : 978-2-343-07680-5, ISBN EBOOK : 978-2-336-39785-6

LE REGARD EN-PÉCHÉ
Réflexion sur le regard porté sur le corps féminin
Bacha Lilia – Préface de Youssef Seddik – Avant-propos de Michel Sicard
Ferme les yeux et regarde à travers les paupières. Tout au fond de nous, une voix nous suggère cela face au corps de la femme. Sans être dévêtue : la femme est toujours nue, elle est ʿawra. Ce terme arabe désigne ce qu'il faut cacher et définit la femme. Quelle est cette créature exhibée par nature, au point de devoir la cacher ? Quels sont les liens entre cette créature et la femme mais aussi l'homme ? Cette réflexion propose de s'y intéresser en naviguant entre orient et occident.
(Coll. Ouverture Philosophique, 25.00 euros, 250 p.)
ISBN : 978-2-343-05808-5, ISBN EBOOK : 978-2-336-39823-5

THOMAS HOBBES ET L'IDÉE DE PUISSANCE
Karray Aouichaoui Mohamed
Ce travail propose l'étude de la théorie de la puissance telle qu'elle s'est développée dans la philosophie de Hobbes. L'idée directrice est que la puissance n'est plus une donnée de la nature mais que c'est à travers l'agir humain qu'elle s'acquiert. Elle est une capacité d'agir sur le monde par le biais de la science. Avec Hobbes, la science devient le moyen le plus spécifique de la puissance, et celle-ci, par le biais de la science, la capacité d'agir sur le monde, tant naturel qu'humain.
(Coll. Ouverture Philosophique, 33.00 euros, 324 p.)
ISBN : 978-2-343-04013-4, ISBN EBOOK : 978-2-336-39810-5

AUX FRONTIÈRES DE L'HUMAIN
Essai sur le transhumanisme
Koest Pierre
Tels des exilés, nous nous trouvons aujourd'hui dans l'entre-deux d'une frontière, qui sépare l'Humain du Trans-humain. Les progrès vertigineux de la convergence des nanotechnologies, biotechnologies, informatique et sciences cognitives font miroiter un futur aux accents utopiques, qui nous promet longévité accrue et augmentation exponentielle de nos capacités biologiques. Mais apparaît conjointement la menace d'un triomphe de l'intelligence artificielle et à terme de l'extinction de ce que l'on nommait humanité.
(Coll. Eidos série Retina, 19.00 euros, 186 p.)
ISBN : 978-2-343-07664-5, ISBN EBOOK : 978-2-336-39557-9

L'HARMATTAN ITALIA
Via Degli Artisti 15; 10124 Torino
harmattan.italia@gmail.com

L'HARMATTAN HONGRIE
Könyvesbolt ; Kossuth L. u. 14-16
1053 Budapest

L'HARMATTAN KINSHASA
185, avenue Nyangwe
Commune de Lingwala
Kinshasa, R.D. Congo
(00243) 998697603 ou (00243) 999229662

L'HARMATTAN CONGO
67, av. E. P. Lumumba
Bât. – Congo Pharmacie (Bib. Nat.)
BP2874 Brazzaville
harmattan.congo@yahoo.fr

L'HARMATTAN GUINÉE
Almamya Rue KA 028, en face
du restaurant Le Cèdre
OKB agency BP 3470 Conakry
(00224) 657 20 85 08 / 664 28 91 96
harmattanguinee@yahoo.fr

L'HARMATTAN MALI
Rue 73, Porte 536, Niamakoro,
Cité Unicef, Bamako
Tél. 00 (223) 20205724 / +(223) 76378082
poudiougopaul@yahoo.fr
pp.harmattan@gmail.com

L'HARMATTAN CAMEROUN
BP 11486
Face à la SNI, immeuble Don Bosco
Yaoundé
(00237) 99 76 61 66
harmattancam@yahoo.fr

L'HARMATTAN CÔTE D'IVOIRE
Résidence Karl / cité des arts
Abidjan-Cocody 03 BP 1588 Abidjan 03
(00225) 05 77 87 31
etien_nda@yahoo.fr

L'HARMATTAN BURKINA
Penou Achille Some
Ouagadougou
(+226) 70 26 88 27

L'HARMATTAN SÉNÉGAL
10 VDN en face Mermoz, après le pont de Fann
BP 45034 Dakar Fann
33 825 98 58 / 33 860 9858
senharmattan@gmail.com / senlibraire@gmail.com
www.harmattansenegal.com

L'HARMATTAN BÉNIN
ISOR-BENIN
01 BP 359 COTONOU-RP
Quartier Gbèdjromèdé,
Rue Agbélenco, Lot 1247 I
Tél : 00 229 21 32 53 79
christian_dablaka123@yahoo.fr

Achevé d'imprimer par Corlet Numérique - 14110 Condé-sur-Noireau
N° d'Imprimeur : 129687 - Dépôt légal : juin 2016 - *Imprimé en France*